U0125332

THUCYDIDES AND POLITICAL ORD

修昔底德与政治秩序

[德]陶厄尔 [德]温 特 编 李世祥 译

生活·讀書·新知 三联书店

图书在版编目（CIP）数据

修昔底德与政治秩序 /（德）陶厄尔，（德）温特编
著；李世祥译. —北京：生活·读书·新知三联书店，
2024. 1
　　（通识文库）
书名原文：Thucydides and Political Order
ISBN 978 - 7 - 108 - 07584 - 0

　　Ⅰ. ①修… Ⅱ. ①陶…②温…③李… Ⅲ. ①修昔的
底斯（Thukydides 前 460 -前 400）-政治思想史-研究
Ⅳ. ①D091. 2

中国国家版本馆 CIP 数据核字（2023）第 000774 号

First published in English under the title
Thucydides and Political Order：Concepts of Order and the History of the Peloponnesian War
Thucydides and Political Order：Lessons of Governance and the History of the Peloponnesian War
edited by Christian R. Thauer, Christian Wendt and Ernst Baltrusch，edition：1
Copyright © The Editor（s）(if applicable) and The Author（s），2016
This edition has been translated and published under licence from Springer Nature America，Inc.．
Springer Nature America，Inc. takes no responsibility and shall not be made liable
forthe accuracy of the translation.

责任编辑　杨柳青
封面设计　黄　越
责任印制　洪江龙
出版发行　**生活·讀書·新知 三联书店**
　　　　　（北京市东城区美术馆东街 22 号）
邮　　编　100010
印　　刷　江苏苏中印刷有限公司
版　　次　2024 年 1 月第 1 版
　　　　　2024 年 1 月第 1 次印刷
开　　本　650 毫米×900 毫米　1/16　印张　25. 25
字　　数　304 千字
定　　价　69. 00 元

作者简介

巴洛特（**_Ryan Balot_**）是多伦多大学政治学教授，著有《古典雅典的贪婪与不义》（_Greed and Injustice in Classical Athens_，2001）、《希腊政治思想》（_Greek Political Thought_，2005）和《民主政治的勇气》（_Courage in the Democratic Polis_，2014），以及有关古代民主和共和主义的文章多篇。巴洛特还编有《希腊罗马政治思想导读》（_A Companion to Greek and Roman Political Thought_，2009）和《牛津修昔底德手册》（_Oxford Handbook of Thucydides_，即将出版）。

德雷尔（**_Martin Dreher_**）是马格德堡大学古代史教授，著有《智术师与城邦发展》（_Sophistik und Polisentwicklung_，1983）、《霸权与同盟》（_Hegemon und Symmachoi_，1995）、《雅典与斯巴达》（_Athen und Sparta_，2011，第二版）和《古代的西西里》（_Sizilien in der Antike_，2008）。德雷尔还发表过关于古代神法、古代西西里和古希腊"国际体系"的文章多篇，现正撰写关于古代避难体制的著作。

科普（**_Hans Kopp_**）目前正撰写关于修昔底德和公元前 5

世纪思想中的海权和"海上霸权"的著作，其基础是他的古代史博士论文（柏林自由大学）。科普曾发表过关于阿提卡喜剧政治含义的文章，目前正在合编《古代的海权和海军》（*Seemacht，Seeherrschaft und die Antike*）。

莫利（*Neville Morley*）是布里斯托大学古代史教授，著有大量关于古代社会经济史、对修昔底德的接受史、史学理论的论著，包括《大都市和内陆》（*Metropolis and Hinterland*，1996）、《古代史的理论、模式和概念》（*Theories，Models and Concepts in Ancient History*，2004）、《古典时代的贸易》（*Trade in Classical Antiquity*，2007）、《古代与现代》（*Antiquity and Modernity*，2008）、《罗马帝国》（*The Roman Empire*，2010）以及《修昔底德与历史的观念》（*Thucydides and the Idea of History*，2014）。莫利还合编了《修昔底德与现代世界》（*Thucydides and the Modern World*，2012）和《修昔底德接受史手册》（*A Handbook to the Reception of Thucydides*，2015）。

欧文（*Clifford Orwin*）是多伦多大学的政治学、古典学和犹太研究教授，也是斯坦福大学胡佛研究所的研究员。他出版了大量关于古典、当代和犹太政治思想的论著，包括《修昔底德的人性》（*The Humanity of Thucydides*，1994），并合编有《卢梭的遗产》（*The Legacy of Rousseau*，1997）。

施潘（*Peter Spahn*）是柏林自由大学古代史教授，2011年退休，专门研究古代经济社会史，著有《中间阶级与城邦的形成》（*Mittelschicht und Polisbildung*，1977），还撰写了大量关于希腊政治哲学、古希腊社会经济史以及希腊史学的文章。

巴尔特鲁什（*Ernst Baltrusch*）是柏林自由大学古代史教授。他曾就古代史多种议题发表大量文章，尤其是古代世界中的犹太人和犹太教、国际法和古代斯巴达。这包括《联盟与和约》（*Symmachie und spondai*，1994）、《犹太人和罗马帝国》（*Die Juden und das römische Reich*，2002）、《斯巴达》（第 4 版，2010）、《古代的外交政策、联盟和帝国形成》（*Außenpolitik, Bünde und Reichsbildung in der Antike*，2008）、《希律王：圣地之王》（*Herodes：König im Heiligen Land*，2014）。他还合作编辑有《垂诸久远的财富？修昔底德的历史、城邦和国际法》（*Ein Besitz für immer? Geschichte, Polis und Völkerrecht bei Thukydides*，2011）和《朋友、盟友和被保护人》（*Amici-socii-clients*，2015）。

基都斯（**Liisi Keedus**）是赫尔辛基大学埃里克·卡斯特伦国际法和人权研究所的研究员。她曾发表《德国历史主义的危机》（*The Crisis of German Historicism*，2015）以及有关现代政治哲学及其历史影响的多篇文章，其中包括对阿伦特（Hannah Arendt）、施特劳斯和霍布斯著作的研究。

莱伯（**Richard Ned Lebow**）是伦敦国王学院国际政治理论教授、新罕布什尔州达特茅斯学院管理学教授。他曾发表多部论著，涵盖国际关系、比较政治、政治理论、政治心理学、历史和古典学（尤其是修昔底德），包括《政治的悲剧视野》（*The Tragic Vision of Politics*，2003）、《国际关系的文化理论》（*A Cultural Theory of International Relations*，2008）、《禁果：与事实相悖和国际关系》（*Forbidden Fruit：Counterfactuals and International Relations*，2010）和《国际关系中的原因建构》（*Constructing Cause in International Relations*，2014）。

克莉丝汀（**Christine Lee**）是马里兰州圣约翰学院的助教。她曾发表论文多篇，涵盖国际关系中现实主义的政治和道德、现代对古典时代的接受。她还是布里斯托大学 AHRC 项目"修昔底德：接受、重新解释和影响"的博士后。

梅斯特（*Klaus Meister*）是柏林理工大学古代史教授，2005 年退休。他曾发表多种著作，涵盖希腊罗马史、史学和哲学的多个领域，包括《波利比乌斯的历史批评》（*Historische Kritik bei Polybios*，1969）、《卡利阿斯和约的非历史性》（*Die Ungeschichtlichkeit des Kalliasfriedens*，1982）、《希腊的历史书写》（*Die griechische Geschichtsschreibung*，1990）、《人是万物的尺度》（*Aller Dinge Mass ist der Mensch*，2010）和《修昔底德：史学家的典范》（*Thukydides als Vorbild der Hist-oriker*，2013）。

陶厄尔（*Christian R. Thauer*）是耶路撒冷希伯来大学国际关系系和德国研究中心高级讲师。他曾出版《企业社会责任的管理来源》（*The Managerial Sources of Corporate Social Responsibility*，2014），合著有《南非的商业与治理》（*Business and Governance in South Africa*，2013），还曾发表有关政治经济学、治理和国际关系的文章多篇。

温特（*Christian Wendt*）是柏林自由大学古代史教授、柏林修昔底德研究中心主任。他曾出版《无限》（*Sine fine*，2008）以及论文多篇，涵盖希腊史学和政治思想、古代国际法以及现代政治理论对于修昔底德的接受。他还曾合作编辑《维鲁斯战役 2000 年》（*2000 Jahre Varusschlacht*，2012）、《垂诸久远的财富？修昔底德的历史、城邦和国际法》（*Ein Besitz für immer? Geschichte，Polis und Völkerrecht bei Thukydides*，2011），目前正在编辑《古代的海权和海军》（*Seemacht，Seeherrschaft und die Antike*）。

威尔（*Wolfgang Will*）是波恩大学古代史兼职教授。他曾就希腊罗马历史的多个领域发表多种专著和文章，包括《亚历山大大帝》（*Alexander der Große*，1986）、《罗马民众》（*Der römische Mob*，1991）、《恺撒》（*Julius Caesar*，1991）、《伯里克利》（*Perikles*，1995）、《修昔底德与伯里克利》（*Thukydides und Perikles*，2003）、《米洛斯的毁灭》（*Der Untergang von Melos*，2006）、《德摩斯提尼》（*Demosthenes*，2013）和《希罗多德和修昔底德》（*Herodot und Thukydides*，2015）。

目　录

上编　秩序的概念

前　言

本书是古典学家温特（Christian Wendt）和政治学家陶厄尔（Christian Thauer）跨学科长期合作的成果。

两人的合作几年前从柏林自由大学开始。陶厄尔 2004 年从柏林自由大学毕业，论文论述国际关系中的修昔底德，其导师是政治学系的里斯（Thomas Risse）教授和历史系的巴尔特鲁什（Ernst Baltrusch）教授。受巴尔特鲁什古希腊国际秩序研究的启发，陶厄尔的考试论文提出从古希腊城邦世界国际关系的角度解读修昔底德。

温特遇到陶厄尔时还是巴尔特鲁什的博士生。温特也研究修昔底德与国际秩序的关系，并将修昔底德视为国际法的先行者。两人很快决定进行合作，相信跨学科将提供一种解读修昔底德的新方法。2005 年，他们在自由大学举办了一场关于修昔底德与古老国际关系的小型会议，政治学家和史学家都有参会。2011 年，在以德国卓越倡议为背景的 Topoi 的基金资助下，他们组织了一次规模更大的跨学科国际会议，议题是"现代历史和政治学中的修昔底德"。2012 年 4 月，不同背景的史学家和政治学家参加了在柏林举行的会议"无序与有序之间：修昔底德著作中的统治概念"（*Between Anarchy and Order：Herrschaftskonzeptionen bei Thukydides*）。温特、陶厄尔与世界各地的修昔底德学者紧密合作，进一步阐发他们的想法，以国际秩序为基础来解读修昔底德。

本次会议的成果分为紧密相连的两个部分——本书[1] 和《修昔底德与政治秩序：治理的教训和战争史》[2]（简称《治理的教训》，麦克米兰出版社，2016）。一方面，他们展示了各国不同学科研究修昔底德的学术传统、兴趣、方法以及学术写作论辩的风格。另一方面，他们的论文汇编要比简单地堆砌在一起更有洞察力，因为论文着重突出修昔底德研究中一个关键问题的不同层面。这一关键问题就是国际秩序问题。两卷本的内容就是基于这一问题进行的跨学科对话。他们提出自己处理这位古代作家的原始方法，同时表明不同学术领域最新的研究状况。

在这一过程中，许多个人和机构给予了大量的支持、资金和鼓励。卓越集群 Topoi 为研讨会以及两卷本的出版提供支持和资金。巴尔特鲁什及其论著在思想上启发了我们并使合作成为可能。科科伦（Andreas Corcoran）和绍尔勒（Marly Schaule）负责把德语论文翻译成为英语。在阅读编辑方面，卡蒂（Aideen Carty）、厄利（Ben Earley）、诺威山（Noa Swisa）和贾菲（Seth Jaffe）也给予了大力协助。

对于研讨会的参会者以及两卷本的撰稿人，我们对他们的

---

1 即本书上编《秩序的概念》。——编者
2 即本书下编《治理的教训》。——编者

耐心和宽容（这是跨学科工作的成功要素）表示感谢。我们希望，不久的将来，我们能继续就《战争史》进行对话！

耶路撒冷希伯来大学国际关系系和
德国研究中心高级讲师陶厄尔

柏林自由大学迈内克学院
古代史教授温特

耶路撒冷和柏林
2015 年 6 月

第一部分

引　言

修昔底德与政治秩序

陶厄尔、温特（Christian R. Thauer　Christian Wendt）

今天，修昔底德 2400 年前写的《伯罗奔尼撒战争史》（译注：下文简称《战争史》）被认为是我们时代的"伟大著作"[1]之一。[2] 史学家将其称为现代史学写作的奠基性文件。[3] 政治学家将这本书视为第一本国际关系教科书，[4] 如果不能说是政治学教科书的话。[5] 此外，它还被认为是记叙民主理论的第一本著作。[6] 在世界各地（尤其是自视为"现代雅典"的美国）

1　关于修昔底德自 1960 年代以来如何成为美国大学"大书运动"的一部分，参见 Liz Sawyer 最近在布里斯托（Bristol）的修昔底德会议上的论文：Sawyer（2013）。

2　Harloe 和 Morley（2012）。

3　Ullrich（1846）；Niebuhr（1847）；Cochrane（1929）.

4　Doyle（1990）；Forde（2012）；Lebow（2012）.

5　Ober（2006）.

6　Ober（1996）；Urbinati（2012）.

的军事院校中，未来的军事栋梁们把《战争史》看作军事战略的教科书。[1] 2003 年，欧盟《欧洲宪法条约草案》（*Draft Treaty Establishing a Constitution for Europe*）的序言开篇就是伯里克利的葬礼演说。[2] 我们可以列举出许多现代人"使用或滥用修昔底德"[3] 的例子，如汉德克（Peter Handke）对修昔底德的文学性引用、迪伦（Bob Dylan）的《编年史》[4]（*Chronicles*）。这些足以说明，《战争史》确实成了"垂诸久远的财富"（1.22.4），修昔底德心愿得遂。

但这一"垂诸久远的财富"的主题是什么？修昔底德希望传达的讯息又是什么？通过这种特殊方式来描述事件，修昔底德打算引起什么样的反应？他本人的"看法"是什么？今天，我们可以从《战争史》中学到什么？令人不安的是，对于这些问题，我们都没有明确的答案。部分原因是，我们在这方面无法只依靠修昔底德本人的权威性，修昔底德没有明确陈述过其观点。结果，人们形成一个共同的假设，修昔底德的讯息和含义不是通过直接发声而是通过文本的编排含蓄地传达：讲述、编排事件的叙事方式。[5] 反过来，这也使得《战争史》对现代人非常具有吸引力，任何立场都能通过创造性的解释将自己与修昔底德联系起来（参见本书莫利的文章）。

史学家把"方法论的争论"（Methodenstreit）带入对《战争史》的解读中，即关于史学撰写是（应该是）什么的辩论。[6]

---

1 在布里斯托会议上，Andreas Stradis 讨论了军事院校对于修昔底德的使用：Stradis（2013）；参见 Stradis（2015）。

2 http：//european-convention. eu. int/docs/Treaty/cv00722. en03. pdf （2014年 1 月 26 日）。

3 Johnson Bagby（1994）.

4 参见 Handke（1998）；Handke（2002）；Dylan（2004）.

5 Deininger（1939）；Connor（1984）；Lebow（2003）.

6 Sussmann（2012）.

历史主义、经验主义、实证主义、理性主义和后实证主义，修昔底德成为这场辩论中多种立场的前辈。[1] 在国际关系领域，引领"大辩论"[2] 的学者出于自我参照（self-reference）的目的接受了这一古老文本，将修昔底德重构为国际政治理论家（见本书中陶厄尔的文章）。摩根索（Hans Morgenthau）等古典现实主义者称修昔底德为现实主义传统的第一位思想家。[3] 沃尔兹（Kenneth Waltz）等新现实主义者则认为，修昔底德已经"间接表述过"他们的理论。[4] 结构主义者也深信，修昔底德是第一个结构主义者，而且是极端的而非温和的结构主义者。[5]

这两个学科的学术活动近期开始摆脱这种模式。在政治学领域，学者们意识到，他们过去对古代文本的解读常常受到当代国际关系理论和"威斯特伐利亚"[6] 国际秩序观念的过度影响。我们可以肯定地说，修昔底德对这种秩序毫无概念。[7] 他们现在也承认，《战争史》要比以前所设想的更为复杂。一方面，权力政治似乎在修昔底德的叙事中发挥着重要作用。[8] 另一方面，规范、传统、身份和道德考量也是《战争史》的重要主题。[9] 此前的解读有选择地挑出支持某种国际关系理论的段落，将之作为修昔底德已经提及这一理论的证据。近期的方法则开始全面思考整个文本，寻找能有效调和其内在张力和含混

1　Cornford（1907）；Schwartz（1919）；Finley（1942）；Connor（1977a）；
　　Canfora（1990）.

2　Wilson（1998）.

3　Morgenthau（1967），页32。

4　Waltz（1959），页159。

5　Lebow（2001）.

6　由城邦内主权和城邦间无政府状态构成：Krasner（1999）。

7　Thauer（2011）.

8　Doyle（1990）；Donnelly（2000）；Monten（2006）.

9　Garst（1989）；Lebow（2003）；Podoksik（2005）.

编排的方法。

史学家，尤其是古典主义者，一直非常关注《战争史》的复杂性。[1] 近期，他们也把注意力转向现代人对于修昔底德多层面的、相互矛盾的解释。许多史学家现在对这位古代作家的接受史产生了兴趣，他们要问的是，为什么修昔底德（而不是其他人）的文本在当代史学和政治理论争论中无处不在。[2] 这种方式特别有价值，它使我们能了解思想史构建背后的潜在机制。

鉴于两个学科最新的进展，本书旨在推进古典学家与政治学家关于修昔底德的对话。本书基于另一本书的巨大成功——莱伯（Ned Lebow）和巴里（Barry Strauss）编辑的《霸权竞争：从修昔底德到核时代》（*Hegemonic Rivalry：From Thucydides to the Nuclear Age*，1991）。《霸权竞争》收集了 20 世纪 80 年代末、90 年代初知名古典学者和国际关系学者的文章。这些文章在冷战和核威慑的背景下探讨修昔底德。《霸权竞争》非常有影响力，尤其是对于 20 世纪 90 年代初开始研究修昔底德的政治学家。

近 25 年后，人们再次需要一场跨学科的对话。但时代已沧桑巨变：冷战很久以前就结束了。两个学科的学术工作都取得了进步，并朝着其他方向发展。在这一过程中，古典学者与政治学家的学科差距再次拉大。为了应对这种潮流，我们于 2012 年 4 月在柏林举行会议，讨论现代史学和政治学中的修昔底德，不同背景的史学家和政治学家参加会议。会议的主题是"无序与秩序之间：修昔底德的统治概念"。[3] 这次会议的成果

---

1 Deininger（1939）；Rawlings（1981）；Hornblower（1987）.

2 Harloe 和 Morley（2012）。

3 有关会议计划和参会人员，参见（2014 年 1 月 30 日）http：//www. topoi. org/wp-content/uploads/2011/10/2012-04-22 _ Thukydides _ Flyer. pdf。

是两卷本：本书[1]和《治理的教训》。我们认为，这两本书至少为修昔底德研究做出了三方面的贡献。

首先，它们向读者概述了两个学科关于修昔底德的最新学术论著、兴趣和动态。无论从跨学科角度，还是在政治学和史学内部，这都令人非常感兴趣。不同研究分支也缺少充分的知识交流和互动。直到最近，国际关系学者还很少注意政治理论家关于修昔底德的大量研究，反之亦然。史学家很少讨论他们对《战争史》的解释与其他古典学家关于古希腊"国际"秩序的研究有什么样的关联。通过将这些学科内和跨学科的不同研究汇总起来，两卷本使对修昔底德感兴趣的人可以了解他人的相关研究，并有可能把这些研究联系起来。

其次，两本书将"政治秩序"问题作为史学家、政治学家研究修昔底德及其《战争史》的共同主题（本文稍后做进一步的阐述）。所有论文都在处理这个问题，这意味着两卷本不仅展示学科之间以及内部的分歧，还指出了它们的共同点。

再次，通过分析不同学科以及跨学科研究修昔底德和政治秩序的方法，我们明确了今后修昔底德跨学科研究工作的共同议程。通过阐明启发式方法的必要性和互惠性，我们希望这些论文成为更好理解这一核心文本的参照点。

一、超越学科界限：作为修昔底德"新"问题的政治秩序

2011年底制定会议计划时，我们的目标是组织一场广泛的跨学科对话。尽管自莱伯和巴里的书出版以来，史学和政治学领域的修昔底德研究取得了令人瞩目的成就，但随后的辩论仍是自说自话。为了将这些学科争论和文献联系起来，我们邀请

---

1 即本书上编《秩序的概念》。——编者

史学、政治学两个学科的著名学者及青年学者参会。古代史学有巴尔特鲁什（Ernst Baltrusch）、德雷尔（Martin Dreher）、科普（Hans Kopp）、梅斯特（Klaus Meister）、莫利（Neville Morley）、施潘（Peter Spahn）、温特（Christian Wendt）和威尔（Wolfgang Will）。政治学有巴洛特（Ryan Balot）、基都斯（Liisi Keedus）、莱伯（Ned Lebow）、克莉丝汀（Christine Lee）、欧文（Clifford Orwin）、鲁巴克（Tim Ruback）和陶厄尔（Christian Thauer）。我们鼓励参会者阐述他们认为重要的或相关的议题。也就是说，我们不想为 2012 年 4 月的柏林会议设定严格的议程。

毫不奇怪，这些论文的主题范围很广，从对《战争史》中某个概念的语言学讨论（参见施潘的论文）到施特劳斯对修昔底德重要性的论述（参见基都斯的论文）。不过，让我们感到惊讶的是，尽管主题、方法林林总总，不同的学科和学科内部还是在讨论中达成了重要的共识。所有论文都以各自的方式表明对修昔底德著作中"政治秩序"[1] 的兴趣，这就构成一个统一的主题，新的"修昔底德问题"。[2]

这意味着确实存在可以取代明显的学科分歧的实质性问题：关于与修昔底德政治秩序相关的类似层面、问题或难题，

---

1 通过政治秩序，我们能了解政治制度和体制，宽泛的定义是"行为方期望趋于一致的规则、习俗和决策程序"（Krasner，1982，页 185）。

2 19 世纪和 20 世纪初，（主要是德国）史学家在其著作中经常提到修昔底德问题（Thukydideische Frage）。通过"修昔底德问题"，他们明白，伯罗奔尼撒战争中的事件对理解史学家修昔底德对这场战争的看法至关重要：Ullrich（1846）；Schwartz（1919）；Canfora（1990）。这种所谓的分裂传统在相当长的时间内在辩论中占据主导地位。他们认为，《战争史》由多层含义拼凑而成，分别代表着修昔底德年轻时和年老时的看法。分裂主义者认为，人们不能从传达某种讯息和意义的角度来解释《战争史》。相反，《战争史》证明历史事件如何影响着观察者，并随时间推移改变着观察者的解释。

不同学科的学者实际上可能比同一学科的学者有着更多共同点，只不过研究的重点不同。关于修昔底德的政治秩序，人们有四个不同的关注点。

1. 作为"先入之见"的政治秩序

第一个关注点是方法论。接触到修昔底德时，我们难免会带着自己关于政治秩序的先入之见（foreknowledge）来解读：例如，我们想当然地认为，国内政治和国际政治存在明显的区别；主要的国际关系理论都以某种方式将国际政治概念化；有影响力的观念有（雅典）"民主制"和（斯巴达）"极权主义"；在对政治秩序的理解中，我们从本体上把非人格的体制动态赋予政治家和强人（反之亦然）；我们把行动者结构（agent-structure）辩论中的某种立场内化，而这种立场在当今的社会科学和人文科学中无处不在。人们可以往这份清单里增加更多的预设，我们有可能在《战争史》中遇到。从解释学的角度反思关于社会秩序的"先入之见"[1]，这是任何有意义的解释的前提。[2]

本书第二部分"修昔底德与现代读者不同角度的方法论反思"的文章就以这种反思的方式探讨与修昔底德有关的政治秩序。在《修昔底德思想中的语境主义和普遍主义》一文的开篇，莫利指出，最终决定我们对《战争史》的解释是先入之见：政治秩序的决定因素是永恒法则还是历史偶然性。关于国际关系学界对修昔底德的解读，陶厄尔在文中进行了反思。他认为，在这一学科中，学者们经常将一些时间错位的假设和理

8

---

1 Gadamer（2004）。
2 参见 Thauer 关于修昔底德的解释学（2013）。

论用来研究当今国际政治的性质和结构，而修昔底德根本不知道这些假设和理论。这话同样也适用于许多史学家。施潘和德雷尔从古典语言现象学的角度提出警告，关于修昔底德著作中社会秩序的关键结构，现代读者不要急着下结论。他们表明，在整部《战争史》中，"统治权"（archē）和"僭政"（turannis）的含义从头到尾一直在变。这些概念今天所承载的含义使得读者很难进行不偏不倚的解释。

反之，巴尔特鲁什（《治理的教训》）反思了这些时间错位的假设，即在《战争史》中雅典和斯巴达存在一个权力平衡体系。这样的假设往往引发人们去解释修昔底德对伯罗奔尼撒战争爆发的记叙，但不会有什么历史分量。克里丝汀批评了现实主义者和施特劳斯学派的解读，说两者将一种政治本体论强加给修昔底德，最终造成了误读。在"作为'政治家实用手册'的修昔底德"中，温特反思了施特劳斯学派以及其他解读的潜在假设，他们都把《战争史》作为政治领袖的指导手册。温特认为，剔除这样的推论后，修昔底德的《战争史》能为任何参与政治决策的人提供潜在的见识，它并非是只有政治家才能读懂且有所收获的手册（《治理的教训》）。

2. 作为解释方法的政治秩序

我们的第二个关注点是方法论：找到"恰当"的解释方法。现有对《战争史》的解读依据的都是对政治秩序时间错位的假设，但解构这些解读并不能改进我们对《战争史》的理解。我们还需要重构文本，将之与当代读者的争论、模式、概念和观念联系起来。[1] 在本书第三部分"修昔底德著作中的秩

1 Skinner（2002）；Gadamer（2004，2008）；Figal（2007）.

序表述"中，三篇论文表明，人们能够并且应该尝试评估、克服因对修昔底德世界的错误假设而产生的谬见。这些论文采用当代政治秩序的模式、隐喻、概念或理论，明确了修昔底德文本仍没有受到关注的层面。

欧文的文章重点关注的是修昔底德的瘟疫、战争病理学描述中的身体隐喻。他表明，在这些核心文本段落乃至整部《战争史》中，身体的概念如何使我们更好地理解公民社会与政治秩序的关系。科普在文章中分析了海权概念对于《战争史》的适用性。他认为，把修昔底德看作海权理论家的解读方法没有充分区分三个因素：（现代的）理论概念、修昔底德自己的评议及其叙事中的演说辞。科普表明，《战争史》中某些人物提出的战略实际上可以从海权的理论背景来解释。但他也指出，修昔底德本人根本不赞同以海军力量为基础的政策。利用社会资本和信任/猜疑的概念，巴洛特在文章中对修昔底德的文本提出了新的见解。通过聚焦于《战争史》中两位最杰出的政治领袖伯里克利（Pericles）和亚西比德（Alcibiades），巴洛特表明，是否有能力取得公民的信任对于他们在雅典内组织集体行动的能力至关重要，这一点伯里克利能做到而亚西比德却做不到。

关于如何有效应用政治秩序的模式、概念和理论以加深我们对《战争史》的理解，其他文章也提出了许多建议。尽管略有不同，陶厄尔、巴尔特鲁什和温特都认为，我们应该从古希腊城邦间秩序的语境来理解修昔底德所记叙的雅典与斯巴达的战争。在《治理的教训》中，莱伯断言，对澄清修昔底德所描述的事件来说，现代化概念及其对传统秩序概念的伤害最有帮助。他就此把修昔底德解释为大国悲剧政治的模范理论家。[1]

10

---

1 Lebow（2003）提出的这一想法。

3. 作为"垂诸久远的财富"的政治秩序

第三，我们要问的是，修昔底德自己所设想的是什么样的政治秩序，据此可以评判所描述的事件。前两个关注点主要与方法论有关，即我们如何理解修昔底德宣称给予我们的"垂诸久远的财富"，而第三个关注点集中在这一财富的实质。显然，这是任何解释的核心。[1] "修昔底德与政治秩序的性质、耐力、毁灭和后果"，《治理的教训》第一部分的名称就概括了其中几篇文章的特点。在分析修昔底德提到的伯罗奔尼撒战争爆发的原因时，巴尔特鲁什得出的结论是，修昔底德的理想参考点是古希腊战前平稳运行的国际秩序。莱伯从不同的角度提出了相同的看法。莱伯认为，修昔底德不赞成雅典政治精英在伯罗奔尼撒战争期间的做法，这些人不尊重传统的习俗、惯例和规范。尽管巴尔特鲁什坚信，修昔底德认为雅典人本能够并且应该采取不同的行动，但莱伯将雅典人傲慢的原因与现代化的结构性力量联系在一起。莱伯认为，雅典的迅速发展和现代化最终削弱了其取得持久性成功的可能性。威尔在文章中建议，伯里克利的葬礼演说可以揭示出修昔底德对雅典民主所怀的理想。他认为，修昔底德在《战争史》中把这一愿景作为政治声明提出，其目的明显是要对抗雅典在西西里远征失败后实行的民主制，后者实际上是雅典秩序崩溃的一个注脚。

两卷本中的其他文章也都是讨论修昔底德所设想的理想政治秩序问题。陶厄尔和巴尔特鲁什都认为，修昔底德评判事件所依据的模式是战前及战争初期的古希腊"国际"秩序。巴洛特关注雅典城邦内的秩序，他声称信任是雅典成功的重要资

1　Baltrusch 和 Wendt（2011）。

源，修昔底德对雅典的许多成功颇为赞赏。但一旦"错误的"政治领袖（即亚西比德）上台，信任就转变为猜疑。因此，修昔底德理想中的和谐雅典是政治领袖与公民保持相互信任的关系。

4. 作为理想政治秩序史学家（或理论家）典范的修昔底德

最后，第四个关注点是，在哲学传统和思想流派中，修昔底德作为理想政治秩序理论家的典范或所扮演的角色。修昔底德的著作对于思想谱系的构建非常重要[1]，这不仅对思想史研究有重要意义[2]，还让人们反思解释《战争史》本身的方法，进而思考各思想流派如何吸纳文本的问题。大多数读者出于不同的动机都会将之与自己联系在一起。《治理的教训》第二部分的名称是"作为政治秩序史学家（或理论家）典范的修昔底德"，研究者关注的是各个思想流派赋予修昔底德的特殊职能。基于此前从没有被研究过的材料，基都斯分析了修昔底德在施特劳斯（Leo Strauss）思想中的重要性。对施特劳斯来说，修昔底德是政治理论家的典范和反历史主义的堡垒，《战争史》是了解人与政治真正本质的原始资料。克莉丝汀的文章与基都斯的观点密切相关。她批判性地分析了现实主义者和施特劳斯学派普遍把修昔底德作为本体论的权威。克莉丝汀认为，把修昔底德解读为典范的现实主义者会导致对文本的误读以及对其伦理学维度的忽略。梅斯特在文中指出，人们把修昔底德作为一种范式来解读罗马史学家撒路斯特[3]著作中的政治秩序崩

1　Harloe 和 Morley（2012）。

2　Gordon（2012）。

3　Gaius Sallust Crispus，公元前 86—前 35 年，又译作撒路斯提乌斯，著有《喀提林阴谋》《朱古达战争》等。——编者

溃，他的著作反过来又影响到后世对《战争史》的解读。温特进一步推进了克莉丝汀的批评，即修昔底德的著作能否作为"政治家的实用手册"。与古典现实主义者-施特劳斯学派的观点不同，他认为，修昔底德应该被看作一般性政治研究的分析方式。温特把修昔底德看作一种对政治决策正确参数的反思，这种解读强调人们有必要广泛了解具体语境或处境中的各种要素。

二、修昔底德与政治秩序的"解释循环"

这四个关注点共同构成一个启发性的解释框架，将修昔底德与政治秩序的主题联系起来的"解释循环"：关于"垂诸久远的财富"的任何实质性主张（关注点 3）都应基于选择一种令人信服的文本解释方法（关注点 2）。这种方法又应基于全面反思什么是解读修昔底德文本时正确的"先入之见"，以避免带入一些时间错位的假设（关注点 1）。反过来，此类反思必须意识到，有影响力的思想流派可能会影响到"使用或滥用"（对巴比表述的解释）[1] 修昔底德著作的方法（关注点 4），并因此认识到许多间接含蓄的解释方法都是基于先验的假设。要想把修昔底德作为理想政治秩序的理论家典范，研究者也应该对文本及其"垂诸久远的财富"进行细致的解读（关注点 3）。这四个关注点丰富了对修昔底德的解读。

两卷本的文章根据这四个关注点进行分类，本卷是涵盖关注点 1 和关注点 2 的文章，而《治理的教训》收录关注点 3 和关注点 4 的文章。尽管分为两卷出版，但这些文章具有实质的统一性，必须彼此参照阅读。

1　Johnson Bagby（1994）.

史学和政治学领域未来的研究可以采用两卷本所提供的解释反思框架。其中有些文章在这方面迈出了第一步，将前面提到的关注点结合到一起。例如科普的文章在方法论上将现代海权理论合理应用于（关注点4）修昔底德文本（即就关注点2得出结论，选择正确的解释方法，通过对关注点的研究反思方法论）。

此外，我们认为，这一框架的实用性和启发性将来可以得到改善，并提出创造性的新问题。这些文章具有重要的协同作用，共同支撑着关于修昔底德政治秩序的每个关注点。关于关注点1（方法论反思），施潘和德雷尔的语言学现象学方法与莫利和陶厄尔方法有着什么关系，这将是令人非常感兴趣的问题。从解释学的角度看，对文本中单个概念的解释一定程度上都反映出解释者认为（关于文本和语境）正确的内容，反之亦然。但是，语言学或现象学"微观"层面的研究很少能包含"宏观"层面的反思过程。对于整部《战争史》的记叙，大多数反思没有充分考虑到这些对微观层面的影响，即关于语汇和概念含义的假设从语言学的角度来说是否能站得住脚。我们有必要提出一个问题，即施潘对《战争史》中"统治权"（archē）一词的分析以及德雷尔对僭政（tyrannis）的理解与莫利的论点有着何种关系。莫利提出，我们对《战争史》的解释很大程度上取决于对永恒法则和历史偶然性的信或不信。施潘和德雷尔对这些核心语汇和概念的理解与巴尔特鲁什或陶厄尔的方法有着什么样的共鸣？巴尔特鲁什和陶厄尔认为，我们应该从古希腊"国际"关系的背景下解读修昔底德的记叙。微观层面的方法该如何从宏观层面的方法汲取养分，反之亦然？我们认为，这些问题提供了许多见识，毋庸置疑，还会引起进一步的争议。

三、章节概述

《秩序的概念》与《战争史》

莫利（布里斯托尔大学）着眼于对修昔底德和现代读者进行方法论方面的反思，探讨修昔底德在思想史中的发展。通过对修昔底德进行分析性解读，莫利提出一个框架来理解现代世界对这位古代作家的各种解释、借用（appropriation）传统。莫利做了一个根本的区分，一方面把这一文本作为历史资料，另一方面将之借用为关于政治本质的永恒真理。莫利表明，解读既具有意向性，也具有确定性。本书的目标是克服现代读者使用、借用修昔底德时的某些决定论主张，莫利为此增加了一个普遍性的视角。

陶厄尔（耶路撒冷希伯来大学）关注的是后"威斯特伐利亚"的研究者对于修昔底德前"威斯特伐利亚"文本的解读。他认为，在政治学中，许多解释都基于牢固的、没有根据的、时间错位的假设。这些假设涉及这一古代文本的性质和编排以及伯罗奔尼撒战争时期国际政治的性质和运作。因此，关于修昔底德文本的内部运作方式以及古希腊"国际"秩序的性质，陶厄尔敦促政治学家更深入地思考古典学者的发现。

施潘（柏林自由大学）关注的是人们阅读修昔底德时遇到的方法论挑战。修昔底德文本会给读者造成过多的语言学挑战：语汇、概念在《战争史》不同语境中有着不同的含义。为了说明这一点，施潘分析了"统治权"概念在修昔底德记叙中的多价性（polyvalence）。施潘表明，"统治权"的含义在记叙过程中出现过多次变化。因此，每一种解释都必须要考虑到这些核心术语和概念对于语境的依赖性。换句话说：把"统治权"一词当作技术性术语，赋予其明确定义的、"固定的"含义会产生误导。如果人们不承认所使用方法内在的解释学难度以及简单化解读可能导致的误解，依靠现代翻译做出的解释很可能会以失败告终。

德雷尔（马格德堡大学）从现象学的角度研究人们阅读《战争史》时可能遇到的方法论挑战。他为此分析了修昔底德反复提及、评议的希腊僭政。德雷尔表明，仔细观察修昔底德在多个场合描述暴政的方式，人们可以看出修昔底德对这一政治制度没有明确的立场。修昔底德著作中的"僭政"是一种历史现象和治理模式，人们必须将之与对这一术语的、明显带有贬义的隐喻性使用（如关于城邦僭政的辩论）区别开来。德雷尔指出，对于结构、术语和论证方面的复杂性和（有意的）模糊性需要读者有一定的耐心并且没有意识形态方面的限制。

在第三部分"修昔底德著作中的秩序表述"中，欧文（多伦多大学）分析了身体隐喻及其与修昔底德著作中政治秩序的出现、耐力和危机的相关性。通过这一视角，欧文对瘟疫及战争病理学的解释表明，在修昔底德著作中，公民社会和秩序与超越身体限制的观念密切相连。与此同时，身体在战争中承受着巨大的压力，并最终屈服于战争。身体可能会对政治体制构成威胁。战争病理学对雅典身体的压力削弱了伯里克利所搭建的乌托邦，随后导致城邦价值体系的瓦解。

科普（柏林自由大学）讨论了把雅典表述为海权城邦在修昔底德著作中的重要性。但修昔底德是人们通常说的那种海权理论家吗？这还需要进一步的证实。科普表明这些方法具有误导性，即使海权在伯罗奔尼撒战争中是一个重要因素。根据科普的说法，修昔底德笔下的演说者所提出的概念都具有浓厚的乌托邦感染力，但又反复被修昔底德的现实主义所解构。

巴洛特（多伦多大学）认为，对于政治秩序的生存、重建、合法性以及组织集体行动的有效性，公民信任都具有至关重要的意义。他分析了修昔底德著作中最著名的两个角色亚西比德和伯里克利与信任的关系。巴洛特认为，公民信任的建立是伯里克利取得政治成功的主要原因，哪怕是城邦在瘟疫中陷入危机时。相反，亚西比德没有取得信任。亚西比德的主要问题是城邦对他缺乏信任，他因而无法成功地组织集体行动。通过分析修昔底德著作中的科基拉内乱，猜疑和信任的扭曲必然会导致政治秩序的解体或危机。

《治理的教训》与《战争史》

《治理的教训》第一部分名为"修昔底德与政治秩序的性质、耐力、毁灭和后果"，开篇是巴尔特鲁什（柏林自由大学）对修昔底德著作中国际法的反思。巴尔特鲁什在古代希腊国际法的背景下分析伯罗奔尼撒战争的爆发。他表明，将雅典和斯巴达之间的战争归因于后者对均势体系立即被破坏的恐惧，这具有误导性。巴尔特鲁什认为，雅典持续违反修昔底德时代的国际法，正是这种违法行为最终迫使斯巴达不情愿地投入战争。在巴尔特鲁什的分析语境中，修昔底德是古代国际法的源头和理论家，人们甚至有可能推断说，修昔底德认为健全的国际秩序是避免战争灾难可靠的替代方案。

莱伯（伦敦达特茅斯学院）将史学方法与理论方法结合在一起，从更普遍的层面分析关于修昔底德政治秩序的辩论。莱伯将修昔底德置于一个更广泛的理论阐述中，涵盖秩序的建构和解构及其与现代问题的相关性。秩序会因众多原因或挺住或崩溃，多种动态因素支配着各自潜在的过程。但修昔底德处理的是一种特殊情况：一个根本性的现代化进程造成了秩序的崩溃，削弱了传统习俗，导致精英们的做法越来越任性。

威尔（波恩大学）分析了伯里克利的葬礼演说。他认为，修昔底德唯一会接受的政制形式就是葬礼演说阐述的政体。在

17

《战争史》中，伯里克利被描绘成理想的领袖，葬礼演说勾勒的民主模式同样也是一个乌托邦，历史上没有实际案例。根据威尔的说法，修昔底德利用葬礼演说勾勒出一个民主的理想模式，以比照雅典在西西里远征失败后建立的民主制。威尔辩称，修昔底德在伯罗奔尼撒战争后将葬礼演说放到作品中，其目的是说服同时代人相信，雅典有可能建立"更好的"政治秩序。

在第二部分"作为政治秩序史学家（或理论家）典范的修昔底德"中，基都斯（塔林大学/塔尔图大学）分析了修昔底德对施特劳斯著作和思想的影响。她认为，对施特劳斯来说，修昔底德是政治哲学的典范，是反对"现代"历史主义的堡垒。在施特劳斯看来，修昔底德的著作根本不是所谓的价值无涉和非政治化的现代历史撰写，修昔底德试图向那些有意愿、有能力的人传授关于人、政治和战争的真相。与现代相对主义者不同的是，修昔底德做判断并声称，他所认识到的真理不会随时间流逝而褪色。现代史学家"坐在伟大政治家的脚下"，与之形成鲜明对比的是，修昔底德将自己置于政治家的头顶，政治家坐在他的脚下。基都斯认为，修昔底德因此成为施特劳斯及其思想发展的榜样。

克莉丝汀（安纳波利斯圣约翰学院）表明，对于修昔底德的解读，现实主义者和施特劳斯学派拥有一个强大的传统。他们往往将修昔底德提升为本体论的权威。克莉丝汀警告说，这样做会带来严重的问题，不仅会导致对《战争史》的解读出现纰漏，还有悖于修昔底德记叙本应遵守的政治道德结论。有些读者认为修昔底德是超越历史的、不变的真理的传播者，在克莉丝汀看来，修昔底德为这些毫无戒备的读者设置了陷阱。

梅斯特（柏林工业大学）将修昔底德与撒路斯特联系起来，认为撒路斯特用修昔底德来描绘罗马共和国的衰败。在修

18

昔底德的接受史中，撒路斯特是最著名的古典参考文献之一。但梅斯特表明，撒路斯特在解释修昔底德时相当自由。在罗马时代，修昔底德就已经确立起有关政治秩序模式的权威。但从那时起，对修昔底德的解释就受到了政治利益的影响，不再只是渴望捕捉到修昔底德所传达的讯息。

最后，温特（柏林自由大学）提出一个问题：修昔底德可以用作未来政治家的实用手册吗？温特的回答与施特劳斯学派和现实主义者的主张大不相同。他认为，修昔底德"垂诸久远的财富"（1.22）实际上不是实质性的行动理论，而是一种政治的分析方法。不仅政治家可以理解修昔底德的远见，所有参与决策的人都可以理解。有时被认为相互对立的要素（如法律或自利）已成为一个硬币的两面，因为它们构成了分析思考的框架。要对任何特定形势有正确全面的了解，我们就不可能排除掉这些要素。与巴尔特鲁什、陶厄尔、莱伯一样，温特强调"国际"秩序概念在修昔底德著作中的重要性。不考虑到政治的复杂性就做出决策，这其实是严重的误判并直接导致毁灭。

这两本书收集了跨学科的研究成果，包含古典主义者、政治学家和政治理论家的各类文章。它们既是讨论、争辩的结果，也是讨论、争辩的起点。我们希望以上已经概括出会议的思想框架和氛围。

修昔底德的《战争史》仍将是一个复杂、神秘的文本，作者提供了太多的路径使我们假设可以将其简化为单一的视角。成功的跨学科研究所面临的一个挑战是，进一步发掘这本书的复杂性同时不会承受其权威性所带来的压力。

19

第二部分

修昔底德与现代读者：
不同角度的方法论反思

修昔底德思想中的语境主义和普遍主义

莫利（Neville Morley）

　　本章旨在提出一个框架，以理解现代世界解读、借用修昔底德的不同传统，即如何理解修昔底德著作所提供的有用知识（不以解读文本为最终目的），如何用各种归于修昔底德的思想来支持不同的思想课题。[1]

　　即使简略地调查一下当代的引用和分析（更不要说更长时期的概览），我们也会发现，对于修昔底德的著作、含义及其现代效用，人们的说法各式各样，令人困惑。[2] 在史学领域，

---

[1] 本文是过去三年与 Christine Lee 讨论的成果。关于政治理论和政治学领域当前的争论，她知识渊博并且愿意耐心加以解释，这使我受益匪浅。还非常感谢柏林研讨会的组织者，他们使我有机会就这一主题撰写本文。会议讨论中提出的许多观点对我也很有帮助，一并致谢。

[2] 参见 Meineke（2003）的研究以及 Harloe 和 Morley（2012）编著中的多篇论文。

修昔底德是典型的历史科学家、修辞和艺术的原型实践者（archetypal practitioner）、彻底的怀疑论者或神话编撰者、绝对客观的分析者或经世致用史学的榜样。对于历史在根本上或者说应该是什么，这些看法提供了完全不同的形象。在政治思想中，修昔底德被称为现实主义者和建构主义者、民主派和反民主派、新保守主义者和自由主义者。在战略研究中，修昔底德可能会是抽象的理论家或实用主义者、机动海权的倡导者或海权限度的记叙者，诸如此类。人们确实可以对修昔底德的文本及其生平进行不同的解释，一旦缺乏这种解释的柔韧性，人们对其思想实用性的信念就会受到削弱。也就是说，修昔底德的思想作为某种权威足够有力，阅读其著作的经验也支持这一点，至少不会相矛盾。因此，对于修昔底德的教诲存在如此多的不同解释并没有动摇大多数读者的信念，即他们自己的解释既正确又有用。[1] 但问题不在于这一权威被用于支持许多分析领域中截然不同的、相互矛盾的立场和主张，而是人们以根本不同的方式来理解这一权威的本质及其著作所传达知识的本质，尽管修昔底德仍被许多人视为权威，其著作中的重要内容仍有助于提高现代人的理解力。

对修昔底德及其著作解释的多样性至少部分地反映出解释方法的多样性。对文本的不同解读是基于对文本性质的不同理解以及对世界更宽泛的、各式各样的理论假设，即应该如何研究修昔底德，要达到何种目的。从接受理论的角度来看，（其基本假设是）"意义在某个接受点得以实现"；而从思想史的角度来看，这绝不是一个极端的命题。我在这里想要说的不是这

---

1 在会议讨论中，Clifford Orwin 说，他在初次阅读修昔底德时对自己发现的东西以及没有发现的内容感到失望。令人惊讶的是，他仍然坚持寻找被告知有可能找到的知识。

种陈词滥调，即任何文本在不同的语境中（历史、文化、制度）都会有不同的理解，即便大多数读者似乎乐于忽略这一点。相反，我想探讨两个命题：首先，在修昔底德的研究中，我们辩论的不仅是文本的含义及其教诲，还有文本的类型（这当然包含着文本的教诲）；其次，在对修昔底德思想多种多样、令人困惑的解释背后，存在着一个更为简单的结构，即关于修昔底德文本及其思想性质的根本性辩论。这一结构所涉及的理论、辩论和问题可以宽泛地概括为"语境主义与普遍主义"：过去与现在的关系、历史变革和文化差异的性质及重要性、对于历史文本和数据的解读及其用处（尤其是对政治理解的推进）。[1]

关于修昔底德文本性质的根本性辩论，最明显的特点是"史学"和"政治理论"解读方法的不同，也许还可以把"语言学"或"文学"解读作为第三种传统。因此，对修昔底德的解读可以按照现有的学科进行分类。大多数人解读时都在遵循某一学科传统，而不参考其他传统。[2] 基于当代的学科定义，把修昔底德构建成"史学的"和"政治的"理想类型相对容易。迄今为止，对修昔底德接受过程的研究也是这么做的，其焦点是某一特定传统对于修昔底德著作的解释路径及其为学科发展所做出的贡献。例如，把修昔底德解释为"第一位国际关系的科学研究者"或"现代历史科学的奠基者"，这都是有些作者基于某一特定传统做出的解读。[3] 在极少数的情况下，有人试图反思这些不同的解释传统，而非想当然地采用某一种解释，但这仍是在传统的学科范畴内解读。奥伯（Josiah Ober）

---

1 参见 Floyd 和 Stears（2011）提出的不同论点。

2 在 Harloe 和 Morley（2012）的文集以及大部分与会作者的文章中，这一点显而易见。

3 引文出自 Gilpin（1984），页 291。

就质疑修昔底德是否会把自己看作现代意义上的"史学家"，因为这一类别在公元前 5 世纪的雅典显然不存在。为了从不同的但同样混乱的角度呈现修昔底德，奥伯提出："他的方法不过是发明出一个新的学科——政治社会学。"[1]

　　如此多的人从当今学术分科来思考修昔底德，既尝试对修昔底德文本的性质进行概念化，同时又对其进行现代文本解读。这一事实意味着我们不能完全忽略这些学科性研究，但需要牢记的是，理想类型总是强调他们试图把握、归类的对象的某些方面，并以牺牲其他方面为代价。学科永远不会完全同质，即使是在某个特定时刻。在每个学科中，我们始终可以确定一系列理论的、国家的传统及子学科，它们有着不同的阅读和解释策略。尽管在某一层面将对修昔底德的"历史"解读和"政治理论"解读对立起来有其意义，但"政治理论"这一类别汇集了国际关系现实主义者、建构主义者、施特劳斯学派和其他许多学科。这些人也有着诸多分歧，包括目标、方法、假设和结论。如果将他们作为一个集体与"史学家"相比较，至少会凸显出其共同的想法和假设。此外，学科间并非壁垒森严相互隔绝，它们有着大量的交叉和协同。某些史学和政治解读可能存在着重大的相似或重叠。例如，欧本（Peter Euben）和莱伯通过借鉴当代史学和语言文学的修昔底德解读来批判主流的政治理论解读。[2] 最为明显的是，这些学科都是相对较新且完全偶然的现象。对于修昔底德、马基雅维利、霍布斯、康德或其他 19 世纪前的人物，从现代大学的学科角度来解读显然是一个时间错位的处理程序。这会有意无意地制造出一种幼稚的、似是而非的学科历史，他们以某些作家的作品为基础，宣

1　Ober（2006）.

2　例如，Euben（1990）、Lebow（2003）。

称这些作家为自己学科的奠基人。[1] 从这些角度来思考对修昔底德的现代解读有更多的辩护理由，因为基于学科背景出现了如此多的解读，尤其是最近 50 年。这些解读的听众主要是学科内的同事，但这就引发了一个问题，即解读者及其解释是否由其在学术体制中的地位所决定。

超越传统的学科标签和设定以尝试描述过去几个世纪对修昔底德的不同解读方式，这样的描绘不一定会使时间错位的程度轻一些。但这至少会提供不同的视角，不仅是关于修昔底德的接受史和动态，而且还涉及更广泛的问题，即如何在现代为了不同的目的解读、适用过去的文本，如何超越"人文"与"社会科学"的区分来评价、运用过去的知识。[2] 洛罗（Nicole Loraux）警告说"修昔底德不是一名同事"，这话针对的是古典主义者和古史学家，但有着更普遍的适用性。这有助于破解我们关于修昔底德的假设以及自己认为理所当然的学科的假设。[3] 我的建议是，探究对修昔底德的不同解读策略会使我们有机会审查通过政治理论提出的史学假设以及通过史学提出的政治理论假设，同时既考虑到修昔底德的视角，也考虑到其文本不断出现的语境主义和普遍主义、变化和连续性等具体问题。

关于对修昔底德的诸多"解读策略"，下文是界定其突出特征的第一次尝试。我不确定这一模式能在多大程度上得到广泛应用。通过与接受理论研究中的其他大部分文本进行对比，这一方式倾向于突出修昔底德文本的具体特点和接受传统。有些古典作家仍在当代争论中发挥着巨大影响，如柏拉图和亚里士多德等"纯粹的思想家"。与之相比，修昔底德的文本确实

---

1 霍布斯将修昔底德的特点概括为"有史以来最具政治性的史学家"。人们经常把这解释为，霍布斯似乎在呼吁现代背景下的跨学科合作。

2 Morris（2002）出色地勾勒出这些人类研究分支之间的差异。

3 Loraux（1980）；英文版 Loraux（2011）。

呈现出（和语境主义、反普遍主义相关的）具体问题和机遇，因此也比其他文本更多地面对截然不同的诸多解读策略。应该指出的是，我几乎完全忽略了从文学角度解读的传统（其目的是学习如何写作，如何展示修辞技术等等）。因为对大部分现代修昔底德解读来说，把修辞学作为一个问题会潜在地损害修昔底德的实用性。更重要的是，这会使读者像读荷马或维吉尔一样来解读修昔底德。简言之，本文不是对现代修昔底德解读的全面描述，而是着重于我认为占主流的一类解读，即接受修昔底德自己对其著作的主张并力求将其付诸实践的解读。因此，本文寻求确立各种解读策略的类型、所依据的假设以及旨在从文本中得出（或构建）的有益教诲。

预期目的

我想借此弄清楚的是，某个读者通过阅读修昔底德希望发现什么，想从文本中得到什么样的提炼。出于这一分析目的，我假定此类读者既简单又乏味，阅读目的明确单一，专注于不同类型的实用性。我不理会诸如愉悦、心理需要一类的阅读动机以及对文学类型的探究，专注于阅读修昔底德所获得知识的不同类型。阅读修昔底德实际上既有用也愉悦，或读者可能在寻求不同种类的知识，这一可能性也暂时忽略。在这些人为制订的参数框架内，我们首先可以区分从修昔底德著作中提取的两种信息类型：

D：**数据**。修昔底德记叙所提供的信息，包括伯罗奔尼撒战争的进程、雅典民主制度的运作、伯里克利的生涯、希腊军事战略和古代瘟疫等等。

T：**理论**。修昔底德自己对世界及其运行方式的看法，其解释涉及政治行为、国家间关系、战争原因、内乱性质和史学性质等等。

在实践中，人们会对两个类别间的界限有争议。例如，修昔底德对科基拉内乱的描述属于数据还是理论，抑或两者的复杂组合？但任何特定的修昔底德读者都会（a）对这个问题有自己的看法，并且（b）从文本中寻求一种而非另一种信息类型。他们倾向于从自己的角度解读文本，把对科基拉内乱的理解看作公元前427年事件进程的一个信息来源，或者是修昔底德对于公民社会性质和内部政治冲突根源的理论阐述。这些理论一部分源于对事件的分析，一部分来自对事件的记叙。

其次，这一信息旨在满足不同的目的。我也归纳为两个大类，与修昔底德著作中的思想密切相关。

D1：**数据**。关于过去具体的、特定的、"历史"的信息：事件的顺序、发展的进程、过去思想文化生活的性质等等。

T1：**理论**。关于世界运行方式抽象的、普遍的想法：战争为什么爆发，国家如何决策，社会凝聚力为何崩溃，等等。[1]

显然，与此前的类别相比，D1 和 T1 这些理想的类型更大程度上代表着频谱而非极点。即使史学家传统上沉迷于细节和特殊性，而多数政治理论都努力获得某种现实性，历史记叙仍会涉及某种程度的普遍化。但出于论证的目的，我们可以假设，对于读修昔底德要达到什么目的以及出于何种目的使用所收集的信息，任何特定读者都有一个具体的想法。通过提出这两个观念体系，我们可以区分出人们阅读修昔底德想要达到的不同目的，从而反映出不同的思想课题类型。

从修昔底德著作中提取关于过去的 D-D1 信息是为了撰写一种历史叙事（伯罗奔尼撒战争、雅典民主制、古代战争和历史上的流行疾病等等）。这一方法经常把事件本身的特殊性作

---

1 修昔底德对事件的理解和表述方式明显受其政治思想的影响。关于这一点，参见 Taylor（2010）和 Foster（2010）。

为其目的。它所得出的更为普遍的观念只是解释证据的一种手段，以便生成一种复制修昔底德叙事时间框架的现代叙事。就从修昔底德记叙得出普遍性结论而言，这些方法具有严格的时间限定，并将之置于语境中。例如，文本可以被解释为有关古希腊海战的信息来源，而不只是伯罗奔尼撒战争中的海战。这类解读的范例就是格罗特（George Grote）的《希腊史》。格罗特把修昔底德作为叙事中所重现事件的信息来源，希望以此免受指责。

T－D1 的信息包括修昔底德自己关于世界、政治、史学性质等方面的观念。这些被用来撰写一种更为宽泛的关于此类观念发展的历史叙述。此类描述集中于修昔底德同一历史时期（公元前 5 世纪雅典的文化世界）或时段较长的古典时期发展脉络，如克鲁伊策（G. F. Creuzer）的《希腊人的历史艺术》（*The Historical Art of the Greeks*）或更长期的时间框架（史学史、公民意识的发展）。在某些情况下，这类描述还会以修昔底德的思想为出发点着重关注现代的发展。这一方法强调事件的特殊性（即修昔底德在这一特定时期才有此类想法），其背景是更广泛的历史发展叙事或对这一时期雅典社会思想文化生活特点的普遍概括。换一种说法：挖掘修昔底德的记叙是为了获取与自己所写作时期相关的历史数据，但此类读者这时感兴趣的不是修昔底德叙述的事件，而是其叙事背后的思想和假设。

从修昔底德记叙中获取的关于过去的 D－T1 信息被用于发展各种规范性理论。这些理论或多或少地普遍应用于战争、政治、国家间关系等方面，并（更为普遍地）成为检验（从抽象原则或其他历史背景获取的）规范性理论的基础。我们还以科基拉内乱为例，读者可能会（把修昔底德的记叙看作可靠的数据来源）对这一事件进行反思，以确定社会崩溃的一般原则及

30

内部冲突的源头。读者也可能采用某种关于党派起源的现代理论，查证这一理论应用于科基拉内乱时的效果。预期的结果是，通过从修昔底德记叙中提取的数据来获取、测试和完善某种关于社会秩序的一般性理论。

T–T1 是从修昔底德对事件的记叙中提炼、明确修昔底德本人的理论。这用于发展、测试和支持具有普遍适用性的各种规范性理论。这种方法预期的最终成果与前一种方法相同，但其对修昔底德文本的态度不同，对于哪些是最重要内容的想法也不同。这一方法涉及这样一种认识，即塑造修昔底德记叙的是其理论和修辞策略，而不是直接的客观叙述。人们可以从客观叙述提取数据而不必担心史学家自己的观点，这恰恰是 D–T1 信息的软肋。人们普遍把修昔底德当作一位人类事务的理论权威，他的思想值得人们了解。修昔底德描述的事件令人感兴趣，这只是因为这些记叙是修昔底德思想发展的基础。

我们要着重强调的是，这是一个高度简化的模式。与任何理想类型一样，它过分强调某些差异，而遮蔽了其他差异。例如，在其著作中，一位史学家可能会把修昔底德作为事件的信息来源和典型的文化人物，以便把对当代文化思想的记叙和描述纳入一本有关公元前 5 世纪的书中（D/T-D1）。同样，为了检验完善某种一般性理论，理论分析家的著作会寻求同时了解实际的事件、修昔底德对事件的记叙以及塑造叙事的思想观念。典型的案例是欧文（Clifford Orwin）对科基拉内乱和雅典瘟疫的分析。他在事件本身和修昔底德对事件的分析之间来回移动，目的不是相互检验本身，而是为了推进有关更具普遍应用性的社会解体的思路（D/T-T1）。[1] 此外，人们可能会把修昔底德的记叙分为三步而不是两步：从中挖掘数据以构建具有

---

1 Orwin (1988).

潜在目的的历史叙事，然后再发展或支撑更为一般性的原则【例如，基于修昔底德对于雅典历史的叙述，格罗特和密尔（S. Mill）以之来支持他们对民主制的重估（D－D1－T2）】，或撰写包含修昔底德思想的政治思想史以使其关于现代政治理论目标或方法的主张合法化（T－D1－T2）。[1]

对文本的构想

任何阅读策略都有一部分是预期结果，另一部分是特定读者对于文本的理解方式，这决定着为获取预期结果而采取的阅读方式。现代读者对于修昔底德的解读有着不同的目标，因此会有大量差别。预期结果至少是与之同等重要的一个因素。对撰写哲学的柏拉图和撰写历史的李维，现代读者鲜有真正的争议，他们争论的只是这些简单的标签多大程度上遮盖了古今之间的重大差异。涉及修昔底德，对于文本的性质以及如何最好地概括其特点，人们分歧严重。即便没有全方位的认识，大部分读者至少某种程度上意识到这一问题。有些人明确阐明自己阅读修昔底德时的理解方式，但通常会做一定的让步和保留，他们会以各种形式表明"尽管看起来是 X，实际上是 Y"。因此，与上一节相比，要概括某种解读的特点就是要在频谱上绘制一个点，而不是将其归入两个极化的类别中。我的建议是，至少对修昔底德来说，我们可以在两条线上绘制出各类读者的文本构想。

第一条线关注人们对作者意图的不同理解：修昔底德的初衷是写什么样的文本？从类型的角度来看，一端是"历史"，另一端是"政治理论"，两者之间的频谱具有多种可能性。同将现代类型学科传统追溯到过去一样，这显然也会产生与之相

---

1 关于后者，参见 Bell（2003）对于"国际关系的历史转向"的分析。

同的问题。抽象一点说，修昔底德的主要兴趣是事实还是理论原则，是具体的知识还是一般性知识？修昔底德主要想提供的是具体事件的情况信息，还是就人类行为方式提出更为一般性的想法？显然，由于修昔底德在 1.22–23 所阐述的方法及其方法论原则，答案肯定是文本是两者的某种结合。实际上，这恰恰是为什么对文本的解读会如此相互矛盾、前后不一的原因。但大部分读者最终还是会偏爱其中之一，即便那些真正致力于保持两者平衡的读者也是如此。一种解读按其基本倾向可以分为"历史解读"（H）或"哲学解读"（P）。判断的标准在于，读者认为修昔底德最终的目的是提供对事件本身的确切解释（尽管他们确信能从中获取更为一般性的理解），还是提出规范性理论（尽管与专注于理论的人相比，他们更强调事件的特殊性）。

第二条线是熟悉程度的问题：与将之归入同一类型的现代作品相比，修昔底德的文本在意图、方法和设定等方面有多大的相似性？人们对一部作品越熟悉（F），就越不必将其置于特定语境中，就越能够根据现代学科直接进行阅读。相反，对作品越陌生（X），读者就越会意识到，在理解文本及提取所需信息时，他们面临语言和文化层面的翻译问题。假设读者有意识地做出这一评估（读者想当然地认为，正在处理的是一类自己熟悉的文本。在阅读的史学、哲学传统中，这样的例子有很多），这一评估基于某种类型的现代特点，必然会对历史文本的某些因素感到陌生。一般来说，将修昔底德视为熟悉文本的解读会优先考虑主题和方法论而非文学形式：尽管包含演说辞，这本书是介绍史实的文本（如果不是历史科学的话）；尽管强调对事件的叙述，它是规范性政治理论的核心。这种方法反映出人文科学尤其是社会学的普遍倾向，即认为文学形式和修辞是内容和论点的一种辅助。由于人们不熟悉修昔底德作品的文学层面，尤其是阅读时最难忽略的演说辞[1]，出现这一倾向也是必然的。相反，将修昔底德看作陌生文本常常涉及一个论点，即形式和内容密不可分，因此陌生的修辞形式意味着整部作品不能被视为现代的历史或政治叙述。此类读者往往将修昔底德作品作为文学进行语言学研究，将其陌生的性质视为理所当然。但这也可能源于一种更宽泛的主张，即语境对于评估历史文本的重要性，即使这意味着此类文本对于当下没有重大意义，正如"剑桥学派"在思想史研究中所提出的那样。[2]

解读策略

根据对这些意图和设想的不同组合，我们可以概括出各种修昔底德解读的特点：特定读者理解文本的方式及其解读的目的。某些组合显然比其他组合更为成功，我们遇到的可能性也更大。怀着对文本的某种设想，读者对自己希望从文本中提取哪些有用的知识会有明确的意识。而对于清楚自己将修昔底德用于何种用途的读者，他们更有可能以与他人不同的方式提出文本设想。我们可能会从文本的角度来思考这一问题，接受某种解读而反对其他解读。例如，关于作品的性质以及如何阅读，修昔底德给读者提供了数量有限的提示。但这立即使我们回到关于作者意图的假设，即许多读者都确信，只有自己是按照修昔底德想要的方式来解读修昔底德。

D–D1 是利用修昔底德的历史来书写相同事件的现代史，

---

1 关于史学、社会科学著作的文学性质，参见 White（1974）、McCloskey（1986）和 Morley（2006）。

2 关于"剑桥学派"，参见 Bell（2003）、Floyd（2009）以及 Floyd 和 Stears（2011）的论著，特别是 Kelly 和 Graham 撰写的第一章《语境主义的挑战》。

通过将文本理解为 HF 显然最好能达到这一目的。人们越是认为修昔底德的著作不同于现代史学（更不用说将其看作一部理论哲学著作），其所提供"事实"的表面价值就越少，在评估批评修昔底德所说的一切时，读者需要做的就越多。在过去几十年，此类课题经常以 D/T‐D1 的形式出现，试图找到修昔底德分析的主导观念，希望借此纠正修昔底德叙事的偏见。他们承认不熟悉修昔底德的历史实践，但仍坚持认为修昔底德有基本真实性，同时寻找这一时期的其他证据来源，避免仅仅依靠修昔底德的说法。

D‐T1 强调要收集过去事件的可靠数据，这次是为了发展、测试持对立意见的规范性理论。这意味着 HF 是令人最舒适的设想，HX 则造成修昔底德记叙是否可信的不确定性。但是，从修昔底德的实际文献看来，这样也有可能将文本理解为 PF。在某些解释中，人们显然认可修昔底德自己的理论并对之感兴趣，并意识到这样一个事实。修昔底德通过对事件的记叙发展出这些理论，但其叙述中的历史数据与这些理论相隔离且不受后者影响（就像阅读现代理论文章一样），以便提取数据并将之用于测试、支持不同的现代理论。

T‐D1 作为"思想史"方法，将修昔底德的思想纳入更广阔的历史叙事中。这种方法可以基于对文本的任何设想，读者将文本看作陌生还是熟悉会导致完全不同的解释。陌生的标记是与现代做法的不同，强调过去与现在之间的发展。熟悉的标记是超越语境，要么像 19 世纪的研究者那样把修昔底德视为现代历史科学家的先驱，要么将其看作某种历史或政治思想永恒的精华。当然，读者的构想也由他们希望讲述的故事类型来决定。史学家普遍把修昔底德视为史学家，政治思想史研究者将修昔底德看作政治理论家，这取决于修昔底德在他们所描述的思想传统中呈现出的面目。这些替代性的设想当然可追溯到文艺复兴时期对修昔底德的重新发现。[1] 将修昔底德呈现为熟悉的文本，这代表着一种对传统的合法化策略，声称自己具有古典起源的权威。将修昔底德描述为陌生的文本则是庆祝现代理解优于过去的误解，但也可能出于更具争议的目的将修昔底德作为现代设想的一个替代方案，修昔底德是对现代学科的一个挑战，是一种新方法的典范。[2]

T-T1 课题理论上兼容任何文本设想；采用的方法不同，结果将完全不同。试图提出规范性理论通常不是主流史学的研究活动（它实际上可以被看作"人文科学"与"社会科学"两种方式间的根本差异），但这确实是当前学科体制中历史理论探讨的特点。对修昔底德的不同解读重复了前面所说的"思想史"方法的不同版本。HF（认为修昔底德关于历史写作的思想与现代思想大致相同）是为强化对史学的现代理解。HX 强调过去和现在的差异，这既可能加强现代理解的优越性，（如果将修昔底德作为实证史家的榜样）也可能对现代理解提出质疑。史学家自然将修昔底德看作史学家，但也有人愿意承认修昔底德的作品至少有一部分是"哲学"（通常被视为 PX 而不是 PF，恰恰因为这些理论是通过历史叙述而非明确的理论阐述）。如果修昔底德被视为一类特别的史学家，HX/PX 的类型，他也可以被作为当代史学方法的替代方案，作为一种新历史科学的典范。[3]

相反，政治理论和国际关系领域对于修昔底德的大多数研

36

---

1 参见 Hoekstra（2012）。

2 在 Lebow（2003）的著作中，修昔底德与克劳塞维茨、摩根索一起为"古典现实主义"辩护，反对传统现实主义者对于国际关系的处理方法。

3 这实质上是 Wilhelm Roscher 解读所传送的讯息：修昔底德是第一位历史科学家，同时证明了科学与艺术相结合的必要性，尽管罗舍尔竭力将自己与对世界过度抽象的"哲学"方法区分开来。参见 Morley（2012）。

究都可归入这样的类别：把修昔底德看作某种政治理论家，无论熟悉（第一位科学的现实主义者）还是陌生（古典现实主义者、悲剧家）。[1] 修昔底德看起来越熟悉，人们就越容易识别提取他的想法并将其纳入常规讨论中，无论是支持还是批评流行的当代观点。[2] （修昔底德的想法可能被隐藏在叙事中，但人们假设它们同现代规范性理论和命题具有相同的形式。）对史学家来说，这一过程看起来就像是使修昔底德从语境中摆脱出来，并忽视其著作非现代的诸多方面。关键是，在这样的解读中，假定最重要的语境是围绕某个特定问题的辩论传统，而不是史学家始终享有的历史背景。其中一个原因是，修昔底德越是被看作陌生类型的政治理论家（只有将其置于最初的历史背景中才能理解他的方式方法），其思想对当前的关切似乎就越没有用处。[3] 即使其著作在某种意义上是理论性的，但除了最一般性的用词外，修昔底德的思维方式和基本假设都已太过时，与当今的方法不兼容。这样，修昔底德就成了出于修辞目的而流传的一个名字，而不是人们能与之进行有效交流的思想家。

不承认修昔底德方法对于政治理论的陌生性，就会削弱修昔底德对于当代研究的用益。承认这一点的主要方法是重新思考修昔底德的"陌生性"（alienness），出发点是从修昔底德与现代的差异而不是从过去和历史的特殊性。传统的政治理论提出假设和问题都是为了以这一方式来解读修昔底德。对于文本与传统政治理论相抵触的地方，他们将之重塑，把一个问题变为一种机遇。修昔底德成为政治理论不同模式的典范，无论是

---

1 例如，Gilpin（1984）、Lebow（2003）、Bedford 和 Workman（2001）。

2 关于后者的例子，参见 Ahrensdorf（1997）。他将修昔底德视为现代理论家，但其现实主义分析得出的结论与当代现实主义截然不同。

3 这些是 Floyd 和 Stears（2011）编著中的主要关注点，尤其是 Kelly、Graham 和 Hampsher-Monk 的论文。

其智力课题（正如威廉姆斯和格斯所提出的，研究人类生活中的周期性模式，同时坚持历史或社会有固定的法则），还是修辞手法（利用戏剧性的叙事使关键问题更为清晰，使读者成为观众）。[1] 从这些角度来说，作为对于当前实践和设定的真正替代方案，修昔底德文本的陌生特性就不再那么成问题。读者应该思考如何在现代运用这些新思想和新形式，而不是仅仅将其视为过去的标志。修昔底德是当代事件的分析者，而不是研究过去的学生。这一事实可以使我们对此更清楚一些。修昔底德有这些想法并以这样的方式提出，有其历史的偶然性，但作为政治分析典范的文本则不会因此受到历史性的限定。被看作PX甚至是HX的修昔底德可以较为容易地作为讨论发展规范性理论的基础，就人们将其看作PF一样。或许更加容易，因为人们已经预料到明显的反对意见，即说修昔底德的著作显然不是现代政治理论。但把修昔底德看作PX甚至是HX所付出的代价是，人们不再重视文本最初的历史背景。

结论

这种分析实际上为我们提供了什么？其主要讯息是传统史学家的痛惜"它比看起来要复杂得多"："历史"解读和"政治"解读的简单对比没有捕捉到辩论的复杂性，也无法解释修昔底德的解释者和借用者为何如此频繁地就过去发生争论。他们的目标和对文本的设想互不兼容，即使在某个学科传统内也是如此。每一立场都会与其他人的前提出现争执：主张历史语境的人坚持修昔底德的文本在根本上具有陌生性，只适合思想史编纂；其他人则想当然地认为，可以提取出历史数据的核心

1　Williams（1993），页161至163；Williams（2002），页151至154；Geuss（2005），页227至233。

或确定规范性的政治原则，不必完全局限于其最初的语境。每个解读都涉及关于修昔底德创作意图、世界观等一系列假设，为了专注于某个方面，人们都不得不忽略这一多维度的复杂文本的其他方面。不存在正确的解读，即便根据我个人的偏见，有些解读比其他解读更片面、更成问题。例如，把修昔底德作为彻底的现代现实主义者，或者把修昔底德文本作为对事件的客观解释，并不体现作者自己的想法。最明显的分歧不是对文本的不同设想，而是解读文本的不同目的。无论多么勉强，大多数现代解读都倾向于持中间立场，承认修昔底德的著作既是历史文本也是哲学政治文本，既是经验文本也是理论文本，承认它是一个不寻常的混合体，可以贴上一个人文社会科学的标签。对于寻求与过去进行交流的人以及更专注于现在的人来说，这是一道鸿沟。在专注于现在的人中，有些人认为文本具有模糊性和争议性，可以从文本自身的角度或解读者自己的角度来阅读。还有一些人只基于先入为主的想法阅读并利用修昔底德来装饰他们的论点。对这些人来说，修昔底德的文本也是一道鸿沟。

最后说明两个想法。首先，令人震惊的是，大多数解读坚持认为，它们的解释才是修昔底德的**原意**，尤其是那些利用其解读提出某种理论的人。这又回到修昔底德的权威性问题：人们不仅从修昔底德著作中提取出有趣的、富有成效的想法，而且以某种特定方式解读的话，还发现这些想法之所以被认为有趣、富有成效并且常常有说服力，是因为它们一定程度上都可归于修昔底德。19 世纪的史学辩论如此，今天的政治理论、战略研究和国际关系领域（尤其在美国）仍是如此。[1] 其次，对

1　这实际上是属于更宽泛的文化范畴，关于互联网中的修昔底德，参见 Morley（2013）。

大多数读者来说，修昔底德的权威性源自其"现实主义"，即其思想与现实的密切联系。其理论的力量并非来自于纯粹抽象或虚构的事实，而是源于具体事件及其关于真实世界的经验和专业知识。因此，修昔底德的思想至少部分取决于语境，我们不是说这些思想仅限于特定的历史事件，而是说它们与真实事件密切相关（伯罗奔尼撒战争成为一个范例）。与之相反，一些"纯粹的理论"认为，与真实世界的互动是不充分的依据。文本对读者最强烈的一个影响是指向现实的认知导向。这一导向可以很好地说明某些政治思想领域对修昔底德的忽视（例如，英国的政治哲学传统，威廉姆斯和格斯等人除外，两者都对了解经验中的真理非常感兴趣）以及其他人对修昔底德持久不衰的欢迎。

39

国际关系中的修昔底德

——对前威斯特伐利亚作者的后威斯特伐利亚解读

陶厄尔（Christian R. Thauer）

一、引言

本文从国际关系的角度重新思考修昔底德。这一视角感兴趣的是作为"垂诸久远的财富（1.22.4）"的《战争史》。对于当今世界政治和国际关系来说，这一理论文本有潜力提供重要的见识。我们需要提一下这一学科的兴趣点。正如莫利（Neville Morley）在第二章中所提醒的那样，现代学科视角已是**先入之见**（foreknowledge）[1]，限制着我们的解释，限制着对修昔底德文本有何种用处的期望。尽管在这方面我有明显的倾向性，但本文并不讨论修昔底德的（或我们认为是修昔底德

1　参见 Thauer 和 Wendt 的"引言"（第 1 章），其中提到 Gadamer（2004）。

的）理论。相反，我们把注意力放在与修昔底德文本有关的意义建构过程上。它涉及解释本身。我们如何从国际关系的角度接受这位古代作家？

总体而言，政治学已成为一个方法驱动的学科。[1] 国际关系的子学科也不例外。至少在主流政治学中，方法的功能就是安排一场对话，一边是关于世界静态和动态的、既定的抽象（理论）知识，另一边是对现代世界（经验性）的新观察新体验。某种意义上说，这是一种内在的批判性对话，观察和经验与我们原来以为真实无误的观点相冲突。[2] 我们通过证伪来检验理论主张和论证；我们寻找似乎"令人费解"的经验性变化，并通过这些变化弄明白它们与我们对政治进程结果的期望相抵触。[3] 我们的观察和经验在这一方法指导下沿这个方向推进，并从与理论相关的观察中得出结论和推论。今天，在常规（通常是实证研究）研究中，几乎每一步都要经过报告、指导、论证，然后基于这种方法论进行解释。但涉及对修昔底德等文本的解读时，除极少数情况外，关于方法论的反思和程序普遍存在着一个奇怪的缺陷。[4] 本文处理的就是这一问题。

本文可以使用几种处理方法，在科学哲学层面处理解释的行为，探讨各种解读修昔底德方法的潜在价值，如施特劳斯学派[5]、后现代[6]、解释学[7]或思想史[8]。但本书包含不同学科和

1　Shapiro、Smith 和 Masoud（2004）；Brady 和 Collier（2010）；King、Keohane 和 Verba（1994）。

2　Scharpf（1997）；Ganghof（2005）.

3　Scharpf（1997），页 18。

4　Lebow（2003），页 50—58。

5　参见 Keedus（《治理的教训》第 4 章）和 Orwin（本编第 6 章）。

6　Iser（1978）；Lebow（2003）。

7　Gadamer（2004）；参见 Thauer 和 Wendt 的"引言"（第 1 章）。

8　Skinner（2002）.

子学科间的对话，我们将在这一背景下采取不同的路径。它所遵循的是跨学科的兼收并蓄而非系统性的哲学路径。我们提出的问题是，在解释《战争史》时，国际关系学者可以从史学家那里学到什么。当然，要回答这个问题，我们仍需要某种标准以决定在这种情况下哪些东西值得学习。根据上述主流政治学方法论的原理，分析采用"最低限度的"方法论假设。使用这一假设再次确证了的学科偏见。这一假设涉及批判性参与的标准。根据这一标准，任何观察或经验（我建议将解读修昔底德作为一种经验）都应服务下述目的，即重新定义、质疑或削弱我们此前认为正确无误的东西。但这并不意味着，解释可以或应该"客观"，或者说克服解释者的倾向、知识和观点。其目标反而是文本以某种方式对解释者提出挑战。对于意义的构建以及由此产生的解释来说，这一挑战以及解释者处理文本的方式至关重要。[1] 我认为，关于解读修昔底德的常规方式，史学家对国际关系学者提出了一系列挑战，因此在处理这位古代作家时，"该轮到历史了"！

在展开论证时，本文将先简要回顾国际关系文献中与修昔底德有关的解释。"目的论史学"写作大量使用修昔底德（莫利，第 2 章），学者们发表的著作及其在国际关系理论"大辩论"[2] 中的立场都可追溯到修昔底德的著作，这使得修昔底德成为各个理论传统的鼻祖。[3] 此类程序基于两个相互关联的假设（假设没有异议，但方法存疑），并借此走近文本。第一个是关于文本的假设，第二个是关于语境的假设。文本假设是，读者很容易理解修昔底德文本的含义。如果我们希望理解它，

---

1 在这方面，本文采取的方法似乎与伽达默尔（2004）高度一致，并受到 Thauer 和 Wendt "引言"的启发。

2 Wilson（1998）.

3 参见 Thauer（2011）对文献的批评。

了解重要的片段就够了，如"米洛斯对话"（5.85－113）或"最真实的原因"（1.23），因为这些片断总结了这位古代作者想说的话。语境假设是，我们可以将这些片段与国际关系理论以及关于当今世界政治的理论辩论直接联系起来。本文第二部分根据历史文献分析这些文本假设和语境假设。我的观点是，在处理修昔底德时"该轮到历史了"。从历史文献的角度看，《战争史》非常复杂，层层叠叠，人们并不容易读进去。其结构也存在问题，因而很难理解。从语境的层面看，这位史学家似乎不同意我们的观点，即可以从相同的角度理解过去和现在的国际政治。我将在结论中讨论这些观点，并说明如何将历史文献作为未来国际关系解读的基础和灵感源泉。以具有历史见识的、更具挑战性的方式走近修昔底德意味着，这一文本对后威斯特伐利亚的现代世界来说既密切相关又至关重要。

二、国际关系学界对修昔底德的解读

如果我们寻找批判性的解读，国际关系学界处理修昔底德的传统方法就没有什么参考价值。国际关系各大思想流派的理论辩论频频提及修昔底德[1]，但这些作者很少切实处理他的文本。他们只是为"目的论史学"写作的目的（即建立思想脉络）肤浅地一带而过（莫利，第2章）。[2] 二战后国际关系学科建立之初，最早的现实主义者以这种方式引用《战争史》，并将之作为其理论永恒智慧的范例。[3] 在其开创性著作《国家间政治》中，摩根索（Hans Morgenthau）就引用修昔底德的著

---

1 Johnson Bagby（1994）；Welch（2003）；Harloe 和 Morley（2012）。

2 参见 Thauer（2011）的批评意见。

3 Schwarzenberger（1941）；Morgenthau（1967）；Herz（1974）.

作来总结自己论点的精要：借用修昔底德的话来说就是，"我们所知之神，我们所信之人，凡其力所能之处，无不施行统治，这是其天性使然之必然法则"[1]。随着 20 世纪 60 年代新现实主义和第二次"大辩论"[2] 的出现，"修昔底德现实主义"[3] 开始引起争议。"新"现实主义者反对"旧"现实主义者，主张推动国际关系的是系统性力量。他们还宣称，修昔底德的真正继承者是自己而非传统的现实主义者。[4] 在《人、国家和战争》中，沃尔兹提到修昔底德时说："第三种意象（即新现实主义）的观念……不是个新想法，也不是深奥的想法。修昔底德写这句话时暗示，'雅典实力的增长使拉克代蒙人感到恐惧并迫使他们参战'。"[5] 最后，自 20 世纪 80 年代后期以来，解构主义者为现实主义者提出一种处理国际关系的方式以替代现实主义-理性主义的方法。沿着这条脉络，他们创建起自己关于修昔底德的思想谱系[6]，从而硬造出"修昔底德的建构主义者"。[7] 这种解释在概念上将修昔底德构造成现实主义的批评者。

这种处理方式基于两个假设。[8] 首先，关于修昔底德的文本，《战争史》可以简化为米洛斯对话（5. 85‑113）的某些段落（如摩根索此前的引用）或伯罗奔尼撒战争爆发"最真实的

1　Morgenthau（1967），页 32。中译参见摩根索，《国家间政治：权力斗争与和平》，徐昕等译，北京大学出版社，2006 年，页 64。这句话出自修昔底德 5. 105。——译者

2　Wilson（1998）.

3　Doyle（1990）.

4　Waltz（1959）；Gilpin（1984）；Johnson Bagby（1994）.

5　Waltz（1959），页 159。

6　Garst（1989）；Lebow（1991）；George（1994），页 196。

7　Lebow（2001）.

8　关于这两点，参见 Thauer（2011）。

原因"（1.23），如沃尔兹，还有勒博的早期著作。[1] 实际上，长期以来，国际关系学界认为，解释修昔底德不需要对文本进行深入全面的思考。在介绍国际关系学的思想基础时，关于修昔底德文本的著作和结构，考普皮（Kauppi）和维奥蒂（Viotti）诠释了这种认为文本表面上"毫无问题"的观点："修昔底德的《战争史》很容易理解，读者不需要有什么背景知识……享受阅读过程就行。"[2] 其次（与第一点密切相关），关于这些文本段落在语境中的含义，其假设是这些含义与今天的国际关系理论直接相关。

即使对历史文献没有任何了解，这些假设似乎也相当大胆。这一文本写作于全然不同的时代，使用的是已经作古的文字，人们甚至弄不清楚这是否是同一作者创作的统一文本。[3] 期望现代读者能很轻松地读懂这样一本书，这似乎毫无根据、天真幼稚，如果不能说完全无知的话。期望这一文本直接适用于当今的国际关系问题也是如此。从本体论上讲，现代国际关系基于威斯特伐利亚主权思想，但这一思想从 1648 年起才构建起国际秩序，因此不适用于以前的时代。[4] 我们只能期望，在这些史实能以有意义的方式对今人"讲话"（speak）之前，我们不得不仔细"翻译"1648 年以前的事件和见识。我下面将描述史学家们对修昔底德文本及语境的理解方式，这可能有助于我们克服这些相当可疑的假设。

在此之前，我要说的是，自 20 世纪 90 年代以来，国际关

1　Lebow（1991）.

2　Kauppi 和 Viotti（1992），页 38。类似的观点参见 Dunne 和 Schmidt（2001），页 147。

3　正如文本分裂者所解读的那样：Ullrich（1846）；Schwartz（1919）；Canfora（1990）。

4　Krasner（1999）.

系学处理修昔底德的方式都源于上述的传统模式。这些衍生方式在处理原始文本时"目的论"色彩要淡一些，允许自己面对修昔底德的挑战。最重要的是，他们声称，《战争史》是一部复杂的文本，其内在的解释存在问题。[1] 权力似乎发挥着关键作用，尽管习俗、身份、传统和道德伦理考虑这些因素似乎也很重要。[2] 这些新方式就文本的不同方面与修昔底德进行磋商，但涉及修昔底德的含义和讯息时往往让人一头雾水。对于这些衍生的方式方法，本文的贡献是针对阅读修昔底德时面临的挑战以及应对策略提供一种系统性的反思。

三、史学的挑战

史学家从不同的角度研究《战争史》的结构以及修昔底德历史时代的国际关系。他们既不认为理解修昔底德文本是一项"毫无问题的事业"[3]，也没有按照威斯特伐利亚主权理念来描述修昔底德时代的城邦间关系。下面先讨论史学研究文献中对修昔底德文本的看法，然后分析其对修昔底德语境的理解。

挑战 1：复杂的文本

与国际关系学者不同，史学家把对《伯罗奔尼撒战争史》的解释看作一个问题。[4] 从史学研究的角度看，这本书开篇解释雅典城邦的崛起、伟大程度、不断增长的实力以及在古希腊城邦世界无法阻挡、不可避免的成功，并以雅典在西西里岛的

---

1 Lebow (2003); Podoksik (2005); Thauer (2011).

2 Lebow (2003); Podoksik (2005); Thauer (2011); Alker (1988); Garst (1989); Doyle (1990); Monten (2006).

3 Kauppi 和 Viotti (1992)，页 38。

4 Ullrich (1846); Meyer (1889); Meister (2011).

惨败收尾。夹在中间的是著名的米洛斯对话（5.85–113），这一事件一方面标志着雅典实力的高潮，另一方面是城邦命运的转折点，雅典在西西里岛的失败和实力的衰落。从史学研究的角度看，任何解释都面临一个问题，即这一对话是"向前看"（雅典的毁灭）还是"向后看"（雅典的成功、增长和实力）。对史学家而言，《战争史》首先关注的是修昔底德故乡雅典的伟大与衰落。[1] 这一主题[2]表明：修昔底德的叙事开始于"稽古"，描述伯里克利领导的雅典在古希腊时期军事、政治和道德上的优势。与此形成鲜明对比的是，他在结尾描述雅典的失败。"城邦的兴盛和衰落"[3] 是古希腊作家们的主题。修昔底德确信，他的读者不用明言就能理解他所关注的问题：雅典为何衰落？

　　米洛斯对话是关于这一问题的精髓。史学家们指出，作为修昔底德文本中唯一的对话，米洛斯对话引人注目。[4] 通过选择这一叙述形式，修昔底德标示出这一片段的核心位置和重要性。他为此还营造出一种不协调，对话虽然篇幅很长，但对战争进程来说却微不足道。[5] 也就是说，米洛斯对话与雅典斯巴达战争的结果无关。米洛斯岛是一个中立的小岛，不具有任何战略意义。对话最后与雅典、米洛斯之间的冲突也无关。雅典人摧毁小岛并杀死米洛斯人。他们无须对话就能轻松地做到这一点。那么，修昔底德决定精心撰写对话时究竟想要说什么呢？戴宁格尔（Georg Deininger）对此做了创造性研究。他认为，修昔底德这里描述的是雅典兴衰的高潮和转折点。[6] 一方

1　Orwin（1994），页 2；Erbse（1989），页 18；Connor（1984），页 3；de Romilly（1991），页 5；Finley（1942），页 2；Gundert（1968），页 115。

2　Connor（1984），页 34。

3　de Romilly（1991）。

4　Hudson-Williams（1950）；Macleod（1974）。

5　Rittelmeyer（1915），页 120。

6　Deininger（1939）。

面，雅典人进攻米洛斯时正处于实力和成功的巅峰。他们顺便摧毁米洛斯，这似乎是其赢得与斯巴达战争的一种痕迹。从这个角度看，修昔底德在对话中阐明了城邦此前取得成功的原因。戴宁格尔将之称为对米洛斯对话的向后看解读。[1] 这种向后看的解读在某些方面与国际关系的现实主义者（如摩根索）产生了共鸣。

另一方面，米洛斯对话是雅典远征西西里岛的序幕，也就是最终导致其衰落的灾难性"危机"[2] 的开始。在米洛斯对话后，《战争史》紧接着说：

> 同年冬季，雅典人决定再次驶向西西里……如果有可能，就征服该岛。他们大多数人都不知道西西里的大小和居民人数（包括希腊人和野蛮人），也不知道所进行的战争并不亚于和伯罗奔尼撒人的战争（6.1）。

修昔底德在这里告诉我们，雅典人征服西西里的决定幼稚无知。具有讽刺意味的是，在此前的米洛斯对话中，雅典还指责米洛斯人幼稚无知。在对话中，对自己强大军事实力有明确意识的雅典要求弱小、中立的米洛斯加入其对抗斯巴达联盟。否则，雅典人说，他们将摧毁该岛。米洛斯人以其不正义为由回绝了雅典的要求。雅典人对此的反应是，指责米洛斯人"盲目判断"并大开杀戒。文本的编排清楚表明，雅典人在实力最强时对待米洛斯人的残忍很快在西西里岛落在他们自己头上。雅典遭受了与米洛斯人类似的失败。从这个角度来看，修昔底德将米洛斯对话与随后发生的事件（即雅典的衰落）联系起来。

48

---

1 Deininger (1939)，页 80，原文是 "zurückblickende"。

2 Schadewaldt (1929)，页 59。

对米洛斯对话的这种解释被称为"向前看"。[1] 这种向前看的解读与国际关系结构主义解读有关，他们认为，修昔底德在这里是雅典现实主义思想的批判者。[2]

是将米洛斯对话解释为向后看（指出雅典成功的原因），还是向前看（解释为什么雅典会失败）？戴宁格尔首先从向后看的角度分析对话，进而提出至今仍指导着史学研究的一个假设：如果说雅典人在米洛斯对话中所表现的原始现实主义是雅典成功的原因，我们应该在此前叙事中大量的演说辞里发现类似的激进现实主义思想。戴宁格尔接着分析雅典人的演说辞以便将其中的思想与米洛斯对话中的雅典现实主义进行比较。[3] 在结论部分，戴宁格尔总结了史学界关于米洛斯对话与修昔底德演说辞关系的争论，但他给出的两种解释相互矛盾，态度模棱两可。

首先，他的分析探索思想上的相似性，并发现这种情况确实存在[4]，向后看的解释得到了支持。但他接下来思考的问题是《战争史》的演说辞有多大程度的独特性，并得到了肯定的答案。按照这一脉络，戴宁格尔得出结论，在伯罗奔尼撒战争之初，雅典遵循温和、克制的指导思想。随着战争推进，雅典的权力政治变得日益极端。从温和克制的权力政治到放纵的现实主义，这一转变说明了雅典衰落的原因。[5] 但这意味着，米洛斯对话必须解释为向前看，也就是说，阐明雅典消亡的原因。尽管戴宁格尔在两种解读间摇摆不定，但大多数史学解释不是向前看就是向后看。

49

---

1 Deininger (1939)，页 80，原文 "vorwärts blickend"。

2 Thauer (2011)。

3 Deininger (1939)，页 52—61。

4 Deininger (1939)，页 81—98。

5 Deininger (1939)，页 51—55。

"现实主义者"（即向后看）的解释往往从米洛斯对话中看到修昔底德的"思想杰作"。[1] 在对话中，修昔底德"总结了雅典是什么以及在整部史书中是什么的问题"。[2] 史书中的其他演说辞同样揭示出雅典的"帝国主义思想"[3]，因为它们都是"同一种雅典权力政治思想的明证"。[4] 同戴宁格尔一样，这些解释也承认，雅典演说家为了吸引听众经常谈论荣誉、正义和道德。但他们这样做只是为了修辞耍嘴皮子，这些因素与主题无关。因此，修昔底德在米洛斯对话中借雅典人之口说话。他认为，雅典人在对话中说得对，这种不妥协的现实主义说明雅典此前为何会如此成功。[5]

但鉴于史书的结构模棱两可，这种向后看的解释必须回答一个问题：如果相信雅典人在米洛斯对话中的卓越智慧，修昔底德为何紧接着写雅典进攻西西里岛。根据向后看的解释，"米洛斯对话不是要揭示错误"[6]，"绝不能"和西西里及雅典的衰落联系起来。[7] 西西里和雅典的失败由内部冲突造成："西西里远征失败是由于后伯里克利国内政治的根本缺陷。"[8] 在与民众情投意合（congenial）的伯里克利身后，雅典缺少能干的政治家和军事领导者。统治城邦的人都是些自私自利的废

---

1 Jaeger (1959)，页 502，原文是 "ideelle Höchstleistung"。

2 Reinhardt (1966)，页 201，原文是 "Der Dialog zeichnet ein Bild Athens (…)，[das das] ganze Werk zusammenschließt."。

3 Strasburger (1968)，页 515。

4 Flashar（1969），页 47，原文是 "Zeugnisse der gleichen athenischen Machtideologie"。

5 Wassermann (1947)，页 3；Jaeger (1959)，页 48；Reinhardt (1966)，页 19；Woodhead (1970)，页 15；Croix (1972)，页 21。

6 Reinhardt (1966)，页 216，原文是 "Der Melierdialog deckt keinen Fehler auf."。

7 Jaeger (1959)，页 504，原文是 "in keinem Falle"。

8 Strauss (1964)，页 19；参见 Stahl (1966)，页 24。

物。雅典公众未能选举出合适的政治人物和军事将领。作为一个城邦,雅典缺乏良好决策所需要的内部和谐。根据向后看的解释,导致雅典失败的正是这一点而非现实主义。

向前看的解释看到,修昔底德在米洛斯对话中对雅典权力政治持批评态度。他们认为,对话是雅典命运的转折点,"政治傲慢达到巅峰,为政治复仇的开启打开了大门"。[1] 在戴宁格尔之后,向前看的解读比较了雅典人在不同时间点的演说辞。他们得出的结论是,在修昔底德的叙事之初,雅典人提出深刻的"规范性"论证,以证明其外交政策的合理性。这一解释路线与向后看的现实主义解释背道而驰。前者认为,如果根据"内在的真理标准"[2] 来理解史书,我们必须要问的是,修昔底德为什么要包含这些"规范性"[3] 要素,而不是将之视为耍嘴皮子抛到一边。支持这一解读路线的作者承认,在大多数演说辞中,雅典都表现出对于权力的深切关注。但他们认为,在米洛斯对话以前,雅典人对"道德辩护"[4] 的关注同样强烈,因此"强权即正义,但正义也是强权"。[5] 其结论是,雅典人以节制、温和防御性的方式将权力政治概念化。伦加科斯(Rengakos)在分析一个早期演说辞时说:"如修昔底德所描述的(演说辞三分之一的篇幅谈自我克制),雅典的权力政治无论内容上还是形式上都可称为温和。"[6] 但战争期间,雅典的

1 de Romilly (1991),页 57—58。

2 Hunter (1982),页 11。

3 Rengakos (1984),页 34,注释 81。

4 Raubitschek (1973),页 48。

5 Bayer (1968),页 201,原文是 "Macht ist Recht und Recht ist Macht."。

6 Rengakos (1984),页 37,原文是 "Abschließend darf man wohl sagen, daß das athenische Machtdenken, wis es Thukydides in dieser Rede zeichnet, sowohl in ihrem Inhalt als auch in der Art Seiner Darstellung (ein Drittel der Rede ist Mäßigung gewidmet) maßvoll genannt warden kann."。

外交政策逐渐堕落，失去了道德约束。芬利（Finley）称这是"从葬礼演说（雅典人的早期演说）阐述的宽大领导原则向米洛斯对话赤裸裸专制主义的过渡"[1]。芬利定义了向前看解读的核心论点：雅典思想的堕落导致城邦的衰落。[2]

通过史学家的眼光来看待《战争史》，我们面对的是在国际关系学中从未遇到过的文本。其文本结构对现代读者来说完全陌生，任何解释都必须解决它所提出的挑战性问题。雅典为什么衰落？这与米洛斯对话有什么关系？对于这一核心文本段落，我们解读时是向前看还是向后看？在修昔底德的演说辞中，权力政治和规范发挥着什么样的作用和功能？无论实质性的答案是什么，要回答这些挑战性问题，我们必须要回到修昔底德所描述事件的国际关系体系背景。但修昔底德及其同时代读者的历史背景又是什么呢？我现在按照这位史学家的描述，从公元前5世纪古希腊城邦世界国际关系的角度来分析这个问题。

挑战 2：没有"威斯特伐利亚主权"的国际关系

曾几何时，在分析修昔底德时代城邦间政治时，许多史学家会或明或暗地设定一个通过威斯特伐利亚主权构建的国际体系。除了提出不干预原则外，威斯特伐利亚主权还暗示着国际体系的某些特性。[3] 例如，它暗示构成体系的只有一类实体，即国家（用沃尔兹的话说，"类似的单元"[4]）。最重要的是，威斯特伐利亚主权隐含的观念是，国际体系从根本上说是单一

---

1 Finley（1942），页89。
2 Bender（1938），页 6；Connor（1984），页 15；de Romilly（1991）；Rengakos（1984），页3；Rawlings（1981），页248。
3 Krasner（1999）.
4 Waltz（1979），页93。

层面而不是由相互重叠的多层原则构成，这样就能够通过核心的二分法加以充分描述。这个二分法涉及城邦间政治与城邦内政治的根本区别，前者通过专制构建，后者通过等级制构建。克洛伊瓦（de Ste. Croix）将在古典学家中普遍流行的这一假设应用于修昔底德和伯罗奔尼撒战争的爆发。在《伯罗奔尼撒战争的起源》中，克洛伊瓦写道：

> 我认为，修昔底德实际上区分了城邦内个人间的关系与城邦间的关系，尽管他没有明确阐述这种区分。城邦内有法律、禁令……和其他规定，而城邦间的关系则是强者决定……道德判断实际上无法实施。[1]

在过去 20 年，研究者开始批判性地反思此类过时的谬论。[2] 晚近的研究认为，威斯特伐利亚主权（城邦间专制和国内等级制的根本区别）不是一个可以用来描述古代城邦体系的类别。在这些研究著作中，国际关系的古代体系是一个极其复杂的、多层面构建的体系，不同类型的根本关系支配着城邦间的关系，往往彼此重叠并迫使参与者陷入冲突。[3] 在分析伯罗奔尼撒战争爆发的最深层原因时，巴尔特鲁什详细描述了这一秩序的发展和运作（《治理的教训》，第 1 章）。尽管他的论述放到这里非常合适，我还是不再重复，把重点放在从国际关系的角度简要分析这一秩序所构成的体系类型，以及这一体系与威斯特伐利亚体系的根本区别。

---

1 de Ste Croix (1972)，页 16。
2 Baltrusch (1994)；Low (2007)；Scheibelreiter (2013)；Baltrusch 和 Wendt (2011)。
3 Baltrusch (1994)；Low (2007)；Scheibelreiter (2013)；Baltrusch 和 Wendt (2011)。

根据晚近的历史研究，修昔底德时代的希腊国际体系是多维的，这是其最有趣的特征。它至少由三种基本关系构成，每种基本关系又构成一个单独（尽管有重叠）的、拥有自己原则和规则的治理体系。传统的城邦关系以宗亲为基础，"现代的"[1] 体系则以竞争性的权力为基础（如同盟），两种关系共存、重叠并相互作用。对于以宗亲为基础的传统关系来说，重要的是它们没有定义一个平等者之间的契约。这些一般性的关系都是基于一方确立与另一方的关系，如母邦和子邦的关系。它们显然具有领导和服从的角色，包括干预内政的权利以及受到第三方攻击时提供军事支持的义务。与威斯特伐利亚体系中的国家不同，在这种关系类型中，相关实体通过彼此来界定，不应被看作地位相同。它们不是"类似的单元"。[2] 在建立一种普遍性的关系时，以宗亲为基础的关系也会受到限制。尽管母邦和子邦的特殊关系涵盖着许多重要领域，但两者都有权在现代同盟体系中独立地与第三方签订双边协定，这就超出了母邦与子邦的特殊关系。以同盟为基础的关系从一开始就比以宗亲为基础的关系受到了更多限制。这些限制意味着，在同盟的背景下，签约的城邦从法律上讲是平等的，不用考虑他们的实力差异（第三层关系，见下文）或以宗亲为基础的关系（第一层关系，见上文）。因此，现代同盟确实假设国家都是"类似的单元"。但这一假设以及同盟强加的限制并没有排除强大城邦干预弱小城邦内政的可能性。这种情况有可能发生，并且确实发生过。这表明用现代主权概念来描述这一秩序有多么糟糕。关键是，"强者干预弱者内政"只在某些条件下被认为是

---

1 我们称之为"现代"是因为它们超越了此前基于人身-生物关系的体制。实际上，它们允许组织建立匿名关系，这种关系具有多种积极作用，如增加贸易和经济繁荣。参见 Baltrusch（1994）。

2 Waltz（1979），页 93。

合法的，这些条件或多或少都有所界定。

传统的宗亲关系和现代的体制关系既共存，也会相互冲突。例如，两个城邦是母邦和子邦的关系，他们仍可能按照自己的意愿各自签订同盟协定。因此，母邦和子邦有可能与不同伙伴签约，一个入盟雅典，另一个入盟斯巴达。结果，当强大城邦觉得有必要对弱小城邦的内政进行军事干预时（在某些情况下，这是合法的），这就迫使以宗亲为基础的伙伴国介入冲突，与强大城邦开战。反之，这也很容易使强大的同盟国卷入以宗亲为基础的城邦冲突，一件小事最终演变为雅典、斯巴达及其盟友的大规模战争。"偶然的"大规模战争又会导致第三层关系的转型。这种关系是修昔底德时代国际关系的突出特征，由以权力为基础的竞争性互动构成。最初，这些竞争关系，特别是雅典与斯巴达的关系，已深深植根于这些城邦及其盟友密集的体制性契约网络中。两个城邦都根据同盟界定的义务和益处采取行动，又都受到同盟的限制。这使得斯巴达不太可能对雅典发动直接攻击，反之亦然。正如巴尔特鲁什所说，两个古老的超级大国并不存在安全困境（《治理的教训》，第1章）。但由于希腊国际关系体系中前两层关系的干扰，城邦间的关系越来越具有冲突倾向，并有可能把雅典和斯巴达拖入大规模战争（甚至是相互间的战争）。雅典转向了不同类型的、以权力为基础的竞争性政治。从某种意义上讲，雅典的举动越来越无所顾忌，就好像其他层面的关系根本不存在。

有趣的是，由于权力互动的平衡，这一向纯粹权力政治的转变并没有使雅典试图与斯巴达开战。雅典在使用武力方面完全不受约束，但竞争随后失去了明确的目标和方向。结果是过度使用武力，包括屠杀整个岛屿的人口（如在米洛斯岛），向"异族人"（波斯人）开战。这种不受约束的权力政治重构了古老的国家体系：雅典的盟友一旦感到其权力衰弱，不用害怕雅典的愤怒，就迅速逃离。他们转而投奔旧秩序的担保人斯巴达，在诸多因素中，这一动向是雅典失败的关键。

四、结论：为什么国际关系学者仍应阅读修昔底德？

如果这些国际关系是修昔底德分析雅典兴衰的背景，我们显然无法期望他在文本中嵌入、提及或暗示任何现代国际关系理论。修昔底德面对的关系类型和国际体系完全不同。从莫利在本书中的视角出发，我把"政治性"解读转变为高度"历史性"的解读。尽管也寻求修昔底德的理论内容（即其普遍性），我建议将修昔底德文本置于其历史语境中，以便弄明白这位古代作者说他要留下"垂诸久远的财富"时想向我们传达什么讯息。[1] 但有人会问，为什么研究国际关系的学生要费心费力地读这一文本。冷战已经结束，修昔底德也不是权力政治平衡、核威慑（即冷战）的理论家。我们也是现在才对冷战有所了解，在20世纪90年代以前都没有普遍性的假设。[2] 从国际关系的视角来看，今天对修昔底德文本进行批判性解读有什么价值呢？

就此而言，本文的呼吁非常及时，即系统性地理解修昔底德的语境。国际关系研究目前正处于一场本体论危机。国际关系理论的基础是"威斯特伐利亚主权"，其外部维度长期以来被称为"有组织的伪善"（organized hypocrisy）。[3] 1648年以后，强国一直乐于侵略他国，今天依然如此，尽管有不干预内政的法则。自21世纪初起，有人指出，"威斯特伐利亚主权"

1　我在这里并不同意 Morley 的论证，她认为语境化和理论化必然互不相容。
2　不同于 Lebow 和 Strauss（1991）对修昔底德的解释。
3　Krasner（1999）.

的内部维度也远离现实。其与"国内主权"密切相关，即国家是其领土内的唯一行为人和控制者。[1] 在世界上占主导地位的是有限国家地位而非"国家主权"。除国家外，非政府组织、部落、军阀、跨国公司、国际组织和其他行为者都在进行国内治理和跨国治理[2]，履行公共角色。根据威斯特伐利亚主权的概念，这些职能理论上只属于国家。国际关系学者不仅逐渐意识到这一现象，还日益明白其他行为人如何履行政府职能以及为何履行。但涉及在后威斯特伐利亚时代重构世界秩序以及为政治决策拟定大战略时，他们仍茫然无措。在 21 世纪，国家显然继续扮演着重要角色，主权也是如此。但总的来说，世界变得更加复杂、多维。在这种情况下，将修昔底德作为前威斯特伐利亚文本来解读就意义重大。修昔底德面对的是巨大的复杂性和多层次的国际体系（与现代世界不同）。与威斯特伐利亚式的世界观相提并论时，这一体系的特点与我们现在所面临的后威斯特伐利亚时代颇为相似。修昔底德的著作关注的是权力政治，但这一点通过引入其他因素得到了适当的平衡，即宗亲纽带、现代体制、两者的互动以及互动所造成的经常性冲突。雅典未能成功控制并平衡这些不同的价值观念。修昔底德"垂诸久远的财富"留给我们的提示是，在如此复杂的世界中如何分析国际关系，以及面对这种复杂性如何避免雅典式的失败。

56

---

1 Risse（2011）；Krasner 和 Risse（2014）。

2 Risse（2011）；Krasner 和 Risse（2014）；Avant、Finnemore 和 Sell（2010）；Thauer（2014）。

希罗多德和修昔底德著作中的"统治权"

施潘（Peter Spahn）

"统治权"（archē）一词最初在古风时期成为一个政治术语。在最早的文献中，即荷马和赫西俄德的史诗，其含义是开端、起源和原因。[1] 无论在史诗中还是在古风诗歌残篇中，archē 都没有政治含义。从政治意义上使用这个词是在公元前 6 世纪晚期，人们发现了一条相关的间接记录。值得注意的是，这一记录是在修昔底德的著作中发现的。

现代语言很难再现 archē 原初的政治意义。"统治"一词

---

1 关于荷马和赫西俄德最早对 archē 的提及，参见 Classen（1996）。在史诗文献中，这个词不仅具有时间含义，还表示原因。在 Classen 看来，荷马的 archē 不仅指"遥远过去的原点"，在某些情况下还指"链条的第一环，被他人跟随的第一步，具有奠基式的影响或成为决定性的因素"（页 24）。同样值得注意的是，这个词没有出现在赫西俄德的《劳作与时日》中（参见 Classen, 1996，页 21）。

还不足以捕捉到 archē 的确切含义。与 kuriotēs（统治权）或 despoteia（主人）不同，archē 不是指不受约束的总督或主人。这个词也不是韦伯现代社会学意义上的"统治"（domination）。[1] 其最基本的含义指**第一**或**前沿位置**，不是指时间或空间上的第一，而是指权力和权威。这种含义在史诗中已经存在，动词 archein 就指在等级和权力方面**成为第一**。[2] 在荷马史诗中，名词 ho archos 描述的是领袖，尤其是军事领导人或海军指挥官。[3] 只有 archē 后来具备了更多的政治含义（hē archia 并没有成为 archein 和 archos 的抽象名词；实际上，它只被用于复合词中，例如 mon-archia 或 olig-archia）。

60
我们大多将 archē 的引申义归为城邦及其公职的历史发展。[4] 后者经常被称为 archai，多以复数形式出现。在有些情况下，如在雅典，其头衔是 archōn 或 archontes（执政官）。但 archē 从其政治意义上来说并不仅仅指常规的、体制化的权力，即一个城邦的合法政府。相反，它还包含一般性的政府和政治领导层。对某段历史时期来说，这可能还包括希腊人中的僭主和君主，但他们很少建立延续几代人的世袭君主制。因此，我们很难从法律意义上清楚界定政治层面的 archē。其含义的范围涵盖从城邦常规的年度公职（annual office）到僭主的统治。

1　英语的译文是（Weber, 1978，页 53）："统治是一种特定人群听从具有特定内涵的管理的可能性。"（德语原文：Herrschaft soll heißen die Chance, für einen befehl bestimmten Inhalts bei angebbaren Personen Gehorsam zu finden.）

2　这方面的证据有很多，如荷马《伊利亚特》2.805、13.690、16.552；《奥德赛》14.230、14.471。最后一次提到 archein 时与 hēgeisthai 交替使用，这两个都经常指"进行领导"，尤其是在战争期间。

3　军事领导人，如荷马《伊利亚特》2.234。海军指挥官，如荷马《伊利亚特》1.144、2.493 和 2.685；《奥德赛》8.162；archos nautaōn, hoi te prēktēres easi（这里指商船上的水手首领）。

4　关于全部术语，参见 Meier (1982)，页 821—822。

僭主可能也具有公职的含义，但更多地衍生于从其他来源获得的权威。

Archē 还表示一片领土，如国王或人民的领土。[1] archein 和 archē 的主体可以是个人、团体或全体民众，例如波斯国王、总督，甚至是波斯人民。希腊人以不同的形式使用这个词指全体公民，特别是民主时期的阿提卡民众。在这种情况下，这个词的引申义似乎很清楚，因为人民发挥着领导作用。但集团统治或君主统治也被理解为 archein 和 archē 的主体，如吕底亚人（Lydians）、美地亚人（Medes）或波斯人。

据我所知，我们还没有对 archē 做过全面的研究，至少对其全部的政治含义是如此。没有出版物阐明修昔底德著作中 archē 的具体用法。这个空白令人惊讶，因为 archē 是古典时期的关键术语，尤其在修昔底德的著作中。[2] 在本文中，我重点关注的是 archē 在修昔底德著作中的政治含义，突出这位史学家使用该术语的不同之处，但不是做穷尽性的系统研究。我要问的是，与同时代其他作家相比，修昔底德对 archē 的使用是否属于特有风格或例外。与希罗多德的比较似乎与此密切相关。在公元前 5 世纪，希罗多德和修昔底德都看到 archē 一词使用日益广泛，并且其使用方式及所指代的政治含义出现了重要的微妙差别。对于希罗多德和修昔底德来说，archē 仍是一个相对较新的词，且在不断演化，有待定义。由于熟悉希罗多德的《历史》及其思考方式[3]，修昔底德有可能受到这位前辈

1　德语词"Reich"及其在日尔曼语中对应的词［"ruler"的词源是印地-日尔曼语的 regs，参见 Kluge（1967），页 591—592］只包含 archē 的一部分语义，并不具有其基本含义"开端、起源和原因"。

2　Gomme 和 Hornblower 的笺注没有注意到 archē，注释提到这个词的次数很少，没有全面把握其含义。有一个例外，参见 Drexler（1976），页 14—16。

3　关于两位史学家之间的联系，参见 Foster 和 Lateiner（2012），尤其是 Stadter（2012）和 Scardino（2012）的著作。

政治术语的影响。两位作者对 archē 的反思代表着当时根本性的政治讨论。我们可以从其著作最重要的段落中发现这些讨论。

一、Archē 在希罗多德著作中的政治语义

在修昔底德之前，希罗多德的著作提到了 archē 的大部分政治含义。但希罗多德自己追随的是一些公元前 5 世纪的早期作家，他们已经把 archē 作为一个具有政治含义的术语来使用。品达（Pindar）的第二《奥林匹亚凯歌》（*Olympian Ode*）是最早提及 archē 的作品之一。在这首诗中，宙斯的王国（Dios archa）与冥府并列。[1] 虽然这个词指神界并且是一种隐喻，但其政治含义似乎被视为理所当然、不言而喻。在埃斯库罗斯的《奥瑞斯忒娅》（*Oresteia*，公元前 458 年）中，archē 当然是在政治语境中使用，archas polissonomous 指的是管理城邦的政府或公职。[2] archai 以复数的形式出现表明这是一个指城邦公职的技术术语。archai 的复数形式同时表明其与城邦君主制相对，指行政区域或官员的多样性。[3] 无论如何，这一术语指的是政治体制和程序，archai、polis 和 nomos 或 nemein 的结合则把城邦与正义和法律联系在一起。

在分析希罗多德著作中的 archē 时，莱维（Edmond Lévy）[4]

---

1 品达，《奥林匹亚凯歌》2.58。对于僭主阿格拉加的泰隆（Theron of Agragas）的颂歌可追溯到公元前 476 年。

2 埃斯库罗斯，《奠酒人》864。形容词 polissonomos 比较罕见，参见埃斯库罗斯的《波斯人》853：polissonomou biotas，直译就是"管理城邦的生活方式"。

3 在索福克勒斯的《安提戈涅》（744）中，克瑞翁以反讽的口吻提到这个词的复数形式，他说"我尊重我的王权"（tas emas archas sebōn）。另参见索福克勒斯《俄狄浦斯王》736 - 7：chthonos archēn。

4 Lévy（2006）。

指出，archē 以单数形式出现 70 次，在卷一和卷三的出现频率尤其高。（希罗多德提及 archē 的次数绝不少于修昔底德，根据我自己的统计，共有 114 次。）其中大约四分之三（58 次）指统治者，无论是国王、僭主或总督。在这些案例中，archē 被作为一个人所拥有、获取、接受赠予或丧失的个人财产。此外，archē 具有体制的特性，在某些情况下指负责管理的地方行政区。除君主外，希罗多德还将 archē 用于某些民族，如吕底亚人和波斯人。希罗多德知道，archē 的概念和语言会在一个民族流行并被其他民族使用。引人注目的是，希罗多德没有特别提及一个希腊公民或城邦对其他公民或城邦的统治权。[1]希罗多德没有理由写雅典人的 archē，因为提洛同盟的历史超出了其历史范畴。但在公元前 5 世纪以前，雅典以外就已经存在城邦间的统治和霸权关系。例如，斯巴达在公元前 6 世纪末领导着伯罗奔尼撒同盟，尽管与后来的雅典统治权不同，其霸权并不依靠盟友的贡赋。

在记叙非希腊民族时，希罗多德举例说明集体权威与贡赋之间的联系。这个例子涉及斯基提亚人（Scythian）对亚洲的统治。[2] 这些事件的史实对我们的目的来说并不重要。重要的

1　这一点在任何情况下都适用于对 archē 的实质性使用。希罗多德用动词 archēin 指希腊人对其他希腊人的统治，如 8. 73. 3；这里的主体是伯罗奔尼撒部落之间的关系。Edmond Lévy（2006）没有注意到的是，在提及野蛮人而非希腊人时，希罗多德对 archē 的使用只具有对外的、集体的含义，尽管他在文章开头（页 89）强调了这一术语的含义："在修昔底德的著作中，这个词让人想起雅典对盟友的统治。"

2　希罗多德 1. 106：斯基提亚人这样就把亚细亚统治（ērchon）了 28 年。在这期间，他们的暴虐和横傲的行为使整个地方变成一片荒野；原来，除了他们榨取加到各地人民身上的贡赋（phoros）之外，他们更骑着马到各地把人们的财物掠夺一空。于是，库阿克撒列斯和美地亚人一道，请他们大部分的人前来赴宴，把他们灌醉，然后便把他们全都杀死了。这样，美地亚人就收复了他们的帝国（tēn archēn）和先前所拥有（epekrateon）的一切。（王以铸译）

是，希罗多德描绘了一种收取贡赋的非君主制统治（部落社会，而不是城邦的公民）。在邀请斯基提亚人赴宴并随后将之杀死的记叙中，希罗多德强调被杀的人数量众多。因此，希罗多德的 archē 概念不限于斯基提亚人首领的参与，也包含大量民众。

民众统治（archē）的概念在希罗多德著作中出现的语境完全不同，指的是与君主制相反的共同体的内部政治秩序。更确切地说，希罗多德提到民众统治的语境是将民主制（或权利平等）与僭主制相提并论。这是早期希腊政治理论中的一个重要概念，正如政制辩论（3.80 和 3.83）所提出的那样。令人难以相信的是，希罗多德没有将这一辩论置于希腊人中，而是放在波斯人之间。但毫无疑问，整场辩论及其措辞都反映出，公元前 5 世纪后期的希腊政制思想已经受到雅典民主制发展的实质性影响。在这一文本段落中，希罗多德经常使用 archē 的概念，并且有着细微差别：欧塔涅斯（Otanes）在呼吁政治权利平等时就有九次提到 archē、archein 和 archesthai。正如我们从现有资料中所推断的那样，民主制的原则第一次形成。它们包括：

- 民众的统治（或治理）(plēthos archon)；[1]
- 以抽签方式任命公职 (palōi archas archei)；
- 担任公职者的责任 (hupeuthunon archēn echei)。

这些原则对 archē 重新进行了定义，因为它们意味着统治与被统治之间（archein 和 archesthai）的持续变换。尽管不像亚里士多德后来阐述得那么清楚，但这一想法已经开始浮现，

---

1 希罗多德 3.80.6。这里使用的是 archein 的分词，因此词尾有一个 o。这个词类似于执政官（archōn）的职位，archōn 也是 archein 的分词，但在此处是阳性。这个公式听起来好像是大众占据了传统高级官职的首席职位。

尤其是在权利平等支持者的论述中。在绝大多数人投票支持君主制后，欧塔涅斯在辩论的最后挑明了这一决定的影响。他的演说辞又多次提到 archē、archein 和 archesthai：

> 朋友和同志们！既然很明显，不管是抽签也好，或是要波斯人民选他们愿意选的人也好，或是用其他什么办法也好，我们中间的一个是必须做国王的了，但是要知道，我是不会和你们竞争的，我既不想统治（archein），也不想被统治（archesthai）；但如果我放弃做国王（archē）[1]的要求的话，我要提出这样一个条件，即我和我的子孙中的任何人都不受你们中间的任何人的支配（arxomai）。

希罗多德急忙发表评论：

> 直到今天，波斯只有他一个家族仍然是自由的，他们虽然遵守波斯的法律，却只有在自愿的情况下才服从国王的支配（archetai）。（3.83.2 - 3，王以铸译）

这一段落表明 archē 的含义取决于其语境，或者说取决于发言者的位置以及一般性的政治体制。archē 的具体含义从"公职"转变为"统治"。公职要有任期和特定程序的限定，如抽签和责任制。欧塔涅斯接受大流士君主制的前提是，他和子孙将不臣服于波斯人的统治。因此，欧塔涅斯才会说他既不想统治（archein），也不想被统治（archesthai）。相反，他为自己和后人保留了波斯人中唯一的"自由之家"（oikiē eleutherē）。随

1　在这一语境中，我将 archē 译为"统治者的职位"。

后，欧塔涅斯退出权力圈，站到外围，不再立于中心位置。[1]

因此，自由平等只以有限的方式与 archē 兼容，充其量是以政治权利平等的形式对权力进行制度性限制。没有这些限制，权力的破坏性和危险性就会浮出水面。archē 本身是一个可欲的位置，但常常会具有负面的含义，成为产生奴役的绝对统治。希罗多德的最后一小节（9.122）也折射出欧塔涅斯的这一视角：对 archē 的批评，至少是怀疑。希罗多德描写了居鲁士关于扩张和统治富裕国家的警告。这一小节频繁提到（五次）archein 及其衍生词。波斯扩张的支持者说：

> 我们边界上这样的地方有很多，在更远的地方也是如此。这样的地方只要弄到一块，我们就会收获更大的名声。一个统治的民族（andras archontas）这样做是理所当然的事情。在我们目前统治（archomen）了这样多的人以及整个亚细亚的时候，难道我们还有一个比现在更好的机会吗？（9.122.2）（王以铸译文，有改动）

对于这一建议，居鲁士以讽刺的方式做出回应，说他们应采取一切措施，但也应准备从主人（arxontas）变为仆人（arxomenous）。如希罗多德（9.122.3）所述，"软土地养育软人"。这个警告说服了波斯人，他们宁可"住在贫瘠的山区当统治者（archein），也不愿住在平坦的山谷里做奴隶（douleuein）

---

1 希罗多德 3.83.3 使用的表述是 ek tou mesou katēsto，参见 Murray 和 Moreno（2007），页 476。关于政治"核心"之间的联系、archē、从君主制和僭政向权利平等（isonomia）的过渡，希罗多德（3.142）有一段有趣的记叙。在波律克拉铁斯（Polycrates）死亡后，其继任者马安多里欧司（Maiandrius）告诉萨摩斯岛的公民：我要你们分享全部主权，我是主张平等的。

（9. 122. 4）"。将统治与奴役并置是希罗多德《历史》最后一幕的主题，对奴役的拒绝是这位史学家最后的话。正如欧塔涅斯支持政治权利平等，在政制辩论中坚持其自由地位，波斯帝国的创建者这里采取的立场通常可归为希腊人的立场。居鲁士警告的意义在于，它可以解释薛西斯的战败和波斯人的臣服。此外，鉴于希罗多德面对的是希腊读者，尤其是雅典读者，这也可以被理解为对不受约束的 archē 的警告。[1]

欧塔涅斯和居鲁士在演说辞中解释了 archē 的两个不同方面：国内/政制和（用相当现代的方式来说）外交政策/国际。对两位发言者来说，如果失衡，archē 将造成可怕的后果，这在内外两个方面都成立。光荣的领导就会变成有害的统治和奴役。居鲁士还提醒我们，无限向外扩张的 archē 不仅给被征服者带来灾难，还会使征服者和统治者腐败，最终导致自身失败。我们在这里看到，通过赋予居鲁士以权威和远见，希罗多德将 archē 内外两个方面联系起来。通过让两个波斯名人说出关于 archē 以及各类统治的深刻思考，希罗多德表现出其典型的技巧和反讽。这样，希罗多德就设法刺破希腊读者普遍存在的偏见，他们中许多人不相信波斯真的出现过关于政制如此精深的辩论。[2] 大力扩张波斯帝国的居鲁士大帝这里居然支持有节制的 archē，这肯定令许多希腊人错愕不已。修昔底德很可能注意到了这一点，我们接下来将在修昔底德的语境中思考 archē。

65

1　隐含在字里行间的这一讯息在方法上类似于同时代的阿提卡悲剧，例如在索福克勒斯的《安提戈涅》中，克瑞翁不仅是僭主，城邦的僭政也凸显出来。参见 Raaflaub（1985），页 243 注释 134，他对最后一小节的意义做了简短的评论。

2　参见希罗多德 3. 80. 1，特别是 6. 43. 3：为的是让那些希腊人大吃一惊，他们不相信七人中的欧塔涅斯曾宣称民主制对波斯最好。

二、修昔底德著作中的 archē 概念

1. 意义的频谱：archē 的主题

修昔底德著作中 archē 的语义范围初看似乎与其前辈的著作没有根本性的不同。但修昔底德主要处理的是 archē 的其他主题。除了内政外交的形势发生改变外，这还与其史书的具体内容有关。因此，在 114 次提及 archē 中有 49 次指雅典人并不奇怪。这 49 次大多出现在演说辞中（40 次）：科基拉人的演说辞（1.35.4、1.67.4）[1]、雅典人在斯巴达的演说辞（1.75.1、1.76.2、1.77.3、1.77.5）、伯里克利的第一篇演说辞（1.144.1）、葬礼演说（2.36.2）、伯里克利最后的演说辞（2.62.1、2.63.1 2）、密提列涅人的演说辞（3.11.3）、克勒翁的演说辞（3.37.1-3、3.39.2、3.40.2-4）、迪奥多图斯的演说辞（3.47.5）、赫摩克拉特的演说辞（4.60.2）、曼丁尼亚人的演说辞（5.69.1）、米洛斯对话（5.91.1-2、5.99.1、5.100.1）、尼西亚斯的演说辞（6.10.5、6.11.3，6.20.2）和亚西比德的演说辞（6.17.7、6.18.2）、雅典使节的演说辞（6.82.2、6.83.4、6.85.1）、尼西亚斯最后的演说辞（7.63.3 4）、吉利浦斯的演说辞（7.66.2）。这些段落大多将 hoi Athēnaioi 作为 archē 的主语，即便没有具体提及。只有两处将城邦作为 archē 的主语：修昔底德著名的作者评述（他谈到了雅典）以及在西西里远征时所犯的错误（"这个伟大的、拥有统治权的城邦"）。[2] 史学家在这里做了一个普遍性的推

---

1 在 1.67.4 和 1.139.2 中，涉及麦加拉法令时，archē 被当作一个技术术语使用。
2 修昔底德 2.65.11。

论：原则上，任何处于领导地位的伟大城邦都有可能发生这种事，而不仅仅是雅典。

另一次提及 archē（6.85.1）是普遍性的论述，同时强调国家的基本概念。正如著名演说家面对雅典听众经常会反复强调某句话[1]，雅典使节在卡马林纳（Kamarina）将城邦的统治权与僭主的统治权相比较。其论点是，此类行为不限于任何单一的公民群体，如雅典人，任何处于类似形势的人都会以类似的方式行事。为此，雅典使节假定，城邦是权威的承载者（polei archēn echousēi）。君主的 archē（更确切地说是僭主的archē）是一个类比，近乎一种必然性。[2] 在修昔底德著作中，政治意义上的 archē 没有被看作一个抽象的或结构性的实体，而是与人密切相关。与希罗多德类似，修昔底德的基本范例仍是君主的或个人的 archē。因此，这个词具有"权威"甚至"统治"的含义。一个公民群体作为整体就像单个的统治者。在修昔底德的时代，这不是希腊人常见的国王，而是为争取领导地位而战斗或以其他方式获取领导地位的僭主。正是由于这个原因，把处于统治地位的城邦比作僭主而非传统的君主制更为恰当。

在修昔底德的著作中，作为 archē 承载者的全体公民（citizentry）不仅涉及雅典及其与提洛同盟的关系。这一愿望也赋予斯巴达人（6.82.3）和叙拉古人（6.85.3），尽管是从雅典人的视角，即雅典演说者的角度。两次提到曼丁尼亚人对邻邦的 archē 时（5.69.1、5.81.1），修昔底德都没有表现出明显的政治倾向。在曼丁尼亚指挥官看来，迫在眉睫的战役就是

---

1 修昔底德 2.63.2：伯里克利；3.37.3：克勒翁。

2 修昔底德 6.85.1。

一场关乎祖国统治还是被奴役的战斗。[1] 统治权有时会与霸权（hēgemonia）相关，如刚才说的这个例子。[2] 修昔底德著作中 archē 没有指向雅典的统治地位，将统治权与霸权联系在一起的情况都属于例外。相反，斯巴达将自己塑造成一个不渴望统治权的城邦，其唯一目的是结束雅典的统治权，并给予提洛同盟的城邦以自治权（autonomia）。在卡尔基狄克（Chalcidice）的阿堪苏斯人（Akanthos）公民大会上，斯巴达军事指挥官伯拉西达（Brasidas）就打着这一旗号敦促他们叛离雅典。[3] 有人建议他支持少数派介入内部冲突，伯拉西达明确拒绝并表示无视祖制（to patrion）甚至比"异族统治"还要严酷。[4]

据我所知，修昔底德在书中没有提到民众在城邦内行使统治权的观念，正如欧塔涅斯在政制辩论中所阐述的那样。这可能与这一事实有关，即民主当时对许多人来说已是理所当然。最初的政治理论不得不区分名义上的民主和真正的权威，如"在元首统治之下"（2.65.9）。这里提及 archē 的性质存在问题，我会在适当的时候加以分析。但是，我们首先应看一下 archē 在修昔底德著作中的其他用法。接近于全体公民的情况是，如雅典人及其他群体，修昔底德像希罗多德一样将统治权赋予单个统治者和领导人。

修昔底德有 12 次提及非希腊人中的 archē，如色雷斯国王

---

1 修昔底德 5.69.1。

2 如在修昔底德 6.82.3，一名使节报告战胜波斯人的消息时说：雅典人摆脱了拉克代蒙人的 archē 和 hēgemonia，然后自己成为波斯人旧臣民的霸主（hēgemones）。关于 hēgemoniē 和 archē 的关系，Lévy（2006，页 95—96）曾说"修昔底德著作中有这样一种等级结构：hégémonie < archê < tyranie"，但前面提到的这段话显然没有证实这一顺序。

3 修昔底德 4.87.5。

4 修昔底德 4.86.5。这是在 archē 的语境中强调部落差异的唯一证据。参见 allophulos，修昔底德 1.102.3、4.65.4、4.92.3。

西塔尔克斯（Sitalces，2.96.3）或马其顿国王菲利普（2.100.3）和伯第卡斯（Perdiccas，4.78.6）；在谈到波斯总督的统治范围时，修昔底德也提及 archē。像希罗多德一样，修昔底德也偶尔会提到非希腊人的 archē，如奥德里赛人（Odrysians，2.97.1）和美地亚人（Medes，8.43.3）。修昔底德还把单个希腊人描述为 archē 的承载者。修昔底德约有 25 次[1]用 archē 指代常规的政治领导权或高级军事领导权，另一方面还用 archē 指一种非正式的君主地位（如果不是彻底的僭主统治的话），人们对两者要有所区分。修昔底德只有在极少情况下才在第二种意义上提及 archē，但这些地方都很有趣，因为它们处理的都是著名的权威人物。他们在政治上颇有争议，最终与所在城邦的政制陷入冲突。在描述地米斯托克利的公职时（1.93.3：“这项工程在他担任雅典执政官那年开始。”），这一问题就已浮出水面。这一表述很难说指地米斯托克利担任执政官的时期，因为雅典执政官的任期只有一年。Archē 肯定指的是地米斯托克利任职时间超过一年的领导职位，与后来伯里克利担任的指挥官（stratēgos）类似。修昔底德对波桑尼阿斯（Pausanias）的描述更为罕见。首先，波桑尼阿斯被免去在赫勒斯滂（Hellespont）的统治权，随后立即寻求对希腊的统治权（Hēllēnikē archē，1.128.3 - 4）。按修昔底德的解释，波桑尼阿斯在前一种情况下有公共的使命（dēmosia），担任公职，但随后以私人身份（idia）行事，其风格类似僭主或波斯总督。

---

1 修昔底德 1.93.3、1.96.2、2.37.3、4.28.3 - 4、4.53.2、5.27.2、5.37.2、6.12.2（在 6.16.1 及其他地方：archein 是在“担任公职”的意义上使用）、6.23.3、6.54.6 - 7、6.74.1、6.96.3、6.103.4、7.16.1、8.1.3、8.54.3、8.64.2、8.67.3、8.70.1、8.97.2。此外，在大约 12 个段落中，复数形式的 archē（archai）指公职或管理（如 1.90.5、2.15.2、4.74.4、5.28.1、5.34.2、5.47.9、5.84.3、6.54.6、6.95.2、8.53.3、8.54.4、8.89.2），还有许多地方使用分词形式 archōn。

因此，这就与城邦政制基础发生了原则上的冲突。人们也许期望，修昔底德会从术语的角度来区分城邦的公职和僭主的职位，因为他强调了这一区别。尽管 dēmosia 的职位和 idia 的职位有着完全不同的法律含义和目的，但在相同语境中指的是同一个词 archē。正如我们在希罗多德著作中看到的那样，这表明 archē 含义广泛，法律上没有严格的区分。[1] 在修昔底德著作中，archē 对常规的权威和僭政有着同样的指向。

2. 庇西特拉图离题话中 archē 的两极含义

在庇西特拉图（Peisistratid）离题话（6.54 - 9）中，人们会有相同的发现，archē 含义的多样性更加明显。修昔底德指出：[2]

> 实际上，他不会利用统治权压迫民众，而是设法使其权威（tēn allēn archēn）[3] 不引起怨恨。这些僭主展现出最高的美德和智慧……城邦仍沿用以前制订的所有法律，但他们设法保证自己人始终担任执政官（en tais archais）。在担任雅典年度执政官（ērxan tēn eniausion Athēnaiois archēn）的人中，有希庇阿斯的儿子庇西特拉图。此人后来成为僭主，并使用其祖父的名字。在执政时（archōn），庇西特拉图敬献一座十二神祇祭坛，置于市场中；还有一座阿波罗祭坛，置于皮西亚圣地。后来……十二神祇祭坛的铭文被抹掉，但皮西亚圣地祭坛的字迹还依稀可见，内

---

1 参见注释 17，希罗多德 3.83。

2 Mynott 译，有改动。

3 在霍布斯的英译本中，allēn 的含义更为清晰：直到那时，其他方面的治理并不严苛（引文版本，伦敦：Bohn，1843；见于 Perseus 数字图书馆）。

容如下：

希庇阿斯之子庇西特拉图

在皮西亚阿波罗神庙立此纪念其执政（archēs）。

我能断定希庇阿斯作为长子承继统治（ērxen），因为我所了解的情况要比其他人更确切。（6.54.5 – 55.1）

乍一看，archē 的含义在公职统治与僭主统治之间游移不定，令人困惑。但我们可以发现一个确定的结构。记叙从"作为僭主统治"（en tēi turannidi）的老庇西特拉图之死开始，其继任者"不是人们通常所认为的希帕库斯，而是他的哥哥希庇阿斯"（esche tēn archēn）。[1] 在这句话及其上下文中，archē 毫无疑问指的是僭主统治，而不是指权威受到临时任期限制的公职。据说出于对希帕库斯权力（dunamis）和暴力（bia）的恐惧，阿里斯托革顿（Aristogeiton）计划"推翻僭政"（katalusin tēi turannidi）（6.54.3）。[2] 在史实中，希帕库斯显然并不暴力（biaios），而是想暗中羞辱回避其引诱的哈摩狄乌斯（Harmodius）。这句话后面就是前面所引用的段落：他不会利用统治权压迫民众，而是设法使其权威（tēn allēn archēn）不引起怨恨。这句话与希帕库斯息息相关。他不得不对付僭主的统治，修昔底德在某种程度上以此**弱化**自己最初的假设，即希庇阿斯拥有统治权。[3] 下一句具有相同的指向：这些僭主展现出最高的美德和智慧。这里明确以复数形式提到僭主，因此

---

1 修昔底德 6.54.2。在两个颇具影响力的德语译文中，archē 被译为统治（"Herrschaft"，G. P. Landmann）或政府（"Regierung"，A. Horneffer），正如霍布斯的译文："succeeded in the government"。

2 对希帕库斯权力和暴力的指控暗示，这是一种典型的僭主行为（与修昔底德的观点相悖），并表明人们将其看作僭主。应该指出的是，史学家本人在这里表明，袭击的目的是推翻僭政，而不仅仅是为了消灭希帕库斯。

3 Allēn archēn 的措辞也许没有表达清楚这个问题。

也包括庇西特拉图家族，人们通常认为该家族的统治方式干练、理性。archē 的意义接着就转向具有合法权威的权力：为公益适当增加税收，遵守现行法律，"但设法保证自己人始终担任执政官"。[1] 修昔底德以小庇西特拉图[2]的统治为例对此做了诠释，直接引用皮西亚阿波罗神庙祭坛上的铭文：希庇阿斯之子庇西特拉图纪念其执政。archē 在这里指其担任公职时的表现，设立祭坛作为纪念，但重要的是，解读 archē 要基于立纪念碑的语境。这一名称不仅是庇西特拉图家族的一员，还是其僭政创建者的名称。这一铭文阐明了政治术语 archē 的两个主要含义：一方面指通过担任主要公职占据首要的领导地位，另一方面指基于僭政取得相同的地位。

在处理完城邦体制的公共层面后，修昔底德下一句话转向了僭政的 archē：希庇阿斯作为长子承继统治（6.55.1）。修昔底德回到了最初的假设，动词 archein 现在表明，拥有权威的是年长的希庇阿斯而非希帕库斯。修昔底德强调，这是他本人的研究成果，随后根据铭文做了进一步的论证。他在这一小节（6.55）中两次提到 archē 来表明自己的假设，即在史实中，希庇阿斯才是僭主和统治者："在我看来，如果希帕库斯掌权（en tē archē ōn）并且死亡，如果希庇阿斯努力当天立即继任，希庇阿斯不会轻易建立僭政。"在希帕库斯被暗杀的危急时刻，希庇阿斯非常无助，由于"作为弟弟一直没有从事统治（hōmilēkei tēi archēi）会不知所措"（6.55.3）。在这一语境中，archē 显然具有"权力"的含义。在这段话中，archē 不是

1　修昔底德 6.54.6。修昔底德在这里使用的是复数形式 archai，可以指所有任期一年的公职。从上下文可以看出，这里指的只是执政官一职。

2　根据执政官名单的残片，这可追溯到公元前 522/521 年。相关铭文参见 Meiggs 和 Lewis（1975），页 10，6 号残片，1.6。研究中采取了姓名重构以及连续的日期排列。

指公职，也不仅仅指指挥的权力，如对雇佣军的指挥。这只是构成僭主权力的诸多因素之一。正如修昔底德所提到的，另一因素是"他在全体公民中注入了习惯性的恐惧（to proteron xunēthes tois men politais phoberon）"（6.55.3）。由于这个原因，archē 在这里表示的不只是统治。它超出了命令和服从的范畴，包含一整套使僭主行使权力（Macht）的因素，从韦伯的意义上说："一个即便受到抵制仍能贯彻自己意志的职位。"[1]

关于庇西特拉图的离题话容纳了 archē 关于内部政策最为丰富多样的层面和含义，可以与此前所说的希罗多德政制辩论相提并论。两个章节都涉及 archē 两大核心含义，并且这两种含义都是城邦内部事务的决定性范畴：公职和统治。两者触及君主制和公民政制（civilian constitution）之间最基本的政治秩序问题。在两位作者的著作中，使用 archē 的频率和多样性表明，他们都没发现这个词存在问题。archē 的含义无法确定。抛开其非政治性含义（源头或第一位）不谈，archē 既指合法公职的领导地位，也指单个统治者的领导地位。[2] 即便在僭政的语境中，archē 也没有贬义，只当加入暴力（bia）行动时才出现贬义。Archē 的含义实际上相当正面，是一个崇高的词，这在修昔底德引用祭坛铭文时尤为明显。

据我们所知，最早提及 archē 政治含义的就是这一铭文。它支持这样一种假设，即 archē 的政治含义衍生于有关最高公职的术语。离题话的语境揭示出修昔底德方法的根本原则，阐明了其进行研究的具体过程。在关于方法论的一节中，修

71

---

1 Weber（1978），页 53（德语原文："den eigenen Willen auch gegen Widerstreben durchzusetzen"）。

2 从这个意义上说，这个词在庇西特拉图离题话中出现了两次：6.56.1 和 6.59.1。

昔底德明确反驳了雅典的流行观点，即哈摩狄乌斯和阿里斯托革顿"刺杀了僭主"。这符合其著作的主要目标，"寻找真相"（1. 20. 3）。修昔底德认为希庇阿斯是掌权的僭主，这一反题的部分基础是修昔底德对于古老铭文的使用和解释。在离题话中总计有四处铭文：除阿波罗祭坛的铭文外，修昔底德还提到十二神祇祭坛，后者由于雅典人扩建而被抹掉。[1] 此外，"雅典卫城设立的石碑记载着僭主们的罪行"（6. 55. 1），修昔底德对此只是间接引用，没有做详细的解释。最后是修昔底德逐字记录的兰普萨库斯（Lampsacus）墓碑的四行铭文（6. 59. 3）。

抛开修昔底德不谈，考古学界和史学界对庇西特拉图敬献给阿波罗的祭坛铭文做了大量研究。早在 19 世纪，人们就在雅典发现原始铭文的许多残片。[2] 2009 年，希腊考古学家在抢救性挖掘时又发现这一铭文的一小部分，1877 年发掘漏掉的一块残片。[3] 我们不必探究铭文中的考古学和铭文问题，特别是关于日期的主要问题业已解决。修昔底德说"字迹模糊不清"（6. 54. 7：amudrois grammasi），但保存较好的铭文清晰可辨（包括近期发现的残片）。对于这一明显的自相矛盾，有一种解

---

1 修昔底德 6. 54. 7。对民众的指向表明，民主制想消除僭主家族在市场（城邦的政治中心）的铭文。

2 关于文本、出版物和重要的铭文研究，参见 Meiggs 和 Lewis（1975），页 19—20，编号 11（8）。铭文研究的重点是日期，因为"字形的优雅和成熟程度"在公元前 6 世纪后期相当不寻常（Meiggs 和 Lewis，1975，页 20）。人们可以设想，庇西特拉图会委托一流的工匠来保证字母的质量和风格。

3 关于残片的报告和图片（尺寸仅约 4 × 12 × 6 厘米），参见 www.greekepigraphicsociety. org. gr/newsletter _ 052011. aspx。

字母的形状以及无与伦比的精确使人们能够迅速识别，特别是第 8 个字母 θ（正圆形中有一个等边十字线）。这一残片已被收藏于雅典铭文博物馆。

释较为合理：字母的颜色在史学家的时代就已经褪色。据我所知，到目前为止，还没人注意到这一铭文首次提到 archē 的政治含义。这不仅对于铭文的传播以及材料载体的历史具有重要意义，对于城邦的历史来说也是如此。铭文以文学和碑文两种方式传播，这肯定是一种巧合。由于与僭政有关的书面资料很少，修昔底德寻找时碰到了这个铭文，这当然不会是巧合。对于修昔底德的假设来说，这一证据如此重要以至于他逐字逐句写到书中。在绪言和离题话中，修昔底德颇为得意地着重表明自己对于雅典僭政的看法，并去除"刺杀僭主"的神话色彩。为支持自己的记叙，修昔底德详细描述铭文当时的背景、状况及内容。他显然把这些铭文作为自己发现的重要原始材料。人们很难从公元前 6 世纪找到其他材料来重构雅典的僭政史及当时的政治形势和政治制度。

对于古风时期（甚至更早阶段）的这一评估很契合修昔底德在绪言及方法论章节（1.1.2 和 1.20.1）中提出的观点。修昔底德强调说，人们很难（甚至不可能）详细探究远古时期。他不是古史学家，对其所认为的"古史"持怀疑态度。修昔底德努力找寻早期的原始材料，载有历史人物及 archē 的铭文肯定会激发他的兴趣。为再现各个僭主家族，修昔底德要对这些存世的铭文加以解释。公元前 5 世纪中叶以前的铭文几乎没有提到过 archē、archōn 或 archein。[1] 常见的 archontes 没有必要也不可能以这样一种固定的书写方式来表现公共活动或其根基。古风时期的雅典城邦没有将许多法律或其他文件刻在石头上，让后人获得有关政治体制的信息，哪怕是一份历任年度执

---

1 包含 archē 的最古老阿提卡文物是公元前 449/447 年 Eleusis 的石碑。相关的版本、翻译和笺注，参见 Koerner (1993)，编号 7、31，页 17—18。此类最早的铭文还涉及公元前 510 至 500 年雅典与萨拉米斯的土地分配法律。文本受到了严重破坏，无从核实（Koerner, 1993，编号 1、7）。

政官的清单。[1] 在公元前 5 世纪下半叶，随着雅典民主制的发展，这种情况发生了巨大变化。在这一时期，僭主们的统治至少延续了两代人。archē 主要指民主雅典和其他城邦的政治机构或主要军事职位。在描述雅典及其他城邦的内部政治形势及体制时，修昔底德以类似的方式使用 archē 一词。但在雅典，archē 不再指执政官的公职，而是指 stratēgos，这个词原则上也包括军事指挥官。在修昔底德的著作中，这种用法出现在卷六和卷八。[2] 其他提及 archē 的地方则指斯巴达、阿尔戈斯和叙拉古。[3] Archē 还作为一般性词汇用来指公职或部门。这个词的复数形式 hai archai 同样是指公职的术语。这种含义一般指城邦的常规机构，不存在什么问题，人们对此也没有争议。archē 最常见的用法就是这种日常的技术含义。关于庞西特拉图的离题话体现出僭主统治与政治公职的紧张关系，archē 集中出现在离题话中指向的是一个具体问题以及这位史学家的问题意识。这属于修昔底德整部著作对于 archē 论述的一部分，涉及不同的政治领域和哲学问题。

3. 修昔底德 archē 概念的具体问题

外交政策、内部政策、伦理问题以及人类学问题，这些均与修昔底德著作中的 archē 有关。人们可以在修昔底德的演说辞和评述的某些段落中找到 archē，而且这些段落在研究中被

---

1 这些铭文大部分来自克里特岛和伯罗奔尼撒半岛（参见 Koerner, 1993，页 87 以后及页 22 以后）。另参见开俄斯人的法律（Koerner, 1993，编号 61）。

2 如 6. 12. 2、6. 74. 1：亚西比德；6. 103. 4：尼西亚斯；在 8. 54. 3 中，人们解除了弗利尼库斯的 archē，还有斯基罗尼德的职务（ton xunarchonta Skirōnidēn），后者指其同事作为军事指挥官的公职。

3 如 4. 53. 2：Cythera 特别机构；5. 37. 2：阿尔戈斯最高机构的两人；6. 96. 3：赫摩克拉底及其他军事指挥官在叙拉古的公职及指挥权。

大量引用和分析。[1] 演说辞包含着大量的论证和层面，我们无法在这里详细分析，尤其是伯里克利、克勒翁、迪奥多图斯、尼西亚斯和亚西比德的演说辞。有一些段落生动地呈现出 archē 一词的问题和模糊性。修昔底德著作中的著名段落，用他自己的话说，是对 archē 最为明确的道德谴责，即所谓的"战争病理学"（3.82.8）。关于内战，修昔底德说："所有这一切的根源是贪婪和野心所激起的对于权力的欲望。"[2] archē 在这里的贬义源于 pleonexia 和 philotimia 对它的进一步限定。因此，这不是对于 archē 的一般性表述，而是对其消极、极端特征的概括。philotimia 没有贬义，这一复合词指的是"热爱荣誉"，在各种语境中都具有很高的社会价值。[3] 但在这里，philotimia 显然是贬义，同前面的 pleonexia 一样。这两个贬义词加上整体语境使 archē 具有负面含义。

回顾 archē 在修昔底德著作中的整体语义时，我们发现这种贬义仍属例外。这一点只有在有针对性地着重强调时才能让人理解，因为这个词的含义指的是一个地位很高且被人向往的职位。即便如此，领导权或权威经常被人们争夺，受到威胁，还往往与滥用权力联系在一起，而权力滥用严重时会带来灾难性的后果。修昔底德这里描述的正是这一极端阶段，并将之作

---

1 罗列这一主题的大量文献几乎不可能，而且超出我们的讨论范围，其中有些文献归入"僭主城邦"中。参见 Tuplin（1985）及其提到的文献，特别是 Connor、Raaflaub 和 Schuller。他们把僭政的比喻作为出发点，几乎没有触及 archē。关于这一比喻的功能，参见 Morrison（2006b），尤其是页 133 及其后。

2 修昔底德 3.82.8。霍布斯的译文是："这一切的原因是源于贪婪和野心的统治欲望。"

3 对此，可参考公元前 4 世纪的大量文献以及公元前 5 世纪的一些文献：Dover（1974），页 229—234。早些时候，philotimia 有着模糊甚至负面的含义，如品达残篇 198、希罗多德（3.54.4）。在修昔底德（2.65.7）中，这一负面含义变得更为生动：由于个人的野心和私利。

为分析的主题。[1] 对修昔底德来说，人性的其他生成因素、社会因素和特定的历史处境，这些共同影响着 archē 的不同形态。这三个因素的结合（3.82.8）提醒我们注意三者在演说辞涉及 archē 的语境中所出现的顺序类似。雅典人为他们扩大统治权辩护，理由是在恐惧（deos）、荣誉（timē）和利益（ōphelia）的驱使下，他们不得不这样做。[2] 在其他段落中，荣誉和实用或利益被当作为权威辩护的正当理由。由于害怕被征服者的复仇或自己有可能受到奴役，恐惧在演说辞中也与 archē 密切相关。[3] 在这些辩护性的演说辞中，archē 并不是负面的动机，"病理学"公式化的表述似乎是一个例外。除了无法无天的内战（修昔底德将之称为一种规则）这种极端情况外，archē 似乎有些成问题，特别是在以下两种语境中：外交（雅典人对于盟友的 archē 被当作一种僭政）和内政（伯里克利的地位被概括为"第一人统治"）。这些段落表明，archē 一词从不同的视角、不同的政治级别来看充满争议，我们该如何理解这些段落呢？

我们首先分析一下将雅典的 archē 等同于僭政的演说辞。修昔底德让代表不同立场不同利益的演说者阐明这一观点：出

---

1 参见康德在《人类学》中对"激情的分类"（Kant, 2006，页 167）："激情分为自然（先天）引起的激情和人类文化（获得）引起的激情。"后者包括"对于荣誉的狂热、统治和拥有"（德语：Ehrsucht, Herrschsucht Habsucht）(Kant, 2006，页 167)。有趣的是分析这一套激情的谱系。修昔底德可能是最早的资料来源。康德的分类在多大程度上（直接或间接地通过霍布斯？）依赖于修昔底德 3.82.8，这仍有待进一步的研究。

2 修昔底德 1.75.3。1.76.2 则重复强调了这三个要素（顺序稍有变化）：被最强大的动机所征服，即荣誉、恐惧和利益。关于利益在古希腊论辩中的使用，参见 Spahn (1986) 和 Anastasiadis (2013)。

3 伯里克利在第一演说辞中（1.140.5 和 141.1）避开了这一论点：他们应该冒开启战争的风险，以免"提心吊胆地守着自己到手的东西"。在米洛斯对话中，权威、臣服和恐惧之间错综复杂的关系则发挥着核心作用。

使斯巴达的雅典使节和科林斯使节。[1] 在雅典内部，有一对截然对立的民主制倡导者：贵族伯里克利和平民领袖克勒翁。尽管修昔底德做了某些细微的区别，插入一个限定词 hōs[2]，把伯里克利关于雅典人 archē 与僭政的对比弱化，而克勒翁则简单地将两者等同[3]，但修昔底德确实给人留下这样一个整体印象。所有政治派别都熟悉"僭主城邦"（polis turannos）的模式，并且这是一个很常见的概念，而不是说这一立场在民主雅典被看作相当令人反感的学说。这一印象可能是有意实现某种风格的结果。不过，在公元前 4 世纪至 5 世纪的文献中，将 archē 与僭政进行对比的情况比较罕见。[4] 这一对比涉及对 archē 的某种观点，修昔底德不断重复这种观点并将其置于著名演说者的口中。把雅典对于提洛同盟的统治比喻为僭政，这也散见于同时代的喜剧中[5]，但这并不意味着这种看法在民主雅典非常流行，传播广泛。对许多人来说，这听起来肯定令人不安或反感，至少在雅典是如此。就像阿里斯托芬《骑士》中的合唱团一样，修昔底德著作中的不同演说者也使用了这一比喻。对于这一点的解释是，两位作者都倾向于通过文学风格和高度修辞来突出有争议的政治主题。在伪色诺芬（Pseudo Xenophon）的著作中，这是一种思想的激进主义。他没有使用僭主的比喻，而是以类似的方式描述阿提卡民众对于盟友的统治权。在《雅典政制》中，关于雅典民众与盟友富贵阶层的关系，人们可以看到民众以错误的指控和仇恨来迫害他们，"因

---

1 在演说辞中（1.122.3），科林斯人首先提出城邦僭政这一表述，然后以此对雅典进行谴责。后来，雅典使节欧菲姆斯在西西里详细解释了僭主与城邦的相似性："对于一个僭主或拥有统治权的城邦来说"（6.85.1）。

2 修昔底德 2.63.2。

3 修昔底德 3.37.2。

4 Tuplin（1985）强调了这一点，页 366—367 和页 373。

5 唯一明确提到这一点的是阿里斯托芬的《骑士》1111 - 1112。

为他们意识到，被统治者必然仇恨统治者"。[1] 伪色诺芬说，由于采取的具体措施，尤其是收缴贡赋和强制诉讼在雅典审理，"盟友已成为雅典民众的奴隶"。[2]

在修昔底德的演说辞中，僭主城邦的形象只是关于 archē 整体论述的要素之一。雅典人认为，他们获得统治权并未使用武力（bia）（1.75）。他们只是适应环境并遵循人性。他们声称，自己的所作所为要比实力（dunamis）允许做的事情公正得多。盟国已习惯被看作平等者，他们对最微小不义的反应比对强制和暴力的反应还要激烈。对于大多数希腊人对雅典人的愤怒（orgē），人们有这样一种解释：渴望摆脱统治（archē）或担心臣服于统治。伯里克利为统治权辩护，但警告不要在战争期间扩张（1.144.1）。雅典城邦以其统治权而倍受荣耀，但考虑到人们心中压抑的仇恨，雅典丧失统治权会有巨大的危险（2.63）。反过来，克勒翁在密提列涅辩论中指责民众将给雅典统治权造成负面影响的三个特征：同情心、乐于辩论和妥协的意愿。克勒翁认为，民主制没有能力统治（3.37-40），因为它倾向于妥协。迪奥多图斯也想使雅典稳定，但提出了其他的手段。因为他认为，这场辩论要基于更高的目的来应对目前的战斗：自由或对他人的统治（3.37-40）。

对于修昔底德演说辞中有关 archē 的论述，米洛斯对话（5.85-113）发挥着关键作用，但我们无法在这里详细介绍。关于雅典统治权和城邦间统治权，米洛斯对话包含着此前演说辞中所有的论证和问题，尤其是卷一至卷三的演说辞。通过米洛斯对话，修昔底德从正反两方的角度集中总结了这场争论，即强者的视角和弱者的视角：前者志在扩大其权力，后者意在

---

1 色诺芬《雅典政制》1.14。

2 色诺芬《雅典政制》1.18。

保存其自由。这一对话大致分为以下几类：

- 物质性的因素和动机：利益和实用性（5.90、106 - 107）、地理位置和战略地位（97、99、108）；

- 思想性的因素、动机和权力：法律和正义（89、97、107）、荣誉（101、105、111）、自由（92、100）、神与命运（104 - 105）、自然的强迫（105）；

- 政治标准和动机：城邦的拯救（87 - 88、91、111）、权力（97）、安全（97）、中立性（94、112）、敌友（100）、血缘关系（108）、风险评估（107）、利益（98）、同盟（98）、契约（112）；

- 心理因素和动机：恐惧（90、111）、勇敢和懦弱（100）、仇恨（95）、希望（103）、理性（111）；

- 史实论证（112）。

在其他演说辞、"稽古"和作者评述中，我们也可以找到这些动机的痕迹，将其使用和论证价值与米洛斯对话联系起来。重构论述所围绕的主题就是 archē 的问题。修昔底德著作中的对话显然具有总结的功能。这一对话也具有示范性的意义，不能只认为这是发生在米洛斯小城邦身上的实际事件。米洛斯人一直努力保持中立和自治，但由于雅典的攻击，他们现在面临关乎生死存亡的决定：要么为自由而战，要么臣服于雅典人的统治（他们把这解读为奴役）。历史给出的苦涩反讽是米洛斯的抗争以男人被处决、妇女儿童被奴役而告终。

统治还是奴役，这一选择显示出一种两极对立，与希罗多德在欧塔涅斯辩论及其最后一章中所提到的完全相同。archē（至少在国际关系中）最终以统治收场，因此被看作奴役和束缚。在内政的范畴，这一影响通过定期变换 archein 和 archesthai 来加以平衡。archē 因而具有公职或治理的含义。在城邦之外，人们似乎没有任何程序或制度将 archē 转型为一种平衡的同盟（summachia），甚至是一种联邦秩序。修昔底德本人及其著作中的演说者都没有提到这一点。只有迪奥多图斯在呼吁审慎节制时一定程度上思考过不要将盟友逼入绝境的问题。战争持续的时间越长，小国就越不可能保持中立和自治。

除外交政策、国际关系、伦理和人类学问题之外，archē提出了更多的问题，特别是在评点伯里克利的著名段落中（2.65.9）。[1] 该段落不仅由于包含修昔底德的个人见解引起了人们的极大兴趣，而且从语境中将 archē 在外交内政中的含义连接起来。此外，这一段还表明了其与僭政问题的联系。这要从"第一人统治"的公式化表述开始。翻译成"第一人统治"其实并不精确，原因有以下几点：从语言的角度说，它没有体现出 hupo（"在……之下"）的含义；从内容的角度说，这不符合语境以及修昔底德对于伯里克利的政治立场。从伯里克利前面的演说辞[2] 以及修昔底德随后对他的评价（2.65.7–11）中，人们能够推断出修昔底德反复在谈论雅典人的统治权以及城邦对于外界的统治权。在我看来，将 archē 与伯里克利联系在一起的那一段也是在回应这一点。因此，我建议翻译成"第一人领导下的政府"，即由伯里克利领导的雅典民主政府，同时对外行使权威。[3] 人们应该明白，伯里克利使 archē 在对外对内两个层面上人格化。

对我来说，需要考虑的是这段话的语境及其对雅典外部统治权的着重强调。但人们肯定会问，在其细微的表述中，修昔底德是否想避免给人们有这样的暗示，即名义上的民主政府实际上具有君主制的特征。由于这一观点在同时代人中广泛传播

1　参见 Spahn（2005）和 Morrison（2006b，页148—149）。

2　伯里克利九次提及 archē 和 archein：2.62.1、2.62.2、2.63.1（3 次）、2.63.1（autēn 即 archēn）、2.63.3、2.64.3、2.64.5。

3　参见 Spahn（2005），页104。

（旧喜剧甚至影射伯里克利的地位近乎僭主[1]），鉴于对伯里克利的敬佩，修昔底德显然并不想强化此类疑虑。不过，考虑到修昔底德对雅典僭政的介绍和评价，尤其是关于庇西特拉图的离题话，这种解释似乎还远远不够。在这一语境中，修昔底德甚至对庇西特拉图表示同情，这与僭政禁忌背道而驰。[2] 在处理离题话中 archē 的多重含义时，修昔底德的目标并不是避开这个词与伯里克利的联系。人们可以认为，2.59-65（伯里克利最后的演说辞以及修昔底德随后对其领导能力的评价）全面展现 archē 一词的多种含义就是证据：在提洛同盟中的对外统治权、在雅典内部的统治权。后者特别指伯里克利政府的统治权，担任常规的公职，同时具有强大的权威。修昔底德没有提到这一职位是否公正和令人满意。亚里士多德在《政治学》卷七中分析了最佳生活方式和最佳政制，我们可以假设，修昔底德以类似的方式去理解和评价伯里克利的职位。在亚里士多德看来，同等（homoioi）的美和公正在于轮流执政："世上如果出现这样一位人物，他既然善德优于他人，而且兢兢为善，没有人能够胜过他，只有遭逢这样的人，大家才可永远追随并一致服从他，仍然不失其为正义和优美的治道。"（《政治学》7.3.1325b，吴寿彭译）修昔底德在 2.65 中一定程度上预先提到这种观点，将伯里克利称为杰出的政治家，在美德和权威方面优于他人，而其继任者"彼此平等（isoi）"没有能力实现良治。他们使政治置身于民众的反复无常之中。[3] 我们会注意到，在伯里克利的抚慰性演说辞及随后的评述中，修昔底德以非常奇怪的方式将雅典统治的内外两面联系起来。他明确地将

---

1 证据见 Berve（1967）卷 2，页 627—628。
2 关于修昔底德著作中的僭政，参见 Martin Dreher 在本书中的论文。
3 修昔底德 2.65.10。

后者即雅典人对盟友的统治权与僭政（可能受到不公的对待）联系起来，同时将前者归于"第一人"，一个民主旗帜下的完美摄政。

三、第一代史学家有关 archē 的论述

我们设想有以《论统治权》（*Peri archēs*）为题的著作能对 archē 进行明确的阐述，但这种阐释在古希腊并不存在。无论如何，没有这样的作品流存于世。由于希罗多德和修昔底德在其史书中以如此突出的方式记叙了这个词的政治层面，我们才能够归纳并认识到一种对 archē 诸多问题的认真反思。这类思考和论点都只是沿着名词 archē 的脉络追溯。为了得到更全面的图景，人们必须考虑到动词 archein 和更多的术语（kratos、dunamis 等等）。关于治理、权威和权力问题，同时代的辩论在古典悲剧中表现得尤为明显：早期是在埃斯库罗斯的作品中，特别是《波斯人》《乞援人》《奥瑞斯忒娅》和《被缚的普罗米修斯》。还有几部戏剧处理过 anarchia 的问题。[1] 我们能观察到的是，即便在公元前 5 世纪中叶以前的雅典，人们对这些问题都有过广泛的公开讨论。因此，第一代史学家加入了一场政治思想辩论，这场辩论仍具有紧迫性和现时性，尤其是关于民主制扩张和提洛同盟转型那一时期的讨论。

在希罗多德的著作中，对 archē 原则问题着重讨论的是政制辩论和最后一小节。无论从学科传统还是从文学创作的角度来看，这些段落都引人注目：它们是杰出波斯人的演说辞，甚至被放在全书的结尾。尽管希罗多德会提出抗议，并坚称这些演说辞的历史性，但它们仍属于表述生动的虚构性叙事，让人

---

1 如埃斯库罗斯《乞援人》907；《复仇女神》525—526、696。

会想起某些悲剧段落。当然，与悲剧相比，人们在史书中更容易找到特定的政治体制、历史人物、政治动态或事件，而且史书的叙述更具体。对我们目前的目的来说，尤为重要的是，希罗多德将 archē 的内外（或城邦间）层面联系在一起。通过伯里克利的角色和演说辞，修昔底德以不同的方式对这一联系做了进一步推进。archē 在修昔底德著作中是一个笼统的词，涵盖了诸多含义和功能：城邦从内到外，从常规的公职到非正式的权威，甚至是僭政的权威。从文学和修辞的角度来说，对这个词不做内在的区分非常有用处。archē 对于宪政和国际法的意义仍含糊不清，尚未界定，这与其所对应的拉丁文 imperium 形成了鲜明对比。

除了将内政与外交联系在一起外还有重要的一个方面，两位史学家在解读 archē 时使统治与奴役相对立。城邦内的个体就像整个社会及其国际关系一样，archē 常常成为束缚和奴役的来源。archē 与僭政、奴役的联系不只是一种文学比喻或修辞特点。在希腊社会，奴隶制是社会现实，这使得这种联系非常直观、非常现实，每个人都能看得到。archē 的概念以及 archein 和 archesthai，这些词处理的不仅是政治的、集体的自由或束缚，还涉及单个公民的人身地位。特别是在民主制中，雅典人从未质疑过取得统治权的权利。即便对于温和的迪奥多图斯来说，"自由和统治他人"也属于最高的善。[1]

81

1　修昔底德 3. 45. 6。

修昔底德著作中的僭政

德雷尔（Martin Dreher）

在修昔底德的著作中，僭政（turannis）显然不是核心概念，因为这种治理形式在其主题伯罗奔尼撒战争中没有直接的意义。这就是为什么我们的史学家依照现代学术研究更多地提及寡头制（贵族制）和民主制，这些政制在雅典和斯巴达阵营的时代冲突中起着更为重要的作用。[1] 令人惊讶的是，大量现代的修昔底德研究经常以各种方式阐述其著作中的僭政，而修昔底德确实在某些场合处理过这一问题。我们甚至发现，有些研究专门分析修昔底德对僭政的处理，如斯坎伦（Thomas F. Scanlon）的《修昔底德和僭政》（*Thucydides and Tyranny*，

---

1 在《布里尔修昔底德导读》中，贵族制和民主制各有一章分析，僭政则没有（*Brill's Companion to Thucydides*, Rengakos and Tsakmakis, 2006）。参见 Leppin（1999，页63、80）。

1987)、巴尔塞洛（Pedro Barcélo）的同名作品（*Thukydides und die Tyrannis*，1990）。[1] 很难说对这一题材的兴趣是否与当代的发展和经验有关，如人们兴趣的增加是否缘于希特勒等现代僭主的倒台。这一问题需要另行研究检验。本文感兴趣的是《战争史》中的僭政概念本身。

大多数近期的文献都以区域划分的方式处理这一主题：通常集中于修昔底德著作中僭政的某个特定层面。值得一提的是，修昔底德的著作适合使用这种方法。在《战争史》中，修昔底德在三种不同的语境中谈及僭政或僭主。首先是早期的希腊僭主（1.13 - 20），其次是雅典的庇西特拉图（Peisistratid）统治（6.53.3 - 60.1），还有就是雅典对其盟友所谓的僭主统治（1.122.3、1.124.3、2.63.2、3.37.2）。此外，修昔底德还间或提及僭主统治但一带而过，学术研究常常忽略这一点，本文将对此加以分析。

本文有两点贡献：首先是概述关于修昔底德著作中僭政的现有文献和研究；其次是超出文献范畴**去除相关僭政研究的区域划分**。我们不会将这一主题划分为几个副题，也不会只限于对某些文本段落的讨论。我们关注的焦点是，当僭政被视为一般性概念时，它是如何出现的。本文分为七个小节或议题。

1. 对于作为治理形式或政治制度的僭政，修昔底德没有系统性的兴趣，至少在著作中没有表现出这样的兴趣

与公元前 4 世纪的哲人相反，修昔底德主要关注的是史实

---

1 对于现有学术文献的概览，参见 Meyer（2008，页13—15）。

描述而非政治理论。[1] 他的文本提到一些僭主。有些偶然出现在叙事中，另一些描述的篇幅较长，但主要是作为历史人物出现。因此，修昔底德没有在任何地方提到普遍性的僭政，也没有将之明确界定为一种治理形式。我们不应对此感到惊讶。在上面提到的所有段落中，僭政都不是修昔底德真正的历史主题。他的主题是（a）早期古希腊历史背景中的某个历史细节或（b）一种比较性追溯以便更好地评估公元前 415 年的雅典形势，最后是（c）概括雅典统治提洛同盟特征的词汇。关于僭主，莱平（Hartmut Leppin）的总体评论仍然有效：修昔底德很大程度上采用的是一种个性化方式。[2] 因此，作者如何在理论上界定和**安置**希腊僭政，这是个无效的问题。[3] 此类问题没有明确的答案，至多是些间接的暗示，我会在文末谈这一点。

89 修昔底德没有试图明确是否要严格地从字面上把僭政理解为一个人的统治。修昔底德似乎预设了这一点。在关于庇西特拉图的段落中，他强调，成为雅典僭主（6.54.2）并进行统治（6.55.3）的人并不是许多人以为的希帕库斯[4]，而是希庇阿斯。这正是史学家开篇所宣称的：雅典人不知道"作为庇西特拉图的长子，希庇阿斯是统治者，而希帕库斯和塞撒鲁斯

---

1 参见 Leppin（1999，页 15、69）；Spahn（2011，页 41）。

2 Leppin（1999，页 113）。

3 相反，Barceló（1990，页 401）认为，此前提到的三组表述"是修昔底德解决僭政问题的起点"。他将这一理论赋予修昔底德并纳入其史书中。我认为，Barceló 提出的问题并不能作为理解修昔底德僭政概念的指导原则，因为这些问题基本上在修昔底德的著作中没有得到回应。在第 408 页，Barceló 甚至宣称，僭政"并非毋庸置疑，（修昔底德的）评论有着细微的差别"。

4 在这一段中，修昔底德并未与希罗多德论辩，希罗多德将希帕库斯描述为"僭主希庇阿斯的兄弟"（5.55）。人们通常认为，这一论辩针对的是赫兰尼库斯（Hellanicus）。参见 Gomme、Andrewes 和 Dover（1945—1981，vol. IV，页 321）。

（Thessalu）是他的弟弟（1.20.1）"[1]。不过，在卷六引文的前面，修昔底德谈及庇西特拉图及其儿子们的僭政（6.53.3），这与只有希庇阿斯是雅典僭主的说法相矛盾，学术研究往往不考虑这一点。[2] 理解 6.54.2（不是希帕库斯……而是继承统治权的长子希庇阿斯）和 6.55.3 中的"archē"（还有 6.55.1 中的 ērxen）时，这一矛盾才能化解。Archē 指的不是个人专制，而是表示家族统治内的主导类型。[3] 但这种解释并不令人信服：家族首领希庇阿斯成为实际的僭主，他的弟弟希帕库斯成为从属的共同统治者。

在公元前 5 世纪的西西里城邦，僭主统治有时被看作家族统治或部族统治（较早的德语出版物称之为"Samtherrschaft"）。[4] 但对于僭政的这一特定理解没有得到任何材料的明确界定。[5] 在最著名的案例中，即狄诺门尼德（Deinomenids）家族对革拉（Gela）和叙拉古的僭政，革洛（Gelo）往往被视为僭主，他的兄弟希耶罗（Hieron）似乎处于从属的位置。[6]

1　修昔底德的英译均是 Martin Hammonds 的译文（另有说明除外），作者有改动。

2　我认为，笺注者对这一矛盾一掠而过，只顺带提及。参见 Gomme、Andrewes 和 Dover（1945—1981，vol. IV，页 318）。"他指的是兄弟（而不是兄弟们），这并不重要。因为修昔底德没有说僭主的兄弟们只要与僭主相处融洽就会大权在握。"据说这也适用于希罗多德（6.123.6）著作中的庇西特拉图家族（页 320）。另见 Hornblower（1991—2008，vol. III，页 434）对 D. Lewis 的提及。Tsakmakis（1995）（见下文页 99 注释 3）和 Rhodes（2006，页 528）没有考虑到 6.53.3。

3　Dover 反驳了对术语的这种理解（Gomme, Andrewes and Dover, 1945—1981，vol. IV，页 319）。Diesner（1959，页 17）发现，6.54.5 "庇西特拉图家族的天鹅绒统治"与 6.54.1 相矛盾。

4　对于雅典，Berve（1967，vol. I，页 64）认为："这种天鹅绒统治很可能源于传统。"关于资源来源和早期文献，参见 Berve（1967，vol. II，页 554）。

5　最有可能独立的是科林斯 Cypselus 创建的殖民地，他安排儿子们担任统治者。更多的文献参见 de Libero（1996，页 153 及其后）。

6　参见希罗多德 7.156.1；Dreher（2008，页 28）。

移居叙拉古后，革洛将其故城革拉交给希耶罗。革洛公元前478年死后，希耶罗成为最高僭主，三弟波利扎洛斯（Polyzalos）在革拉获得与希耶罗以前类似的职位。我们无法确切地确定两兄弟间的"宪政"关系。[1] 因此，人们有理由怀疑，根据由此产生的依赖关系，是否可以把革拉统治者看作叙拉古统治者的"副手"。[2]

其他资料来源认为，庇西特拉图的儿子们（希庇阿斯和希帕库斯）在雅典的统治就是这样一种家族统治。这种解释在亚里士多德《雅典政制》中有明显的体现，在贵族制中普遍存在，很可能可以追溯到编年史家（Atthidographer）。[3] 亚里士多德阐述得比修昔底德更加清楚："庇西特拉图死后，他的儿子们执政，以同样的方式管理事务（17.3）"；类似的表述还有，"希庇阿斯和希帕库斯共同执政，因为他们的出身和年龄相仿（18.1）"。但亚里士多德紧接着加了一句限定性的评论："但希庇阿斯控制着统治权，他是兄长，有政治家风范，天性聪敏（18.1）。"显然，作者基本上将两兄弟都视为庇西特拉图僭政的继承人及其统治的继任者。[4] 由于希帕库斯沉迷于寻欢作乐和艺术（18.1），其他兄弟还太年轻，还有的是异乡人的

1　Emmenides 王朝也出现类似的问题，Acragas 的 Theron 任命他的儿子 Trasydaius 为 Himera 的统治者（Diod. Sic. 11. 48. 6）。

2　Berve（1967, Vol. I，页141）假设，革拉和叙拉古也有某种"天鹅绒统治"。de Libero（1996，页409及其后）列举了五个"天鹅绒统治"的范例。Luraghi（1994，页331—332）对叙拉古是否有过"天鹅绒统治"持怀疑态度。

3　在 Jacoby（1949，页185及其后）看来，这一版本的主要代表是赫兰尼库斯。但这种关联仍有不确定性，参见 Hornblower（1991—2008, vol. III，页439）。

4　Rhodes（2006，页528）认为，"联合统治"在历史上确是事实（亚里士多德《雅典政制》17. 3, Diod. Sic. 10. 17. 1），修昔底德误解了"家族僭政的性质"。

儿子[1]，亚里士多德就把统治的角色归为希庇阿斯一人。[2] 这与修昔底德的观点相似，但修昔底德强调希庇阿斯的个人统治，而亚里士多德的措辞暗示，兄长在集体统治中处于主导地位。这一描写被认为是亚里士多德试图在修昔底德的设想与其所批评的观点间找到折中方案。[3] 然而，这里的谓语"epestatai"令人困惑，指双人统治的僭政。从正式的法律意义上讲，epistatai 担任雅典民主制各委员会的主席，包括公民大会主席，但主席的职能绝不包括独自决策的能力。

在我看来，人们不可能对修昔底德的言论做出令人信服的调和，也没有这个必要。察克马基斯（Antonis Tsakmakis）正确地指出，所提到的模糊之处不仅存在于历史著作中，而且也存在于历史现实中。僭主没有正式明确的职位：即使希庇阿斯是国家的实际控制者，他的亲属，尤其是希帕库斯，也确实拥有未曾明确的权力。[4] 从这个意义上讲，我认为这一假设是合理的，即修昔底德的表述——庇西特拉图和他儿子们的僭政（6.53.3）——很可能是采用一种常见的说法。[5] 与一贯的做法相反，修昔底德没有对此做出批评。[6] 如前所述，

1　在修昔底德著作（6.55.1）中，Thettalus（或 Thessalus）是具有合法继承权的三弟，但修昔底德没进一步关注他。在《雅典政制》（17.3）中，Thettalus 被等同于 Hegesistratus，但多数现代学者并不赞同。Hegesistratus 和庇西特拉图的四子 Iophon 为阿尔戈斯人 Timonassa 所生（《雅典政制》17.3），因此没有继承权。

2　类似的看法见 Chambers（1990，页215 ad 18.1）。

3　参见 Dover（Gomme, Andrewes and Dover, 1945—1981, vol. IV, 页320）。

4　Tsakmakis（1995，页201）。

5　修昔底德这句话的开头也表明了这一点："人们从传闻中知道……"

6　Dover 在这一点上是对的（Gomme, Andrewes and Dover, 1945—1981，页318）。相反，Chambers（1990，页212 ad 17.3）没有意识到这一批评意图，他声称"修昔底德在 5.54-59 批评了儿子们接管权力的观点"。儿子们的（集体）统治只是顺便提及，并不代表修昔底德赞同自己所引用的看法。这主要是因为，僭政在后期具有压迫性，被民众而不是斯巴（转下页）

他并不那么关注法律上正确的定义，而是关注证据。在现实中，两个兄弟中**谁**作为僭主行使权力，谁就应被视为实际的僭主。[1]

前面的话也适用于庇西特拉图离题话的结束。回到叙事主线后，修昔底德说，雅典人想起他们听到的有关庇西特拉图僭政结束的传闻，严厉审查那些涉嫌参与秘仪的人，因为他们认为"这是寡头派或僭主阴谋的一部分（6.60.1）"。在这里，修昔底德并不关心僭政作为治理形式的确切定义。这段话中的希腊词 kai 通常被翻译为"或"，因此对寡头制和僭政有一个清楚的区分。但解释者同时强调，这一区别在这里并不重要，因为两种野心都旨在推翻执政的雅典民主制。[2] 雅典人对亚西比德充满恐惧，修昔底德在这里强化了对这种不合理恐惧的批

（**接上页**）达人推翻。作者赞同两种说法，59.2（统治变得更具压迫性）和 59.4（斯巴达人和阿尔克迈翁家族推翻希庇阿斯），参见 Hornblower（1991—2008，vol. III，页 432、441）。

1　Chambers（1990，页 212 ad 17.3）再次得出相反的结论（"修昔底德认真研究过希庇阿斯是否曾单独统治的问题"），并指责修昔底德把僭政当作受人尊敬的职位。即便 Chambers 也注意到修昔底德文本中的差异："提到暴君统治时（5.53.1，Chambers 可能指的是 5.53.3），修昔底德几乎承认原本想否认的事实，僭主兄弟很可能具有影响力。"但"具有影响力"的表述太弱，并不意味着参与统治。

2　参见 Dover（Gomme, Andrewes and Dover, 1945—1981, vol. IV，页 337）：在经历一个世纪的民主制之后，"雅典人把寡头制和僭政都看作民主制的对立面"。Hornblower（1991—2008，vol. III，页 453）的译文是："某种针对寡头制或/和僭政的阴谋。"Hornblower 接着试图消除两个术语间的所有差异，说它们是"重言法"，都指不受欢迎的寡头制。Placido（1989，页 61，n. 20）指出，对修昔底德来说，寡头制的治理形式非常类似于僭政，参见 3.62.3-4、3.38.3（还下文注释 43）。Scanlon（1987，页 294）注意到修昔底德的 8.64.4，将公元前 411 年的寡头制等同于庇西特拉图家族的僭政，都是自由的破坏者，参见 Raaflaub（2006，页 215）。除了 Scanlon（1987，页 294）的模糊提示外，据我所知，至今还没人提到修昔底德想到的可能是三十人政权。严格来说，他们的统治是寡头制，但由于其暴力性质，同时代人将其称为僭政。参见色诺芬《希腊志》2.3.11 及其后。

评，从而对这一所谓的阴谋做出无差别的评估。[1]

2. 对修昔底德来说，僭政是一种历史处境，是众多治理形式之一

与后世政治理论家不同，修昔底德没有在道德上把僭政抛开，也不认为这是对专制秩序的曲解或必要的转变（meta-bolē）。[2]同其他希腊作家一样，修昔底德设想，希腊城邦最初由国王统治。这一想法一直被普遍接受，直到晚近才被发现是一种误解，正如我们今天所知道的那样。[3] 但对修昔底德来说，僭政是历史阶段的一部分，并非必然紧接着君主统治出现。因此，如德鲁斯（Drews）所说[4]，"此前是拥有既定特权的世袭君主制（1.13.1）"，这句话指的是特洛伊战争**以前**的历史时期，僭主在这一大事件**之后**很长时间才出现。自那时起，我们从1.12 了解到，希腊出现多次迁移和新的定居。因此，僭政没有按时间顺序演进，也不是王权统治的天生继承者。正如"稽古"所述，僭政产生于出现的新形势，具体来说就是"税收增加（1.13.1）"。[5] 因此，僭政从时间上和系统上都与王政相分

92

---

1 Tsakmakis（1995，页205）坚持从字面上理解寡头制和僭政，认为这证明了"历史和政治事件的模糊印象"。但他似乎接受这一前提，即修昔底德只作为中立的观察者报道实存的观念，同时补充说，在民众的意识中，庇西特拉图家族的历史政权被与斯巴达人的寡头体制混在一起。

2 参见 Schuller（1978，页13）。

3 Dreher（1983）；Drews（1983）；Ulf（1990）。

4 Drews（1983，页8）。

5 Hornblower 做了区分（1991—2008, vol. I，页42）："收入似乎是僭主的而非城邦的收入。"Barceló（1990，页403）将之译作政府收入（Staatseinkünfte），在我看来有点夸张。收入的增加应理解为僭主崛起的先决条件，因为僭主主要依靠的是雇佣军。但修昔底德大概也认为，僭主为希腊经济发展做出了积极贡献。关于这一观点，参见 Gomme、Andrewes 和 Dover （转下页）

离。它被认为是独有的治理形式，就像王政（basileia）一样。修昔底德将两者置于同一水平上。在对比两种治理形式时，修昔底德只详细描述了王政，这可能是因为王政属于更遥远的过去，没有人熟悉。修昔底德假定，读者对什么是僭政有所了解，因为僭政在历史上离得更近。他暗示，僭政不是随时间传承的治理形式（patrikos）。僭政是一种新现象，因为它没有像王政一样的既定权利，也没有被城邦普遍接受，但有可能被强加于城邦。

对于僭政在希腊城邦中出现的频率，修昔底德的想法相当不切实际。他说"大多数城邦都出现过僭政（1.13.1）"。[1] 即便知道僭主已经在我们的历史传统中消失，修昔底德也远没有全面了解古风时期所有希腊城邦的历史。我们绝不能假定，我们今天不了解其古代史的城邦都由僭主统治。更有可能的是，作为不寻常的事件，僭政会被记录流传下来。因此，与贵族统治城邦中"常见的"宪政生活相比，僭政更容易被人们铭记。这就是为什么我们不应像修昔底德那样将数量相对较少的古代僭主视为冰山一角。僭政是一种只影响到少数城邦的现象。与之相反，人们对修昔底德的另一说法没有争议，即斯巴达"从未有过僭政"（1.18.1）。应该指出的是，正是在这一语境下，修昔底德把僭政作为希腊城邦"正常的"宪政形式。

3. 修昔底德没有提及许多僭主的名字

据我所知，我们没有完整的僭主汇编，下面是修昔底德著

（接上页）（1945—1981，vol. I，页121）以及 Hornblower（1991—2008，vol. I，页42）。但译文通常只选择一种因果关系：要么视僭政为后果（Hammond、Landmann、Vretska 和 Rinner），要么将其看作收入增长的原因（Said，2011，页65）。

1 参见 Hornblower（1991—2008，vol. I，页42）。

作中所有僭主及其家族成员的名单。

＊雅典：基伦（Cylon，1.126）；老庇西特拉图（1.20、3.104、6.53－54）；希庇阿斯（1.20、6.54－59）；希帕库斯（1.20、6.54－55、6.57）；塞撒路斯（Thessalus，1.20、6.55）；小庇西特拉图（希庇阿斯之子，6.54）；阿奇狄丝（Archedice，希庇阿斯的女儿，6.59）。

＊萨摩斯岛：波吕克拉特（Polycrates，1.13、3.104）。

＊兰普萨库斯（Lampsacus）：希波克罗斯（Hippoclus，6.59）；埃安提德斯（Aeantides，6.59）。

＊阿斯塔库斯（Astacus）：爱瓦库斯（Euarchus，2.30、2.33）。

＊瑞吉昂（Rhegium）：阿纳西拉斯（Anaxilas，6.4）。

＊革拉：希波克拉底（6.5）；革洛（6.45、6.94.1）。

＊叙拉古：革洛（参见革拉）。

修昔底德提到九个僭主的名称，在上下文中共提到 15 个人，包括他们的家族成员和胸怀大志的基伦，其中一人是女性。[1]

我们可以理解为，修昔底德提到了雅典庇西特拉图家族所有的已知成员。由于叙拉古在著作中占有重要地位，因此很容易解释为什么修昔底德提到至少两个僭主的名称，包括革洛的“前任僭主”，而革洛的继任者，不太著名的叙拉古的希耶罗被“漏掉”。此外，令人惊讶的是，修昔底德没有提到科林斯（伯罗奔尼撒战争中的一个重要城邦）的僭主，尤其是西普塞路斯（Cypselus）和他的儿子佩里安德（Periander），许多古代作家将佩里安德称为七贤之一。人们在这里可以再次看到，修昔底德严格遵循他所选择的主题，不屈从于讲故事的诱惑，不会为

1　参见 Dreher（2014）。

了讲故事舍不得漏掉人物的名称。

4. 在所有提到姓名的僭主中，作者只对雅典的庇西特拉图家族做出具体评判[1]

有一核心段落被反复提及："实际上，庇西特拉图对人民的统治并不具有僭政的总体特征。他实施统治时没有导致民众厌恶。这些僭主表现出无与伦比的德性和智慧（aretēn kai xunesin）。他们只向雅典人征收其收入的 5%。"（6. 54. 5）

根据这段话的语境，希帕库斯仍是第一句话的主语。[2] 由于修昔底德刚刚否认希帕库斯的统治，大多数学者理所当然地认为，这种情况不可能出现。他们假定，此处的文本残缺不全，并提出一些更正意见。但我不相信能够重构修昔底德确切的措辞。我们这里处理的不是拼写错误的单词。我认为，这里肯定缺失了这句话的某个部分，甚至整个段落。第一句话肯定指庇西特拉图，因为只有他（雅典僭政的创立者）长时间的统治才足以解释这种一般性论断以及与其他僭主的比较。[3] 第二句话只是指（houtoi 为复数）庇西特拉图和他的儿子希庇阿斯。[4]

学术界的主流观点认为，修昔底德对庇西特拉图家族的僭

---

1 关于修昔底德对庇西特拉图家族的处理，参见本书中 Peter Spahn 的文章。

2 Tsakmakis 假定如此，没有讨论（1995，页 201—202，n. 64）。

3 对庇西特拉图家族做出积极的评价，我们在平行的传统中也可以找到类似的表述。参见亚里士多德《雅典政制》16，这一趋势的高潮是将庇西特拉图僭政等同于克罗诺斯黄金时代（16. 7）。Dover（Gomme, Andrewes and Dover, 1945—1981, vol. IV, 页 319）和有些人认为，修昔底德在 6. 54. 5 开头指的是希庇阿斯的统治。

4 参见 Dover（Gomme, Andrewes and Dover, 1945—1981, vol. IV, 页 319）。

政做了积极的描述和评判。[1] 这种观点主要是基于这些论述，并常常扩展到所有的僭主统治。察克马基斯的措辞在任何情况下看都有些极端："就其政治统治而言，希庇阿斯和希帕库斯得到了积极的描述。在 54.5 - 7 中，修昔底德详细分析了他们的统治，并得出明确的结论，即雅典在庇西特拉图家族这两个人的统治时期繁荣昌盛。"[2] 有些方法提出不同的建议[3]，我希望在这里加以采纳并强化。[4] 首先，我们必须更仔细地检验修昔底德积极的评述：庇西特拉图建立一种不压迫民众的政权，并以不受人憎恨的方式统治。第一句话带有否定性，并与其他僭主进行对比。修昔底德假定，僭主压迫民众并遭到憎恨。下一句话明显是与其他僭主的对比：与其他僭主相比，庇西特拉图家族表现出"无与伦比的德性和智慧"。"尽管只向雅典人征税其收入的 5％，他们仍能使城邦变得更美，全面支持战争，向神庙敬祭品"，总之，进行对整个城邦来说必要、合理的所有活动。"城邦在大多数方面仍可以自由地享有以前的宪制，

1　Dover 表示，修昔底德在这里反对的是当时对僭政的普遍仇恨（Gomme, Andrewes and Dover, 1945—1981, vol. IV，页 323），另见 Palmer（1982，页 107ff）。Barceló（1990，页 408）说，庇西特拉图统治的特点是否定其他所有人。

2　Tsakmakis（1995，页 195，页 201）。关于希帕库斯，参见注释 23。同其他学者一样，Tsakmakis（1995，页 195，n. 44）提到 "arete" 和 "xunesis"。修昔底德只将这两个词用于伯拉西达、尼西亚斯、赫摩克拉特和忒修斯。但修昔底德当然也在这些类别中分了等级。Palmer 认为，修昔底德以非常积极的方式描述庇西特拉图家族（1980，页 125—132、177）。Hunter 甚至谈到某种君主立宪制（1973，页 120）。

3　参见 Diesner（1959，页 16 及其后），更多文献参见 Kallet（2006，页 341—342）。Leppin 指出，修昔底德在叙事时对僭主的评判是有区别的、克制的，但在演说辞中，他始终使用负面的隐喻（1999，页 67）。

4　关于修昔底德积极呈现庇西特拉图家族的原因，我不再列举更多的学术观点。如修昔底德偏爱亚西比德温和的僭政（Palmer, 1980，页 132、178；1982，页 115、121），但 Leppin 对此的反驳令人信服（1999，页 167，n. 42）。

但有一点除外，僭主们总是确保自己人担任执政官。"（54.5－6）因此，大多可以追溯到梭伦的法律都得以继续适用。但在城邦发展的早期阶段，涉及政治领域的法律很少，且规定不详细。因此，对于僭主家族来说，让家族成员出任公职（很可能是三名最高执政官之一）并不困难，以确保整个政治生活按其意志运行，至少不发生违背其意志的事情。修昔底德在这里告诉我们，与庇西特拉图家族相比，大多数僭主都自私自利，武断放纵。

因此，修昔底德对庇西特拉图家族的说法是，与其他僭主相比，他们的统治相对温和，符合城邦的利益。但修昔底德没有以任何方式将之移除僭主之列。如果从现代找一个类似的对比，我们可以说，墨索里尼不如希特勒残酷和不人道，因为墨索里尼没有积极推动灭绝犹太人。因此，墨索里尼的独裁统治相对温和，但并不否认其独裁的性质。首先，在修昔底德看来，庇西特拉图家族在僭主中是一个例外。其次，他明确指出，在其统治中，这种相对温和的例外只持续了有限的一段时间。根据修昔底德的说法，这是因为雅典僭主们最初有安全感。庇西特拉图去世时，其继任者希庇阿斯能毫无争议地接管权力，原因在于公民长期生活在恐惧中，希庇阿斯能依靠雇佣兵。（6.55.3）这里暗示，庇西特拉图家族早期相对温和的统治已经是基于武力和对公民的恐吓。[1]一旦弟弟希帕库斯被暗杀，执政的僭主希庇阿斯就放弃先前的温和。"僭政进入到更具压迫性的阶段，因为希庇阿斯越来越担心自己的安全"，因此"许多公民被处死"（6.59.2）。在其统治的最后三

---

1 庇西特拉图家族的统治没有受到外部威胁，这也确保了这种安全感。据我们所知，庇西特拉图家族统治期间没有发动战争。如果要保证一致性，修昔底德提到庇西特拉图家族为之征税（54.5）的战争肯定是**可能发生**的战争。

年，希庇阿斯的统治再次回到僭政的正常状态，更具有专制的特点。

作者强调，在暗杀这一转折点出现以前，这种常态就已存在，即便程度较轻。他指出这一事实，僭主统治临时性的温和只与下述证据有关：为证明希庇阿斯作为庇西特拉图的长子进行统治，修昔底德提到雅典卫城"铭刻僭主罪行"的石碑（6.55.1），他可能亲眼读到过那些铭文。[1] 修昔底德没有做进一步的评论，只是引用官方对雅典僭政公开的谴责，说他们是不义的统治。这种谴责影射到所有的雅典僭主，而非希庇阿斯统治的末期。

修昔底德一方面认为，希腊人以及雅典官方对僭主的评判是事实，即自私、放纵和残暴。另一方面，他突出庇西特拉图家族统治时间最长，强调其相对温和，但与通常的印象相比也只是小幅度的温和。这一限定某种程度上可能是作者对同时代人历史观念的批评，对他们的僭主形象的批评。这可以被看作修昔底德呼吁以区别对待的方式看待僭主，并非所有的僭主统治都同样暴力、非法和残酷。[2] 修昔底德挑选出一个传统，至少从积极的角度将庇西特拉图列为僭政的创始人。这一传统在亚里士多德的《雅典政制》（从而也是编年史传统）中达到顶峰。据说，庇西特拉图的僭政经常被称为"克洛诺斯（Cronos）的黄金时代"（16.7）。

---

[1] 更多细节见 Smarczyk（2006，页 508），Meyer（2008，页 24）说铭文上没有根据的指责只限于希帕库斯被谋杀以后。

[2] 如果这里指亚西比德，那也肯定是对专制的警告，而不是像 Palmer 认为的那样（参见注释 39）是为温和的僭政辩护。现代学术界完全没有注意到这种区别，因为其旨在构建修昔底德对雅典僭政的积极立场。Kallet 是一个明显的例外（2006，页 341—342）。有人会问，这一区别是否与修昔底德自己的论点（即人性始终保持不变）相矛盾，参见 1.22.4、1.76-77、5.105.2。

5. 一般来说，修昔底德对僭政的看法是负面的

修昔底德没有明确谴责雅典僭政。相反，他暗中谴责，并以同样的方式谴责"稽古"中笼统处理的早期希腊僭主。在最初（非评判性）的叙述中，修昔底德提到僭主的崛起，并将其与权力、富裕的增长联系起来（1.13；1.2 也有提到）。由于僭主并不是这一进步的发起者，这只是（导致僭主掌权的）希腊总体发展的一部分，尽管无疑是积极的部分。但此处没有证据证明，修昔底德对僭主有积极评价，说他们是当时经济、社会变革的有力推动者。[1] 修昔底德只有一次对早期希腊僭政做过价值判断，但并没有改变僭主统治基本负面的图景：[2]

> 只要是在希腊城邦中有僭主的地方，僭主们只预先关心他们自己，即人身安全和自己家族的壮大。管理城邦时，安全成为首要目标，除了与邻居冲突外，没有什么行动值得一提。（1.17）

众所周知，修昔底德将伯罗奔尼撒战争描述为人类历史上最宏大、最重要的事件。值得一提的是，他在史书中只给了僭主很少的位置。修昔底德只提到同代人对僭主预先的反应，他们认为僭主们具有非凡的经济和军事实力，注定要做大事。修昔底德在 1.13 中也提及这一实力，特别是由此产生的海军力

---

1 但参见 Barceló（1990，页 403），他自己对 1.13.1 的翻译是："僭政……国家税收增加的结果。"

2 参见 Diesner（1959，页 16）。Athenagoras 在叙拉古说"僭政和其他不义的权力集团"（6.38.3）是城邦的巨大威胁，尽管这是演说辞中的一面之辞，但人们对此并无争议。

量。但修昔底德在这语境下仅提及萨摩斯岛（1.13.6）的波利克拉特（Polycrates），他征服了一些岛屿，是僭主拥有强大舰队的范例。[1] 根据后面有关希腊僭主的一般性论断（1.17），我们必须把波利克拉特的扩张作为一次规模不大的行动，针对的只是邻近岛屿。[2]

6. 修昔底德对外交僭政和城邦内僭政有不同的判断

通过批评古代僭主没有进行任何伟大的事业，修昔底德进入到外交政策领域并揭示出一个根本矛盾。作为内政的独裁者和权力篡夺者，僭主可以任意违反城邦的价值和规则，使之服从于个人的利益。即便在修昔底德眼中，这也应受到谴责。同时，在（这些价值和规则并未失效的）外交政策中，僭主能够取得巨大的成就和认可，也没有变得不义。尽管历史上没有任何僭主实现过这一目标，但通过对盟友的统治，一个名为雅典的城邦做到了这一点。

在战争演说辞中，科林斯人两次将雅典称为僭主城邦（polis turannos），把这个词用作形容词（1.122.3、1.124.3）。这种想法出自雅典主要对手之口（他们推动伯罗奔尼撒半岛人发动战争），明确提出对雅典的指控，显然也是战争宣传的一

---

1 我不同意 Palmer 的观点，即修昔底德关于波利克拉特的评论是对僭主的积极评价（1980，页132、173及其后；1982，页108），波利克拉特曾将瑞尼亚岛敬献给阿波罗。相反，这是对该岛如何献给阿波罗中立的历史性解释。关于波利克拉特的海洋霸权，参见修昔底德 3.104.2。
2 有一种观点试图保持两种说法间的矛盾。根据这一观点，1.17 的说法指的只是爱奥尼亚僭主，因为前一句话只提到这一地区。参见 Barceló（1990，页405，n. 20），我认为他也夸大了修昔底德关于波利克拉特的言论。只限于爱奥尼亚人明显与文本中的"希腊"僭主不符。

部分。[1] 科林斯人警告说，如果不联手反抗雅典，伯罗奔尼撒的城邦就有被雅典征服的危险，成为"彻头彻尾的奴隶"（1.122.2），近乎波斯人对小亚细亚希腊人的征服。[2] 雅典统治与僭主统治之间有明显的相似，他们都把自己当作城邦内的统治者，都促使伯罗奔尼撒同盟更愿意对雅典开战。自相矛盾的是，人们一面愿意推翻城邦内专制者[3]，另一面却对雅典的僭政无动于衷：

> 我们甚至连自己的自由都无法保障，我们的原则是废黜任何城邦中的专制者，却允许一个僭主城邦统治我们所有人。（1.122.3）[4]

令人惊讶的是，雅典方面接受了这种宣传。伯里克利和克勒翁在演说辞中先后两次以名词的形式谈到雅典的僭主统治。对伯里克利来说，自由还是奴役对雅典至关重要。[5] 此外，丧失权力也是雅典的潜在威胁。这一思想在此处及许多地方都与 archē 或 archein 有关。（2.63.1）[6] 雅典人因其统治受到憎恨（2.63.1），因此无法再自由地放弃统治权（2.63.2）。下述与

1　Tuplin（1985，页352ff）对四个段落做了详细的注释，假设僭政与帝国的联系在修昔底德创作前就已经建立。Sancho Rocher 对此持反对意见（1994，页70）。

2　Scanlon（1987，页286—287、290）。鉴于其对爱奥尼亚城邦以及所有臣服者的态度，希腊人把波斯国王看作僭主的缩影。

3　修昔底德使用专制（monarchoi）可能是基于风格上的变化。科林斯人想到的是斯巴达人的口号，即在各地采取行动反抗僭政。众所周知，现代研究将其解释为完全是意识形态的举措，参见 Bernhardt（1987）。

4　如上所述，turannon 在这里被用作形容词，但被翻译成名词，以便更清楚地突出下面的对比。

5　Douleia（2.63.1）或 douleuein（2.63.3）。

6　关于这个不同于 hēgemonia 的名词，参见 Sancho Rocher（1994，页61）。

僭政的比较更有针对性地证明了这一想法："你们拥有的帝国就像一个僭政。"（2.63.2）修昔底德明确宣称，伯里克利去世后的继任者，民众领袖克勒翁完全放弃了伯里克利的审慎和自制力[1]，但伯里克利的表述到克勒翁这儿不再是比喻，而成为一种现实："你们拥有的帝国是一个僭政。"（3.37.2）[2] 公元前 415 年至 414 年冬，雅典使节欧菲姆斯（Euphemus）在卡马林纳（Camarina）演讲时多次将雅典的权力等同于僭政："对一个僭主或拥有统治权的城邦来说，有利的就是合理的。"（6.85.1）[3]

雅典在雅典同盟中的统治权和僭主对于一个城邦的权力，其共同点无疑是使用武力的本质。[4] 雅典凭借武力迫使盟友留在同盟中，正如修昔底德对**纳克索斯**（Naxos，1.98.4）叛离的描述。在前面伯里克利的评价（2.63.1）以及科林斯人的演

---

1 参见修昔底德 2.65.5 - 10、3.36.6；亚里士多德，《雅典政制》28.1 - 3。关于两个演说辞的差异，参见 Scanlon（1987，页 288—289）。

2 Gomme 指出了两个段落间的这一重要差异（Gomme, Andrews and Dover, 1945—1981, vol. I，页 175—176）。参见 Hornblower（1991—2008, vol. I，页 337）；Fantasia（2003，页 473—474）。大多数解释者还提到阿里斯托芬《骑士》1111 - 1114。有些出版商和译者甚至想删除 hōs 一词。

3 雅典内部也提出过这一指控，参见 Schuller（1978，页 11）的参考文献索引和 Tuplin 的评论（1985，页 357 及其后）。通过把亚西比德刻画为西西里僭主并将之等同于雅典全体民众，Smith（2009）在复杂的重构中进一步指出，在间接的意义上，雅典民众相当于潜在的僭主。

4 Schuller（1978，页 12—13）发现了更多结构上的相似性，但我认为这些并不专门指向僭政。学术研究中提到的各种相似性，如海洋霸权、增加贡赋以及对自治城邦的控制（参见 Morrison, 2006a，页 271），在我看来，这些并没有定论，如舰队的建设。Tuplin（1985，页 362ff）也对此持怀疑态度，他将僭主的基本特点界定为"不正当、不合法、不受约束的权力、对武力的依赖和傲慢"（页 366）。Scanlon（1987，页 299 及其后）也强调修昔底德著作中僭政的残暴性，但将之与僭主个体的性格密切联系在一起。在 Meyer（2008，页 23—24）看来，雅典成为僭主并不是因为对盟友使用武力，而是因为公元前 415 年后对自己的公民使用武力。但修昔底德的术语并没有反映出这一点。

讲（1. 122. 2 - 3）中，修昔底德还暗示，僭主势力限制了盟邦的自由。[1] 在伯里克利看来，此类政权的根基必然会涉及最低限度的奴役[2]，因此会被视为不义。"获取时也许不义，但放弃肯定危险。"（2. 632）[3]

尽管以这种双重的间接批评表明其与伯里克利的距离，但关于不义的确切位置，修昔底德仍未给出定论。在此前的评论中，修昔底德做过类似的表述，纳克索斯是"第一个违背既定习俗被奴役的结盟城邦"（1. 98. 4）。"para to kathestēkos"不是在正式的法律意义上违背最初的多利安同盟协定，因此也不能被理解为"违背法规"。[4] 学界的主流观点认为，这意味着"违反传统的城邦间法律"，"违反当时的希腊国际法"。[5] 如果关于惩罚纳克索斯的表述包含着对严厉程度的批评（我们仍看不出来这一点）[6]，这也不是修昔底德在伯里克利演说辞中的关注点。与科林斯人相反，修昔底德不想对雅典政治做道德判断。他的目的是解释雅典权力及统治的发展过程。但这种解释本身并非完全没有价值判断。[7] 在伯里克利演说辞的许多段落

---

1 参见 Schuller（1978，页 11）；Raaflaub（2004，页 129—130）。其他提到丧失自治的段落还有 3. 10. 5、3. 11. 1、3. 11. 3、3. 36. 2、3. 46. 5、6. 85. 2。

2 伯里克利当然否认科林斯人被"彻底奴役"（1. 122. 2）的指控，但他含蓄地承认某种程度的奴役。

3 除了即将到来的奴役外，是否还有进一步的危险，这仍是一个问题。关于从僭政中"辞职"的可能性，现代论述参见 Tuplin（1985，页 354）。

4 德语译文为"Gegen die Satzungen"，如 Landmann 或 Vretska/Rinner 的译本。

5 Scheibelreiter（2013，页 315—319）通过查证此前的文献令人信服地证明了这一点。另参见 Scheibelreiter（2011，页 156—157）。关于修昔底德著作中的国际法，参见 Wendt（2011）；关于学术传统，参见 Thauer（2011）。

6 Scheibelreiter（2013，页 319）："修昔底德认为，不公正的是惩罚的严厉性而不是惩罚本身。"关于奴役（douleia）一词的消极含义，参见 Raaflaub（2004，页 129）。

7 尽管有一些反对意见（Connor，1977b，页 104），研究者还是令人信服地证明了修昔底德的这一基本态度，参见 Rengakos（1984）和 Morrison（转下页）

以及其他多处，修昔底德不无赞赏地提到雅典的统治范围、城邦权力的扩张以及伯里克利对雅典统治的约束，尽管他极为严厉地批评了那种放纵的、不审慎的对于权力的贪婪。对于修昔底德这样的权力仰慕者来说，权力的主导地位已经达到临界。鉴于其过去的规模和重要性，雅典提升自己的地位达到合理程度（这是合法的），因此也不会自愿放弃这一地位。[1] 至于哪种类型的政制能使城邦扩张权力，修昔底德没有太大兴趣。但他很清楚，任何治理形式都必须通过其外交政策的成功来衡量。

7. 修昔底德把僭政作为统一的概念使用，同时以极其不同的方式评判实际的僭政

最后，我想强调一点，这很重要，却被大多数学术著作否定[2]或忽略。如前所述，研究文献分析僭政时主要采用区域划分的方式，或突出庇西特拉图家族僭政积极的一面。但修昔底德在所有相关的表述中都或明或暗地[3]使用了统一的僭政概念：僭政是通过武力统治。无论是个人还是雅典，僭主都通过武力来掌权，并用武力来维持权力。[4] 臣服于僭主的人都被剥

（接上页）（2006a，页 271），尤其是 Nicolai（1996，页 278—279）对早期研究文献的概述。这一评估站得住脚，即便人们认为 Leppin（1999，页 15—16）言之有理，他认为需要区分修昔底德著作中的演说辞和叙事（参见注释 38）。

1 Meister（2011，页 271）的结论是，修昔底德并不赞成无限征服的政策，只是描述史实。我认为这一说法相当审慎。

2 例如 Sancho Rocher（1994，页 75）。

3 由于修昔底德只是在简要描述中提到各类僭主，我们无法只基于这个理由评估修昔底德对僭主统治的"看法"。

4 参见庇西特拉图离题话中经常提到的保镖或雇佣兵。僭政统治对内对外所隐含的相似性存在于这一事实中，即当统治受到威胁时，武力的特点会变得更为明显，如在希帕库斯（6.59.2）被暗杀后希庇阿斯的统治（**转下页**）

100

修昔底德著作中的僭政

113

夺自由和自治，无论是在僭主统治城邦中的公民，还是雅典同盟中作为盟友的城邦。保险的假设是，（我们从修昔底德著作中发现的）这一僭政概念反映的是希腊人的普遍看法。但与理论家、卫道士和政治活动家相反，修昔底德对确切的定义不感兴趣。他既没有列出"僭政"形式的特性，也没有构建出任何类型。修昔底德对最终的评判也没有兴趣，尤其是道德评判。修昔底德就事论事地分析僭政和特定的僭主，只提及相关的行动者，不纠缠于细节。本文表明，我们能明确修昔底德自己对僭政的立场。作为本文的结论，我对这一立场做一下总结，共分为两部分。[1]

在内政的范畴内，修昔底德反对把僭政作为一种治理形式。[2] 这位史学家认同伯里克利的理想：城邦通过法律组建，受到所有人的照料。公民应等同于这样一个城邦，一方面享受个人的自由，另一方面则为共同的善做出贡献。[3] 这样的政权必然会被僭主统治所破坏。独裁者只照顾私利而非公益，主要依靠雇佣军而非公民的支持来维持其权力。[4] 并非每个僭主都推行可怕、任性的僭政，正如修昔底德本人对庇西特拉图和希庇阿斯的着重描述。在兄弟被谋杀后，希庇阿斯的统治才变得

（接上页）或第一次放弃纳克索斯岛后的雅典联盟（1.98.4）。参见 Schuller（1978，页13）和 Scanlon（1987，页293）。Hunter（1973，页124）注意到这种平行性，但认为雅典统治的过渡期要晚得多，是克勒翁在斯法克特里亚岛取得成功之后。Connor（1977b，页108）持类似的看法。

1　另一方面，Scanlon（1987，页302）提出对修昔底德进行统一的评估，僭政的负面特征只出现于统治者和被统治者的非理性行为中。但与之相反的是，在修昔底德的著作中，僭主统治的残酷是一种精心算计的理性行为。

2　参见 Diesner（1980，页11）。另参见 Barceló（1990，页424）关于古代僭主和庇西特拉图家族的论述："总体而言，积极的方面占多数。"

3　参见 1.18.1、2.35-46（尤其是 2.37）和 2.42-43。这个理想基本上独立于一个城邦特定的寡头制或民主制治理形式，雅典和斯巴达都可以提出这种理想。

4　参见 1.17、1.18.1（钦佩斯巴达从来没臣服过僭政）。

严酷、可怕。修昔底德的描述表明，僭主的仁慈是例外而非常态。僭政是否岌岌可危，完全取决于统治者的个性和特殊情境。如果僭主推行辉煌的外交政策，公民们从中分享自己的财富和荣耀，修昔底德可能会对僭政做出更积极的评判。但他不认为历史上的僭主取得了这样的成功（1.17）。

在外交政策范畴中，对于表现为或被称为僭政的政权，修昔底德有着完全不同的评价。对修昔底德来说，某种形式的"国际法"传统不应被破坏，正如雅典对盟邦叛离的处理（1.98.4）、对米洛斯人的征服。臣服的城邦不应受到彻底的奴役，不应完全被剥夺自由和自治。但这些标准含糊不清，修昔底德只是有所暗示。它们不具有像城邦政制一样的约束力。如果一个国家扩大自己的权力，建立统治其他城邦的霸权，它就会赢得修昔底德的钦佩。修昔底德不仅会佩服通过合法手段获得领导地位的城邦（如外交说服和经济、军事激励），还钦佩通过武力取得领导地位的城邦，即使其合法性存在争议（如雅典武力镇压叛离的盟友）。在这位史学家的眼中，雅典同盟的成功证明了极端手段的正当性。修昔底德还认为，一旦达到一定的发展水平，雅典就不会冒着巨大风险放弃其地位，这与伯里克利的话若合符契。[1]

1　从现代的角度来看，人们当然可以质疑这一推理。

第三部分

修昔底德著作中的秩序表述

政治的根基

——作为政治体制基础和限度的身体

欧文（Clifford Orwin）

为这一出色的文集撰写文章实属荣幸，因为其总体方法很对我的胃口。作为一名政治思想史学者，我对修昔底德的解读始终受到自己所关心问题的影响。我认为，修昔底德不是前苏格拉底派，而是原初的苏格拉底派（鉴于修昔底德与苏格拉底同时代，我可以说修昔底德是苏格拉底的同仁吗?），他已经找到路径通向苏格拉底政治的指导性问题。这就是本书关注的问题——政治体制。[1] 雅典和斯巴达两大政体是修昔底德著作的

---

1 关于修昔底德著作的特点，Spahn（2011）的思考颇有见地，他暗示，修昔底德是政治理论家，因为他所关注的是普遍性或人性，而史学家关注的是Umstand，具体处境或特殊性（3.82.2 对此有阐述）。对此，有人可能会说，在每种政治形势中，特殊性的关键要素恰恰是体制，而体制是政治理论家的特殊关切。与之相反，Leppin（2011）在文章中将体制问题（尤其是民主制）作为修昔底德关注的核心。

主要角色。我说的是两个政体，而非两个城邦，因为修昔底德已经掌握亚里士多德《政治学》卷三所精彩呈现的根本见识。以城邦名义所采取的任何行动，其背后总隐藏着一种体制，伪装为整体的一部分。

我们可以说，日常政治将这种欺骗视为理所当然。例如，普拉提亚的民主派一直稳定地管理着他们的小城邦，假装自己就是普拉提亚，并不担心有什么自相矛盾。修昔底德的著作没有任何迹象表明，城邦中规模较小的寡头派曾扬眉吐气过。这可能是民主制在普拉提亚根深蒂固，寡头派根本无法指望他们的话会有人听。只有在战争临近时，他们才蠢蠢欲动，不是在现有体制的框架内采取行动，而是求助于普拉提亚所仇恨的邻邦底比斯（2.2－6）。说得好听点：勇敢的底比斯朋友决心使普拉提亚恢复其应有的寡头制。在动荡的时期，这种体制的欺骗性微不足道：每个人都暴露出他属于哪一派，而各派的权威都存在争议，岌岌可危。是保留民主制还是使寡头制重新获得代表"普拉提亚"的权利，某个暴雨之夜就可以决出结果。

在本文中，我的主题不是体制本身的正当性，而是体制与城邦的另一常量"身体"的相互作用。身体的政治参与所遵循的模式与刚刚提到的体制模式相类似。由于体制问题在正常时期（如果我们将和平时期视为正常状态的话）处于政治的边线，从政治上来说，身体处于视线之外，不在人们的思考范围。身体潜伏在政治的视线之下，并不引人注目，它观察着自己的路线。身体是"次政治"的，既不是寡头制也不是民主制，而是强制和沉默地顺从。无论在何种体制下，身体会同样饥渴，同样关注健康和温暖，同样不受统治野心的驱使。

但是，战争使身体承受新的压力，这种压力在极端情况下

114

120

会使身体无法承受。由于自身的原因，而非政治的原因，身体可能成为对体制的一种威胁，正如在莎士比亚《科利奥兰纳斯》（1.1）中罗马民众所叫嚣的那样。即使是最根深蒂固的体制，其稳定性也是身体稳定性的人质。由于身体天生高度不稳定，体制可能会像玻璃一样脆弱易碎。

修昔底德著作中有两个案例众所周知：雅典瘟疫（2.47-55）和科基拉内乱（3.69-85）。瘟疫与身体的联系显而易见，但身体与内乱的联系只是通过修昔底德的证实才显现。两种情境截然不同，只将两者并置，我们才能充分领悟。

瘟疫

修昔底德按季度记叙战争的事件，在文本中，瘟疫紧接着出现在伯里克利葬礼演说（2.34-46）之后，这不仅仅是修昔底德的谋篇布局。修昔底德以这一顺序来编排，不但为了最大限度凸显其效果，还为了进一步反思其意义。葬礼演说和瘟疫构成了这部著作双联画（diptych）的第一幕。葬礼演说是对雅典体制的最大肯定，是对雅典最高抱负的修辞性表述。实现这些抱负的方法是超越身体的雄心。瘟疫似乎是对葬礼演说的回应，残酷地使这一雄心像皮球一样泄了气。

在伯里克利发表庆祝性的葬礼演说时，人们做梦也想不到会发生瘟疫。战争的其他罪恶与接下来发生的苦难相比都不算什么。没错，阿提卡乡村遭到斯巴达人入侵，伯里克利的战争政策造成了这一局面，这对在乡村拥有大量财产的富人格外痛苦。这项政策还导致大批难民涌入雅典城，他们在狭窄的窝棚过着悲惨的生活。但在这座大城邦的城墙内，在防守坚固的港口中，生活多多少少还像以前继续。

伯里克利葬礼的目的名义上是为了纪念在战争第一年牺牲

的雅典人，人数似乎不过六七个（参见 2. 22. 2）。[1] 城邦没有陷入深切的哀痛。伯里克利抓住时机对民众进行恭维和劝诫。[2] 伯里克利把他们描绘得很好，同时劝告他们要变得更好。伯里克利敢于号召他们拥抱一种新的、更崇高的幸福观念。他呼吁所有雅典人，无论男女老幼，要抛开个人利益。而大多数人在大部分时间里都生活在这种个人利益中，关于生活、家庭和财产的那些实实在在、平平淡淡的东西。[3] 这些东西都以身体为中心：身体的安全、舒适以及由此产生的亲属关系。在葬礼演说中，伯里克利从始至终一直在批评这类东西。普通百姓不关注演说辞中所说的雅典，他们关心的是柴米油盐。这是一个卓越者的城邦，他们对身体的需要漠不关心。科林斯人此前在斯巴达对雅典人进行指责，强调他们对斯巴达所造成的威胁。科林斯人说"他们把身体献给城邦，仿佛它属于他人（1. 70. 6）"，这一点在伯里克利的葬礼演说中得到了确

1　参见 Bosworth（2000），页 4 至 6。在对人员伤亡做了详尽的调查后，他认为，人数的稀少令伯里克利陷入尴尬。

2　关于伯里克利演说辞的修辞策略，对其更全面的解释和早期学术研究的参考书目，参见 Orwin（2011），页 15 至 29。近期值得注意的研究包括 Saxonhouse（1996），页 61 至 71；Crane（1998），页 312 至 322；Monoson 和 Loriaux（1998）；Ober（2001a），页 84 至 89；Balot（2001b）；Flanagan（2007），页 149 至 212；Foster（2010），页 190 至 198；泰勒（2010），页 64 至 74；Balot（2014），第 2 页；Burns（即将出版）。很笼统地说，相对于以前占主导地位的解释范式，这些作者都在一个关键领域取得了进步：他们认识到，尽管修昔底德在 2. 65. 5 - 13 对伯里克利进行了（较为克制的）赞扬，但他对伯里克利的整体呈现意味着对伯里克利雅典视野的强烈不安。有人认为修昔底德有亲伯里克利倾向，铁杆的支持者包括 Cawkwell（1997）和 Kagan（2009）。Will（2003）将这种观点推向极端，他主张伯里克利是著作中享有特权的角色，修昔底德为证实自己的观点精心构造这一人物。就像将要看到的那样，我们支持其他一些人的看法，他们察觉到作者修昔底德的观点与其笔下人物伯里克利的观点存在着巨大的差异。

3　参见 Balot（2001b），第 515 页："伯里克利的……视野要求雅典人放弃对私人财富的依恋。"

认。雅典使节在这场合对科林斯人做出回应，强调雅典无与伦比的勇敢和热忱不是为了自己的利益而是为了抗击波斯侵略者。即便如此，他们使雅典和斯巴达之间的差异最小化在这一场合还是适宜的。伯里克利现在夸大两大城邦间的差异也是适宜的。

伯里克利说雅典人对身体漠不关心，我的意思是，首先他们不关心与身体相关的个人利益，如财富和亲属关系。但这种冷漠的顶点是随时准备为自己的城邦献出生命。伯里克利对阵亡者做了下述颂扬，这是行文的高潮，也是葬礼演说的修辞巅峰：

> 他们把生命献给共同的事业，获得了不朽的赞誉和最好的坟墓。坟墓不只是他们安眠的地方，还有他们在记忆中永存的名声，他们将在言辞和行动中得到缅怀。整个大地都是名人的坟墓，故土有铭刻其事迹的纪念碑，他乡有不成文的纪念，不是刻在石头上，而是刻在人们的心里。
> (2.43.2-3)

这一文采斐然的段落意味着对身体重要性的有力贬低。雅典人应把非肉体的存在看得高于自己的肉体存在。他们肉体的自我不如他们留给后人的高贵形象重要。伯里克利以一种不寻常的语言风格表明了这一点。谈到阵亡者时，他说由于将身体献给共同体（koinēi），每个人都得到一种永不衰老的个人（idiai）名声。其含义是，与为之牺牲身体的声誉相比，身体并不完全属于自己。

伯里克利因而将对阵亡者的记忆与埋葬他们的身体分离开来。在古老的雅典，就像我们自己的社会一样，对逝者的纪念都是在墓穴旁进行的，这些墓穴通过保存、标识身体的遗骸来使对死者的记忆不朽。但伯里克利贬低庄严的葬礼，其演说辞本来不过是这一葬礼的附属品。坟墓位于故乡雅典的某个具体地点，时常有雅典同胞光顾。它难以胜任伯里克利赋予阵亡者使记忆永存的任务。突破阿提卡甚至希腊的空间界限，对每个阵亡者的记忆必须渗透到任何地方。这种记忆将超越时间、空间的全部限制，而他们个人的身体或者坟墓（其身体的贮藏地）做不到这一点。我们还可以补充说，通过葬礼这一古老的惯例（葬礼演说是其最新颖的特色），为城邦牺牲的人被埋葬在一个公墓中，这使他们的记忆一同得以永存。[1] 他们从属公元前 431 年、前 430 年的部队等等。伯里克利要建立一个臆想的坟墓或者说一个臆想的、独立于任何坟墓的墓志铭，以确保给予阵亡者他所承诺的个体性。用玛拉（Gerald M. Mara）的话说，"激励着雅典的是对战胜死亡的名声或杰出的追求"[2]。

通过大胆地尝试解决特殊与一般（按我们的说法，"个人与社会"）的问题，伯里克利暗示着一种对日常自我观念的激进修正。当然，这些概念很复杂：我们既了解也不了解作为自我的身体或者说什么才是最属于自我的东西。虽然意识到身体

1　尽管我们知道雅典人竖立起一些纪念碑，刻上在具体战役中阵亡者的名字，但这些纪念碑不是坟墓。修昔底德（2.31）已经阐明，战争中某一年阵亡者的尸骨被收集起来，并通过共同仪式被葬入公墓。如果阵亡者的名字刻在坟墓上，修昔底德也会隐瞒这一事实。Crane 认为，通过向每个雅典公民提供一个比由贵族家族所修建奢华墓葬更精美的坟墓来纪念阵亡者，"这一极为浓缩的段落建立并拓展了贵族葬礼的意识形态意象"（1998，页 314 至 316）。当然，伯里克利走得更远，为每位阵亡者提供一种记忆中的不朽，这等同于或者说胜过杰出贵族（荷马史诗中的英雄）的不朽。这代表着演说事业的一个巅峰，将以前仅由贵族精英享有的特权扩展至所有雅典公民。参见 Loraux（1986），页 15 至 76。

2　Mara（2008），第 114 页。他分析的不是葬礼演说，而是伯里克利最后一篇演说辞（2.60‑4）："伯里克利在这里将葬礼演说对于无限名声的认知扩展至将整个地球作为城邦自身坟墓或纪念碑的杰出人物。从某种意义上说，这将个人对声誉的热爱重新政治化。否则，这种热爱可能会把城邦的福祉作为个人功业的手段。然而，它把雅典当作一位放大了的名人，使热爱名誉的勇猛之人将其重点放在作为整体的共同体上。"Mara 正确地捕捉到，伯里克利"热爱城邦"的含义确切地说是"热爱名声"。

是我们个性的可感知的核心，但我们反对将个性缩减为身体的观念。我们的渴求超出了身体的允许。伯里克利通过切断自我与身体的联系从而斩断戈尔迪之结（Gordian knot）。雅典人可能因此获得不死之美，这对身体来说不可能实现。最自我的东西不是他们的身体，而是等候他们的光辉记忆，因为他们随时准备为城邦牺牲身体。只有从自我的观念中脱离出来，他们才能超越拥有各自身体所产生的分化，从而在城邦中建立真正的共同体。[1]

伯里克利所推动的雅典视野培育出对身体的距离感。身体被揭露为虚假的自我，一个阻碍我们上升到真实自我的束缚和障碍。相反，伯里克利的方式意味着一种对城邦的极力提升。人们设想一般与特殊相对立，其实并非如此，共同体是所有公民实现各自特殊性的手段。通过献身于城邦，每个人都为自己赢得不尽的荣耀。只有基于伯里克利的主张，城邦才会给予永恒（每个人最深切的向往），伯里克利才可以对被爱欲所捕获的公民继续其崇高的劝勉（2.43.1）。[2] 只有城邦才能帮助人们实现最值得实现的渴望。[3]

---

1 关于这一点，参见 Saxonhouse（1996）的精彩分析，页 61 至 71。

2 Hornblower（1991—2008，卷 1）注意到，有可能将这句话解释为，公民爱欲的对象不是城邦而是城邦权力。尽管流行的解读有更大的可能性，但这种模糊凸显了城邦的权力，其通过赋予个人以不朽性来唤起公民爱欲。

3 关于这段话，参见 Monoson（1994）、Crane（1998，页 318 至 321）和 Balot（2001b，页 510 至 512）。Crane 深入探究现有文献中出现的这一隐喻。Balot 认为，"成为城邦的爱人对雅典人来说既理性又审慎，因为他们的城邦及其民主精神保障了公民的自由和他们个人的兴盛（eudaimonia，页 512）"。但我要说的是，正是这种兴盛号召公民为城邦冒险，唤醒其爱欲的是更高层次的整体兴盛、城邦及其权力所赋予的不朽。因此，伯里克利对待爱欲的方式与柏拉图的方式之间的联系要比 Balot 所认可的更为接近（参见 Balot, 2001b，第 510 页）。对柏拉图来说，不死的理念是其最终的目标。有论者认为修昔底德对爱欲的处理有悖于诗歌传统和哲学传统，关于这一点的深刻分析，参见 Ludwig（2002），页 121—169。

伯里克利战略的自相矛盾显而易见。我们的特殊性始终存在，身体的分离性就是其源泉和核心，但身体已经被从特殊性中剔除。现代读者倾向于将伯里克利的虔诚与基督教的虔敬进行对比，基督教就特殊个体的永生给出了完全不同的承诺。但要把握伯里克利的极端主义，更有用的办法是将其立场与当时居统治地位的宗教进行对比，即以荷马为基础的希腊式感悟。伯里克利对荷马和常识的赞同之处是，把特殊性的全面落实（the full actualization of their particularity）作为人类的巅峰，而不是像柏拉图那样超越人类的特殊性。伯里克利进一步跟随荷马，在最全面的意义上呈现我们的特殊性，这完全不同于身体的特殊性，因为荷马也将人类的自我或灵魂描绘为某种脱离身体而存在的事物。

然而，当涉及把战士的死呈现为死后回归自我时，伯里克利与荷马断然决裂。荷马把光荣战死描述为从自我决定性地出离。灵魂为与身体分离而悲泣，其经历是一种痛苦的放逐，灵魂再也不能回到身体。荷马式的灵魂需要一个家，失去了身体，灵魂现在无家可归。这个灵魂还不过是身体的幻象。几百年后，拉丁史诗的创始人、毕达哥拉斯信徒恩尼乌斯（Ennius）将荷马引为同道。作为冥府的一道阴影发言时，恩尼乌斯的荷马对阴影和灵魂做了区分：灵魂迁移后，身下的阴影要比灵魂少很多。[1] 我认为，更好的说法是，荷马式的灵魂使身体存活下来，作为以前肉体所承载自我的一道阴影。灵魂在冥府中空无所依，漫无目的地游荡，语无伦次地絮絮叨叨，这些都证明了身体的至高无上。

通过对身体的抽象提炼，伯里克利完成了对冥府（身体的消亡）的抽离。伯里克利承诺以普世荣耀的永恒阳光替代那吞

1　卢克莱修《物性论》1. 106 – 116。

噬一切的黑暗。只有以这种荣耀以及与之相对应的雅典人不可超越的美德为前提，伯里克利才能宣称雅典人不需要荷马。实际上，我们不难得出这样的结论，即伯里克利将自己塑造成新的荷马，一名游吟诗人，依仗其修饰的技艺歌颂一种崭新的、更平民化的美。我们已经触及修饰的一个层面，伯里克利对公民美德过于夸张的赞美。他还试图通过麻醉（anesthetization）对死亡进行某种美化。我在慎重考虑后决定使用"麻醉"这个词：伯里克利明确提到死亡（thanatos），同时加上形容词"感觉不到的"（anaisthetos）。他暗示，战死要优于其他死亡，因为无意间被死亡俘获，人们不会有死亡的体验。实际上，anaisthetos 当然暗示一个人根本没有经历过死亡。伯里克利号召雅典人不要直盯盯地看死亡，要把目光从死亡移开。对死亡的抽象，加上对永恒荣耀的保证，这使伯里克利对于诸神保持着令人惊讶的沉默。[1]

瘟疫很快让雅典人想到死亡，想到他们对可疑的诸神眷顾的依赖。伯里克利曾声称，超越对自己身体的依恋，他们就在德性上胜过所有其他人。身体紊乱所造成的无法忍受的痛苦将剥夺他们的这一美德。[2]

修昔底德详细介绍了疾病的各个阶段，他自己得过病因而能更好地观察症状。他毫无保留地描述所有症状，还有瘟疫造

---

[1] 关于葬礼演说的不敬神（与其他现存雅典演说辞明显形成反差），参见 Flashar（1989），第 459 页。关于修昔底德对荷马的批评，参见 Orwin（1989）。

[2] 关于葬礼演说与瘟疫关系的近期研究，参见 Monoson 和 Loriaux（1998），页 288 至 290；Shanske（2007），页 50 至 52；Foster（2010），页 202 至 210；Rechenauer（2011）。同我一样，Foster 认为，修昔底德对瘟疫的记叙是其批评伯里克利视野充分性的核心所在，但她对批评有着不同的理解。我的立场更接近于 Monoson 和 Loriaux，尽管他们在整篇文章中对"道德和习俗规范"的肯定忽略了修昔底德对这些准则的批评：修昔底德不是一个"斯巴达人"（更不用说"米洛斯人"了）。

成大量死亡时各式各样的死法。他使我们沉浸在一个遭受痛苦的病体所呈现的可怕的物理状态，我们对此无法超越，倍受困扰。一旦感染，我们就无法从身体逃脱，也无从转移注意力。修昔底德指出，体质无论强弱，人们都不能幸存。仿佛瘟疫设计好了要凸显身体本身的脆弱性。

修昔底德对瘟疫症状的描述非常细致，他同样关注瘟疫的道德影响。

> 在这一切痛苦中，最可怕的是，得知身患这种病后，人们陷入懊丧气馁（athumia）。他们在头脑中立即确定结果没有希望，放弃的可能性要比抵御疾病大得多。（2.51.4）

并非所有的雅典人都屈服于这种倦怠。有些"自称有美德的人以不探望朋友为耻"（2.51.5）。对这些人来说，瘟疫同样致命。修昔底德所呈现的世界并不区分我们当中最好的那些人，就此而言，好人死于瘟疫不是其唯一的一个层面。

修昔底德进而讨论葬礼习俗（希腊虔诚的关键要素）的混乱，大量人员的死亡使得人们不可能提供一个像样的葬礼，可怜的幸存者争抢火化柴堆（2.52.4）。尸体被扔来扔去，因为没有火化柴堆的幸存者竭力抢占那些有柴堆的人。回想起葬礼演说（2.34）中庄严的葬礼，我们会为雅典人悲泣。

> 在其他方面，瘟疫开启了城邦中无法无天的行径。人们明目张胆地做此前偷偷摸摸且不纯粹为了高兴而做的事情。因为他们看到了突然变故，富有的人突然死去，此前一无所有的人立即拥有这些人的财产。他们因而决定迅速挥霍财物追求享乐，认为身体和财富都是朝生暮死。没人

渴望为了人们认为好的东西继续坚持，因为拿不准自己是否会在实现这一目标前死去。及时行乐以及有利于此的事情就被看作好的、有用的。(2.53.1–3)

雅典极其痛苦地遭受着我们所说的表象衰落（decline of appearance）。修昔底德暗示，大多数公民做事总是为了自己的快乐或利益，但都是偷偷摸摸地做。他们以值得尊敬的且负责任的方式追求着自己的快乐。但这一设定有特定的时间框架：有足够的时间秘密地成功实现他们的愿望，还有在大地上生活的时间。他们的克制取决于对明天的设定，而瘟疫反驳了这一设定。

最令人心酸的是高尚者（to kalon）的命运。伯里克利曾描述说雅典人活着是为了死后的名声。把眼光放得最为长远，他们将获得最持久的名声。伯里克利要求雅典人以最遥远的后人的视角来回顾他们的生命，并以此指引自我。瘟疫揭示出这种视野的虚幻。大多数雅典人坚持追求荣誉，前提是他们在有生之年能收获荣誉的好处。只要生命无限延长，这就足以支撑一个对于荣誉的承诺。瘟疫袭击了这一前景，摧毁了一切。荣誉不再限制雅典人沉迷于当下的享乐，反而实际上支持这种放纵。"及时行乐以及有利于此的事情就被看作好的、有用的。"荣誉不那么容易死：瘟疫能颠覆荣誉却无法废除荣誉。人们鄙视曾尊敬的东西，尊重曾鄙视的东西。

对诸神的敬畏和人的法律都不再是约束：由于看到所有人毫无区别地死去，他们认为无论虔敬与否结果都一样；没人能指望活到因犯罪而受到正义的审判和惩罚。他们觉得，一项更严厉的判决已经对每个人做出，正悬在人们的头顶上。他们认为，在判决落下来之前享受一下生活

合情合理。(2.53.4)

众神更青睐照顾某些人，这可能只是一种幻想。但在正常情况下，至少有一部分虔敬者红火兴旺，因此所有虔敬者都抱有希望。瘟疫碾碎了所有此类的希望。雅典人可能会想，当他们需要时，诸神在哪里。他们因而证实，以前虔敬有赖于自己不需要诸神。当社会稳定时，诸神对我们的忽视显得不那么明显，也不那么痛苦。

现在来看人的法则，他们的命运证明与荣誉的命运相平行。关键的考虑因素是时间框架。由于不再寄希望于活到收获好名声的好处的时候，他们也不再害怕活得足够长为罪行付出代价。霍布斯可能从修昔底德的这段话中学到了很多东西：无论如何强大，没有权力能有希望震慑住人，除非他们还没有惧怕它。正如瘟疫改变而非废除了荣誉的观念，其未来的受害者也保持着对正义的依恋。反讽的是，这种依恋现在助长了以前的犯罪浪潮。他们认为，沉迷于非法的快乐才公平。因为他们遭受了瘟疫，这已是对他们的惩罚：希腊短语 katepsēphismenēn 指陪审团做出的判决。刑罚都已经宣判，谁还能仇恨他们的罪行？

这似乎没有意义。不存在什么陪审团，疾病不是不公的判决或者说根本就不是判决。瘟疫背后没有思想或意志，因此也没有什么值得愤慨。瘟疫与正义无关。但修昔底德在这里揭示出一个深刻的真理。尽管可能不理性，我们感觉对自己的身体及其生命拥有权利。当身体受到威胁时，我们会做出愤怒的回应，就像遭受不公时一样。这种基于身体的正义感独立于体制并对体制构成潜在威胁。如果修昔底德的其他记叙揭示出各种体制的缺陷，关于瘟疫和内乱的段落则暴露出此类体制的局限性。[1]

内乱

瘟疫主要限定在雅典（至少在希腊是如此），但内乱蔓延到了整个希腊世界。这就是为什么在记叙第一次内乱大爆发（战争第四年在科西拉）后，修昔底德详尽描述了内乱的一般现象。在以自己的名义对所记叙事件的评论中，这段话是修昔底德篇幅最长的评述。[2] 身体又一次走到记叙的前沿，修昔底德明确提到身体时非常简洁。

> 在和平或好的境遇中，城邦和个人性情较为温和，不会做那些虽不愿意但不得不做的事情。但战争是暴力的老师，剥夺了人们原可轻松获得的日常所需[3]，使大部分人的性情随境遇而变化。（3.82.2）[4]

1　在本书所选的文章中，Ryan K. Balot 指出，伴随着瘟疫的并没有政治替罪羊，但我们记录的其他瘟疫都有此类事件。雅典人怀疑斯巴达人在比雷埃夫斯的水井中投毒（2.48.2），还怀疑诸神，因为德尔菲神谕宣称阿波罗支持斯巴达人（2.54）（参见《伊利亚特》开篇中著名的瘟疫）。雅典人最近乎内部不和的是，他们将许多麻烦归咎于（并惩罚）伯里克利（麻烦包括瘟疫，但不仅限于此；参见 2.59.1-2、2.63.2 以及伯里克利在 2.64.1 中的辩护，瘟疫是一个无法预见的恶魔）。我同意 Balot 的观点，即面对瘟疫没有分歧表明人们对城邦的高度信任。同时，这也属于修昔底德对瘟疫去政治化的描述之一。

2　关于这一异常丰富、复杂和难懂的段落，参见最近的分析，Euben（1990），页 187 至 194；Price（2001）；Balot（2001a），页 137 至 142；Shanske（2007），页 76 至 80。关于伯里克利式的勇敢与内乱的联系，参见 Monoson 和 Loriaux（1998），页 290 至 292。

3　古代考订者和 Krüger 将 biou 放在 to kath'hēmeran 后面。

4　这句话难以理解，参见 Price（2001），页 26 至 27。对于将 biaios didaskalos 译为"暴力的老师"，他做了强有力的论证（但不粗暴）。我们或许应该认为，修昔底德故意使这一短语模棱两可，从而产生两种都合理的解读。

修昔底德戛然而止，对内乱的冗长说明没有再提到过身体。随着修昔底德描述的恐惧不断堆积，我们很容易忘掉身体，描述党派争斗时更是如此。各党派满脑子都是胜利和复仇，似乎已经完全忘记身体。这句话仍是修昔底德分析内乱的关键所在。如果说瘟疫推动产生一种对体制有毒的漠不关心，内乱则产生于身体对于体制的依赖。

在日子较好时，大多数人有"更好的想法"，不会将外国武装引狼入室，这是因为这些想法得到了身体舒适性的附议。他们不会由于**怀疑和富余**（颠覆他们与体制内对手之间的力量平衡）而危及确定性和必需品（继续照顾和喂养身体）。修昔底德将是最后一个否认我们天生自然怀有统治野心的人。但他建议，在安逸时，我们对为这一目标冒险会犹豫不决。我们自我克制，不是因为内心节制，而是因为不想扰乱计划。得到身体的附议时，大多数人能过上体面的生活，条件是他们能得到身体的附议。

身体原本是政治变革的巨大拖累，一旦支持变革就会具有决定性的分量，这时内乱便接踵而至。感觉到身体的舒适性受到威胁时，我们便放弃审慎，变得过于冒险。怯懦通过战争的迫切性产生内乱的疯狂。我们采取考虑不周的、明显有害的鲁莽行动（tolma... alogiston），这只是出于理由充分的对自身安全的担心。最后一个短语是条件，实际上，在内乱状态下，考虑不周的大胆阐明了谨慎行动的特征。陷入普遍性的狂热不是因为我们疯狂或变坏，而是因为我们是理性的参与者。形势所提供的此类安全如此过分地依赖暴力，为了战胜对手的暴力，再暴力都不为过；为了胜过对手的背叛，再狡猾也不为过。我们无法承受在争斗中一成不变，只能比周围的人更强大，只能战胜（并非由于自身的过错而）强加给我们的机运。

任何践行过时美德（首先以节制的形式出现）的尝试都是

一种束缚和幻想。因为我们无法将美德的各种观念与快乐分离开，因此确切地说，就结果而言，这些观念无助于适应业已发生根本变化的形势。在我看来，关于内乱的这一段，就是我们必须要理解的两个最突出的特征，把战争比喻为"暴力的老师……使大部分人的性情随境遇而变化"以及关于"改变含义的词汇"的大段论述。[1] 两者都突出了表面的美德对于处境的极度依赖。

对于修昔底德这些论述内乱的、令人胆寒的章节，人们通常将其解读为谴责。但它们不是。就像政治学家喜欢说的那样，它们是描述而非规范。修昔底德没有像道学家那样批评党派的狂热。（确认这一点的第 84 小节是伪造的。某个古代读者敏锐地意识到修昔底德缺少这种说教，于是决定自己补上。）相反，这段话表明，为什么不可能出现另一种情况，为什么"只要人性不变，那些事件将会以这样的或类似的方式再次发生"。除非人性出现变化，否则结果会一直如此。人们无法逃脱内乱的恐怖，因为我们无法逃脱自然。

尽管存在种种差异，关于瘟疫和内乱的记叙有着至关重要的关联。[2] 两者都揭露出这一真相，任何社会的日常美德都有赖于对**一个没有麻烦的身体**的默认。它们意味着对于日常繁荣与秩序某种不满足的观念。如果多伦多是个好地方，那不是真的因为（至少不是主要原因）多伦多人是那么好的人。他们如此之好是因为多伦多是一个如此好的地方，日常生活的紧迫性支撑着大多数人相互间的礼貌。

每个正派的社会都会有某种装模作样。修昔底德既没有谴责也没有劝勉。他告诉我们接受所能得到的并为此而心怀感

---

1 在我看来，最后一句翻译得不准确，但由于已经约定俗成，我们将其保留。
2 Orwin (2011)，页 173 至 184。

激，尽我们所能维持那些支持节制的情形，即便有些节制是装出来的。最重要的是，修昔底德教导我们要明白貌似坚实之物的脆弱性。[1] 尽管一个真正杰出的体制能培养出比大多数人更能控制身体的公民，但这一体制不是雅典而是斯巴达。最后，甚至连斯巴达的节制也取决于公民们没有挑明的设想，即黑劳士所构成的危险。修昔底德先于柏拉图和亚里士多德提出这些思想，这不仅体现在清醒节制。

1　关于这一维度，近期的研究参见 Foster（2010）。

"统治海洋"

——修昔底德的概念还是伯里克利的乌托邦?

科普（Hans Kopp）

一、引言

在世界各地，不同学科的学者、军人和政治家都对修昔底德特别感兴趣。这源自一种想法，即《战争史》有一种根深蒂固的"普遍主义"（正如莫利在第 2 章中所说）。读者希望找到指导方针，吸取军事战略方面的教训，从其文本中提取理论，并有效应用于公元前 5 世纪历史背景之外的其他场合。用修昔底德自己的话说，他的史书是"垂诸久远的财富"（1.22.4）。这表明，修昔底德感兴趣的不仅是分析、描述某个具体的历史处境，还要归纳总结一般性的教训。史书的"用处"暗示，这实际上可能是作者自己打算采用的方法。[1] 本文探讨的是与修昔底德有关的涉及海权和海洋统治的"教海"和"理论"。但这种方法有其内在的难题，谈到 20 世纪 40 年代、50 年代对修昔底德的解读时，康纳（Robert Connor）指出：

> 同样，对文本的普遍假设使政治哲学家和政治科学家轻松地从文本中提取出一系列假设来支持其关于帝国、民主、现实政治的政治观点……至少这是一种取巧的方法，将修昔底德看作一名思想家并从其著作中汲取某些有用的信息：和平自由需要权力和常备不懈；大国必须强硬，时刻保持警惕；如果指挥得当，海洋强国应比陆地强国更有战略优势。人们当然会对这些推论有争议，毕竟修昔底德没有明确阐述这些观点。但将修昔底德文本看作内涵丰富的论点似乎并无不妥，人们将之解释为一个连贯的体系"修昔底德政治哲学"，甚至是关于政治科学的一系列法则。[2]

在这些"有用"但也"有争议"的讯息中，修昔底德明显感兴趣的是海权和海洋统治。修昔底德是海权理论家吗？在修昔底德著作中，我们找到了某种海洋空间秩序的观念吗？将修昔底德视为海军战略以及海洋帝国意义的先知，这一传统同修昔底德的现代接受史一样悠久。在 16 世纪后期，为了说服皇室建立一支海军，英国皇家顾问称修昔底德已经知道"成为海洋霸主有多么重要"。[3] 在以后的时代，修昔底德仍是海权方面的权

---

1 关于修昔底德史书的"用处"，参见 Raaflaub (2013)。

2 Connor (1984)，页 5。

3 引文出自 John Dee 的《完美的航海技艺》（*The Perfect Arte of Navigation*，London，1577；reprint Amsterdam：Da Capo Press，1968，p. 38）。参见 Armitage (2000)，页 106；Hoekstra (2012)，页 28。

威。1899 年，在给《大不列颠百科全书》写的词条中，英国皇家海军军官、澳大利亚舰队司令布里奇（Cyprian Bridge）爵士说，如果领导人更严格地听从修昔底德的建议，大英帝国本可以省去很多麻烦。在他看来，在现代海军理论家"重新发明"海权以前，这位雅典史学家许多年以前已经创造出这个词：

> 这个词两千多年以前就在另一种语言中使用，这可不仅仅是对文学感兴趣。在马汉以前，没有任何史学家比修昔底德更准确地理解海战的一般原则，即使是专门致力于叙述海洋事件的史学家。修昔底德多次提及统治海洋的重要性。如果英国作家像修昔底德那样掌握防御的真正原则并以之指导大众，这个国家本可以避免一些灾难，不会那么多次置身险境。其史书中有一段话值得一提。简而言之，就海权这一主题来说，修昔底德是马汉的前辈。[1]

布里奇词条后面附的是伯里克利的名言（修昔底德，1. 143. 5）：统治海洋事关重大。时至今日，现代希腊海军的徽章上依然刻着这句话。

　　这种观点今天被视为理所当然，即修昔底德是海军思想的古代权威，如果不是唯一权威的话。在盎格鲁-撒克逊国家的海军学院中，例如位于罗德岛纽波特（Newport）的海军战争学院，修昔底德的《战争史》是"战略研究的伟大基础"。[2] 自 20 世纪70 年代早期以来，这本书已成为海军战争学院的必读书目。[3]

1　Bridge（2013），页 4—5。关于修昔底德对 20 世纪英国海军理论思想的影响，参见 Modelski 和 Thompson（1988），页 8。

2　Rowlands（2012），页 91。

3　关于海军战争学院中的修昔底德研究，参见 Swartz（1998），页 273—274；Stradis（2015）。

人们普遍认为，海洋战略的现代史始于修昔底德。[1] 古典学家和古代史学家都赞同这一看法。在分析伯里克利阐述其战争规划的第一篇演说辞时，作为 20 世纪修昔底德学术研究中无可争议的"女神"，德罗米莉（Jacqueline de Romilly）以自己的权威性肯定了这一观点。"关于海军的所有现代观念，有时还包括空军和导弹的某些观念，都基于同一想法。修昔底德可能是关于现代战略军备的第一位理论家。"[2] 在她看来，修昔底德为现代读者提供了"一种关于雅典统治海洋的可能性的真正理论"。德罗米莉甚至声称，伯里克利关于海军和权力的"全部理论"构成了"修昔底德自己分析的基础"。[3]

这种看法初看上去有着牢固的文本基础，尽管许多现代学者提出强烈的警告，反对将一种全面发展的、连贯的海权观念套在修昔底德头上，如斯塔尔（Chester G. Starr）。[4] 但无法改变的事实是，海权是修昔底德叙事中的重要因素。修昔底德不仅有大量的战役叙事描述海战和出色的战术机动，而且其对希腊早期史的勾勒（即"稽古"）表面上看似乎是一种海上霸权的交替。[5] 此外，人们通常认为，修昔底德通过伯里克利来发言，后者在叙事中两次反思海权的优势、目标和长期的可能性。[6] 德罗米莉认为，这些演说辞具有很大的说服力和普遍

---

1 Heuser (2010)，页 201、207、222。关于战略研究中的修昔底德和海权，参见 Neville Morley 在本书文章中的介绍。

2 de Romilly (1991)，页 26。

3 de Romilly (1963)，页 37、118—119。

4 Starr (1978)，页 346。

5 关于这种观点，参见 de Romilly (1963)，页 67—68；Constantakopoulou (2007)，页 92。

6 在概述海权概念的历史发展时，Modelski 和 Thompson (1988，页 5) 甚至假设，这个词源于希腊的"海上霸权"（thalassocracy），"与 Pericles 的职业有关联"，他们将这个词视为修昔底德著作的"核心"。

性，以至于可以被看作修昔底德（而不仅是伯里克利）的"海权理论"。[1] 这就是为什么修昔底德被誉为"第一位现代战略理论家"，现代最重要、最具影响力的海权理论家马汉的"前辈"。马汉的名字几乎成了海洋帝国主义以及以海洋为基础追求全球统治的代名词。

本文将对这些假设提出挑战。它提出一个关键问题，使几乎所有对修昔底德的解释受到了挑战。史书中的某些文本段落，如上述的伯里克利两个演说辞，是否应被看作抽象原则的积极表述并包含修昔底德希望向读者传达的讯息？还是应该通过叙事以及事件根据叙事展开的方式来"检验"这些文本段落？这意味着，这些段落只有根植于文本时才会揭示其真正的含义。我对这些问题的处理方法受到了康纳和斯塔尔开创性著作的启发。[2] 我认为，修昔底德叙事中的史实性事件与希腊悲剧中的合唱具有相同的目的：挑战主角的假设并提供替代性的观点。在修昔底德的著作中，这有时会在演说辞与现实在叙事中的展现方式之间产生一种具有讽刺意味的张力。[3]

伯里克利在葬礼演说中对雅典民主进行高度赞扬，接踵而至的瘟疫则对人类身心进行灾难性摧毁。这种直接的对抗把修昔底德著作中的辩证视角体现得淋漓尽致。不过，欧文和巴洛特在本书中有不同的看法，这种解释也可以受到挑战。我的观点并不新颖，即只有以这种方式对行动（erga）和言辞（logoi）

---

1 从军事角度尤其是海军理论看伯里克利的演说辞，参见 Raaflaub（2001），第 315—318 页；Schulz（2011，页 84—85）把修昔底德关于海军理论的见识作为其历史分析的指导性结构要素。

2 Stahl（2003）；Connor（1984）。

3 Flashar（1989），页 457。参见 Connor（1984），页 57—58，Stahl（2003，第 5 章，页 80）说："修昔底德迫使读者将计划与实施进行比较，以便用事件的进程来衡量规划的视角。"

进行对比，人们才能更接近修昔底德的真实"教诲"。[1] 通过将这种方法用于伯里克利强调海权的演说辞，我试图表明，伯里克利在这些段落中不得不说的话不能被视为修昔底德自己的理论或者说对这些现象的抽象性反思。相反，通过对行动的记叙，史学家本人展现出激昂、精深的伯里克利式修辞。这个海军无敌的乌托邦使伯里克利和其他雅典人相信，他们已经完全掌控了海洋。后来的事件表明，这极其虚幻，甚至危险。通过分析这些矛盾，读者才能明白海权对于修昔底德的史书及其教诲的作用。

二、伯里克利演说辞和修昔底德记叙中的海权

初看上去，伯里克利第一个和最后的演说辞都揭示出修昔底德海权"理论"的实质。在第一个演说辞中，关于海军在对抗斯巴达人的斗争中所具有的战略优势，伯里克利向雅典人阐明了自己的看法（1.140 - 144）。瘟疫爆发后雅典人士气低落，伯里克利在最后的演说辞中为雅典描绘了一个光辉的未来，前提是雅典人要牺牲其物质财富，对海洋进行无可争议的控制（2.60 - 64）。我下面将重点放在伯里克利第三和第二演说辞（著名的葬礼演说），而不是第一个。两个演说辞对本文的论证至关重要：都着重强调雅典实力的无限扩张，承诺雅典海军不仅要超越所有的竞争对手，还要战胜自然的力量。

无限的海军扩张主义首先出现在葬礼演说中。伯里克利解释说，有一事实使雅典的能力或实力（dunamis）格外明显，雅典人"通过他们的勇敢闯入每一片海洋和陆地"（2.41.4）。

---

1 关于修昔底德著作中演说辞与叙事的关系，参见 Morrison（2006a）。关于修昔底德著作中的"开放性解释"，参见 Yunis（2003），页198—204。

由于葬礼演说其他段落的文采斐然，人们很少认为这段话是明显的夸张。[1] 有人可能会补充说，在伯里克利的论证中，海洋和陆地的重要性并不相同。在第一个演说辞中，伯里克利就表明，他将海上自由行动的能力作为雅典统治权的前提。陆上的财产和居所都只不过是附属品，"海洋的统治者"可以随意选择这些（1. 143. 4）。[2] 但我们必须要强调的是形容词 pas 的修辞作用：伯里克利毕竟没有说雅典人通过海洋闯入陆上某个具体的地点，只是有些含糊地声称，使所有水域和陆地开放。修昔底德的希腊语由于缺少定冠词使这一点更加突出，从而产生预期的模糊和含混，这在"海洋和陆地"的短语中似乎始终存在。[3] 因此，伯里克利接着说，"到处"都有雅典人或好或坏的纪念碑，雅典伟大的标志之一。依然没有冠词，伯里克利补充说，"每块土地"都成为雅典名人的坟墓（2. 43. 3）。所有这些不仅是此前成就的光荣簿，还会刺激或激励着未来的雅典人要"勇敢"。

在伯里克利最后的演说辞中，葬礼演说对海权的简要描述变成一段篇幅更大、更有普遍性的修辞。这与发表演说辞的特定处境密不可分，但又自成一体。[4] 这篇演说辞是伯里克利面

1　例如，Forde（1989），页 19、56 和注释 52；Hornblower（1991—2008），卷 1，页 309；Balot（2001a），页 174。关于短语"海洋与陆地"（拉丁语：terra marique）在希腊化时期的进一步发展，参见 Momigliano（1942）和 Hardie（1986），页 309。关于这一动机自荷马以来的文学意义，参见 Hardie（1986），页 302—310。

2　参见 de Romilly（1963），页 141，注释 5。

3　Hardie（1986，页 310）说："海洋与陆地的胜利可能指在两个不同的世界区划中的胜利，或者暗示一种彻底统治陆地和海洋的主张；使用这些短语的政治史表明，这一区分多么容易被掩盖。"关于"海洋与陆地"隐含的帝国主义含义，参见 Hornblower（1996，页 1375）："一种描述无限帝国的方式"。

4　参见 de Romilly（1963），页 37；Rengakos（1984），页 37、44；Bloedow（2000），页 298、302。

对雅典人的自我辩白，雅典人因瘟疫士气低落，对伯里克利的战争行为感到不满和厌战（2.59）。为了缓解雅典人的"战争伤痛"，鼓励他们坚持不懈，伯里克利想透露隐藏在雅典权力背后的秘密，帝国的根基：

> 但我还要说一点，即你们的帝国及其规模对你们意味着什么。你们对此从未有过充分的认识，我在以前的演讲中也没有提及过。如果不是看到你们如此不合情理地沮丧，我不会这么说，因为这是一种吹嘘的论断。你们认为，你们的统治只延伸至盟友，但我要宣称的是世界分为两部分：陆地和海洋，你们绝对控制着整个海洋，不仅包括现已主宰的部分，还包括你们希望去的地方。凭借你们现在拥有的海军，没人能阻止你们在世界各个海洋航行，无论是波斯国王还是世界上的其他种族。（2.62.1-2）[1]

从伯里克利的这些话中，德罗米莉不仅看到第一篇演说辞中的海权"理论"，甚至看到了对"这一理论的基础概念"的分析。[2] 使整个段落卓越非凡的不仅是伯里克利所宣扬的内容，还有他的交流方式，尤其是无与伦比的语言：[3] 伯里克利用"半神秘的术语"描绘雅典对海洋的统治[4]，仿佛这是只有他才能完全理解的奥秘；现在，在这一迫在眉睫的危险时刻，他必须设法使雅典人理解它。有人甚至认为，"比以前表述更截然不同、更低沉庄重的公式"实际上可能"重现了伯里克利当

---

1 篇幅较长的引文选自 Martin Hammond 的译文。

2 de Romilly (1963)，页 124。

3 关于这一段落，参见 de Romilly (1963)，页 123—124。关于伯里克利演说辞在修昔底德著作中的特点，参见 Tompkins (2013)。

4 Ober (2001)，页 286。

时真正使用的短语"。[1]

关于雅典帝国的真正本质和"精髓"，伯里克利这里似乎驳斥了流行观点。我们可以在阿里斯托芬《骑士》（839 行，公元前 424 年）中找到一些蛛丝马迹，雅典人据说用波塞冬手中的三叉戟统治着盟友。在修昔底德笔下，密提列涅人寻求奥林匹亚的斯巴达人帮助时也使用相同的论证逻辑：雅典帝国实质上是基于对盟友的统治以及由此得到的实力（3.135）。与这种观点相反，伯里克利强调说，同盟不是前提，而仅仅是真正的雅典帝国推动力的结果，即无与伦比的、无限的海权。[2] 从这些话中，我们可以确定一条因果链，雅典实力明显的结果，她对盟友的权力（包括不断收取贡赋）源于其对海洋无形的、神秘的统治。伯里克利在这里暗指第一个演说辞中说的话：海洋最为重要，土地和物质财产都是附属物，"统治海洋"事关重大（1.143.5）。在这里，整个海洋再次臣服于雅典的统治（kuriōtatoi）。如果从权力政治的角度来看，伯里克利的这一主张必然产生严重后果。在我看来，对于理解海权的作用，还有修昔底德整部史书，这一点都至关重要。如果整个海洋都对"海洋的统治者"开放，如果用暴力进入每一片海洋，这都无可厚非（如葬礼演说的提议，2.41.4），"海洋统治者"的地位会导致（甚至是要求）进一步的扩张。如果政治的潜在"伦理"符合雅典人在米洛斯对话中提出的主张，在斯特拉斯堡（Hermann Strasburger）看来，这包含着"一种强者统治的主张"，并且人们"不知道还有什么限制，除了自己的权力"。[3]

136

143

---

1 Gardiner（1969），页 20。

2 Foster（2010，页 187，注释 7）的评论是："请注意，希腊语缺少冠词。这里指的不是任何特定的陆地和海洋，而是作为概念实体的地球和海洋。"

3 Strasburger（2009），页 205。关于作为公元前 5 世纪雅典特征的"能力意识"，参见 Meier（1990b），第 8 章。

关于修昔底德对伯里克利政策的评判，这种对统治海洋的解释影响到人们的相关解读并为一些学者提供了支持。他们描绘出一幅对"伟大"政治家贬低批判的画面，而 2.65 第一眼看上去是对伯里克利的"颂扬"。[1] 但是，我们要评判的不是伯里克利的个人品质，也不是在 2.65 对伯里克利的赞扬与战争结果之间恼人的张力。我唯一的目的是展现伯里克利（主要在第三个演说辞中）阐述政治、军事前景以及指导方针的方式。这在结构上对于修昔底德接下来的战争记叙具有重要作用。关于海权的这些想法代表着一种对行为动机（包括政治上的失算和大意）更宏大的分析模式，从"稽古"一直贯穿到战争的最后阶段。我们感兴趣的是修昔底德把伯里克利构建为"雅典帝国主义的全面代表"和权力观念的"理想"化身。[2]

伯里克利简明扼要地说，如果雅典人愿意，他们甚至能航行到比帝国目前疆域更远的地方（2.62.2）。这对我们理解帝国主义政治与海权之间的联系至关重要。德罗米莉强调伯里克利论点中关于航海的一面，但后来承认，"航行得更远"距离随后的征服并不像她最初所想的那么遥远。[3] 伯里克利说的

---

1 例如，Strasburger（2009）（初版为德语版，1958 年）；Monoson 和 Loriaux（1998）；Bloedow（2000）；Foster（2010）。关于最新学术文献的概述，参见 Nicolai（1996）。关于 2.65 的含混及其相关性，参见 Flashar（1969）；Connor（1984），页 63、注释 30 和页 72—75；Orwin（2000），页 362。Monoson 和 Loriaux（1998，页 286）对这一问题做了很好的归纳："不过，对这种突出的、火热的评价，我们从整部书中能感受到一种微妙的质问。在展现领导力时，伯里克利讨好民众；在颂扬雅典美德时，伯里克利削弱了促进社会团结的法规；在倡导谨慎的行动方针时，伯里克利让雅典投身于一次冒险，造成命运的逆转。"另参见本书中 Clifford Orwin 一文的注释 2（页 120）。

2 引文选自 Strasburger（2009），页 218。

3 de Romilly（1963），页 123；de Romilly（1991），页 27。

"想走多远就走多远"是在描述潜能和未来的能力以及在海上无限扩张没有对手的可能性。这种未来的能力与公元前 430 年夏雅典帝国的现状形成了鲜明的对比。修昔底德强调的是雅典帝国的现状与未来进行扩张的可能性。当然，在修昔底德看来，伯里克利曾严重警告过雅典人，不要在战时进行帝国扩张（1. 144. 1、2. 65. 7）。[1] 那么，接下来的问题必然就是如何将这些不同的观点和解释结合在一起。但是，段首所引用的话以及修昔底德在句法上对于统治权（archē）的强调，都表明这里讨论的就是雅典的统治权。[2] 布勒多（Edmund Bloedow）将此称为修昔底德描述雅典战略的过程中的"一个主要矛盾"。尽管不能提出完整的解决方案，我还是认为，鉴于伯里克利的论证包含几个时间层次[3]，我们可以找到解决方案的很大一部分。正如常见的那些注释，扩张只有在战时才被"禁止"，2. 62 的其他承诺主要指向光辉的未来而不是现在。雅典人当时面对的是瘟疫、被斯巴达人破坏的领土以及到处弥漫的低落。伯里克利的言辞所处的是当下的语境，但整个论证指向的是雅典的光辉未来，在人类记忆中神一样的永恒，超越时空和物质的限制。[4]

从某种意义上说，伯里克利表现得像父母一样，禁止胖孩子再吃巧克力，但同时承诺当体重不再是问题时给孩子许多糖果。这种教育方法可能非常有效，但前提是孩子要有理性和远见。按照修昔底德的描述，雅典人不属于这类孩子。最明显的

1　关于 archē 在修昔底德著作中的含义，参见 Peter Spahn 在本书中的文章。

2　参见 de Romilly（1963），页 123，注释 1。

3　Bloedow（2000）。参见 Orwin（1994），页 28："诗意的愿景与散文式的政策格格不入。"

4　参见 Rengakos（1984），页 50—52；Balot（2001a），174 - 176。关于这个问题，参见 Clifford Orwin 在本书中的文章。

例子是，他们会在某天出于灭绝整个城邦的"激情"去投票（列斯堡岛上的密提列涅，3.36.2），次日意识到自己的罪恶又去投反对票（3.49.1）。在与处于劣势的、绝望的米洛斯人（5.85－113）辩论时，他们的行为表现从任何"道德"立场都无法得到辩解，但他们以极其突出的"能力意识"用强者的权利使之完全合法化。正如斯特拉斯堡说的那样，雅典人这种充满争议的行为和推理在更极端的后伯里克利时代并不新鲜。在修昔底德从始至终描述的雅典意识形态和自我辩护中，这是一种内在因素。[1] 在这位史学家看来，伯里克利不仅了解同胞的"民族"性格，还出于自己的目的利用了这种性格。当雅典人越来越厌战并且派使节与斯巴达和解时（伯里克利发表第三演说辞之际），伯里克利努力缓解他们的怒火并最终取得成功。雅典人重新"把精力放到战争上"（2.65.1－2；参见 1.127.3）。在第一演说辞中，伯里克利甚至以之为"防御性"战争计划辩护：雅典人太急躁，很难"挺过"（有些奇怪的希腊语表述）即将来临的战争，除非变得不那么雅典（1.144.1）。[2]

一个语言学的细节进一步阐明了伯里克利式的修辞和后伯里克利政策之间的联系。伯里克利向雅典人承诺，如果想走得更远，他们就要拥有无限的海上扩张能力。希腊语"更远"（epi pleon）的字面含义是"走向更多"甚至更进一步，"更多"（pleon）或者说贪婪（现代表述，pleonexia）长期以来被认为是古代史学解释过度的帝国野心的主要动机之一。这不仅出现在修昔底德的作品中，还出现在希罗多德的著作中，尤其是对

1　Strasburger（2009）。

2　参见 Connor（1984），页 73；关于与伯里克利计划相关的、颇有问题的雅典民族性格，参见 Bloedow（2000），页 308。

波斯帝国侵略的描述。[1] 在修昔底德的史书中，贪婪在叙事的关键时刻是雅典政治的加速能量：公元前425年，斯巴达使节呼吁雅典释放困在斯法克特里亚岛（Sphacteria）的重装步兵，他们提醒雅典人不要因为一时的成功而希望得到更多（4.17.4）。修昔底德紧接着用类似的措辞表明，雅典人确实没有听从这一建议，在伯里克利的继任者之一克勒翁的煽动下，最终拒绝了斯巴达的和平建议："他们渴望更多。"（4.21.2）[2] 除了在有言辞呼应的地方，"渴望更多"还是修昔底德从始至终进行分析（首先是对雅典行为的描述分析）的重要动机之一。科林斯人在卷一中对雅典民族性格的、令人难忘的全景式描述，伯里克利的修辞学，米洛斯对话和西西里远征背后雅典人的论证逻辑，这些都可以说反映了人们从"稽古"中汲取的教训。

修昔底德的开篇通常被称为"稽古"，无论从内容还是从分析动机来说，它都是整部作品的胚细胞，展示出几乎所有人类行为的基本推动力。在稽古描述的史前时期中，获取"更多"的野心就推动着所有人（更准确的表述是希腊人）的成就。起初是先民、早期的海盗，然后是国王，克里特岛的米诺斯、迈锡尼的阿伽门农，再后来是像科林斯一样的城邦。他们都被获取"更多"的欲望所驱动。在《战争史》中，贪婪是政治生活重要的发动机之一。一些早期的行为者（例如海盗）只是互相抢劫，而其他更先进的社会和统治者则利用海上霸权来

147

---

1 关于修昔底德和贪婪，参见 Balot（2001a），第5章，特别是页174—176关于伯里克利的论述；关于希罗多德，参见 Raaflaub（2002）。对于伯里克利这句话指向西西里远征的可能性，参见 Hornblower（1983），页136；Hornblower（1991—2008），卷1，页336；Bloedow（2000），页303—304；Schulz（2005），页120—121；Foster（2010），页188。

2 参见 Rood（1998），页39—40。

维护他们的"帝国",驱逐海盗,在某些岛屿建立统治,加强城邦防御(1.4,7)。他们借此获得巨大的权力和财富,但不是出于无私的高尚目标,而是首先为了自己的利益。正如修昔底德谈到米诺斯驱逐海盗时所明确指出的,他这样做是为了"保护自己不断增加的收入"(1.4)。

现在,"稽古"讲述的不只是技术、军事和文明的不断进步(甚至这些都不能排在第一位),也不仅仅是对于"海上霸权交替"的分析和提炼,而是一部对权力无限的、毫无争议的追逐史。[1] 修昔底德开篇中的核心教诲不是军事、金融的不断发展,而是人类对于权力的执着追求。[2] 米诺斯、阿伽门农以及后来的斯巴达和雅典,其表现都像史前时期人类和海盗的做派一样:互相抢劫。修昔底德偶然点破了这一事实。[3] 海盗某种意义上代表着"稽古"中早期发展的障碍,修昔底德说,他们总是"互相掠夺"(1.7,参见1.5.2)。波斯战争结束后,希腊两大城邦签订50年和约。在简短描述这期间两者的相互关系时,修昔底德用下述简洁的语句总结了他们的所作所为:

> 在短期内,军事同盟还团结在一起,随后拉克代蒙人和雅典人争吵并开战,彼此的盟友也都加入。无论其他希腊城邦有什么样的分歧,现在都要加入其中一方或另一方。从波斯战争到这场战争,双方时而议和,时而彼此作战或攻击叛离的盟友。(1.18.3)

这里具有暗示意味的词是"彼此"(allēlon),修昔底德在开篇

140

1　Foster (2010),第1章。
2　参见 Connor (1984),页26。
3　参见 Said (2011),页68—69。

中经常以之来表示对抗者的行为。他们完全受私利驱动，阻碍任何对其不利的共同进步，即为共同的更高目标"一起"（koinēi）采取行动。这种情况只出现过一次，希腊人面对波斯威胁建立联盟（1.18.2）。甚至针对特洛伊的伟大行动也因希腊军队不团结而受阻（1.11）。

最后，随时间推移而不断"进步"的只是技术手段，还有不断扩大的战争范围和掠夺范围，而不是人类行动本身的结果。在"稽古"中，海上霸权的每一次出现都标志着其影响（范围的扩大无论是正面还是负面）：米诺斯的"海上统治"使他控制了基克拉底斯（Cyclades），并首次在希腊世界建立某种"帝国"；"大规模的训练有素的海盗"取代了业余的海盗。[1] 在这种情况下，像迈锡尼这样的强大城邦会不断壮大，阿伽门农可以对"各岛屿进行统治"。这又给予他巨大的权力和财富，使之有能力远征特洛伊。特洛伊远征最终导致希腊世界的纷争与不和。由于海权的助力，特洛伊陷落后，几乎整个希腊突然受到了动荡的影响。[2] 伯罗奔尼撒战争将产生更广泛的影响，届时整个希腊世界（只有少数例外）都要加入两大同盟中的一个（1.18.2）。现在，几乎每个人都要为彼此掠夺的"游戏"付出代价，这实属首次。[3]

有人认为，修昔底德把伯里克利无限海上扩张的承诺看作一个非常危险的野心，不仅对雅典而且对整个希腊世界都是如此。如果一个政治实体要把伯里克利的承诺付诸实践，它可能会像古代雅典及其帝国一样动荡不安。但是，我们该如何看待

---

1 Said（2011），页69。

2 参见 Connor（1984），页31；Foster（2010），页42。

3 参见 Foster（2010），页43："'稽古'表明希腊史中的每个阶段都因战争和尝试剥削他人而一败涂地，并展现出驱动帝国主义不断出现的心理（热爱利益和荣誉、渴望摆脱劳作、害怕统治）。"

伯里克利在第一演说辞中提出的海权理论及其防御战略呢？毕竟，它并没有宣扬一整套连贯的海洋政策体系，如果雅典人在实践中将之作为指针就可能会取得胜利。我认为，尽管在 2.65 对伯里克利的远见做了评议，修昔底德在战争记叙中还是把伯里克利的这一"理论"解构了，它最终无法摆脱失败。记叙中有两个地方暗示，海洋统治者的网络可能不像他们认为的那样坚不可摧（3.32.3 和 5.109－110）。这一事实反映出海战在古代明显的技战术短板，尤其是三层战舰有限的作战范围。在所有部族中，正是米洛斯人让雅典人注意到其"能力意识"中的这一特定缺陷（5.110），这并非巧合。雅典人无限的海洋信心似乎来自于这一徒劳的乌托邦式的视角，正如米洛斯人自己对斯巴达人支援所抱的希望。[1] 其他一些段落也表明了修昔底德著作中统治海洋的有限性。修昔底德甚至让伯里克利本人宣称，其统治海洋的承诺是一种言过其实的夸耀（2.62.2）。此类吹嘘是人类的普遍现象，关于其不可信性，参见修昔底德在 5.68.2 的评议。

在西西里远征中，叙拉古港第四次海战后，修昔底德对雅典人反应的记叙充分说明了过度的自信及其对雅典人自我认知的影响。叙拉古人在海战中取得了"辉煌的胜利"，这似乎已经预示着修昔底德在 7.87.5 的最终判定：叙拉古人彻底战胜雅典军队。在最后的失败以前，修昔底德在这里清楚地表明，海战失败与雅典人曾经的设想截然相反：

> 叙拉古人现在成为海战中的决定性胜利者……雅典人

---

1 关于米洛斯对话以及对雅典后来失败的预测，参见 Liebeschuetz (1968)，尤其是页 76；Macleod (1974)，页 391—393；Morrison (2000)，页 137—138。

彻底绝望。事态的反转让他们感到震惊：他们对发起这次
远征追悔莫及……他们的大多数行动都已失败，这场无法
想象的海战失利使本已低落的士气更加萎靡。（7.55.1-
2）

对雅典人来说，海上失利"出乎意料"（paralogos），完全颠倒
了他们所想的一切可能性。[1] 从雅典人的困惑中，人们可以看
到伯里克利关于海洋霸权的虚假承诺产生的深远影响（甚至还
有尼西亚斯不久前在 7.4.2 的承诺）。在西西里，恢复"海军
实力"是雅典人在叙拉古港（7.60.2）决战失利前的希望。与
伯里克利自豪的预言完全相反，叙拉古使他们根本无法航行。
这样，针对葬礼演说中所设想的理想民主社会，叙拉古港惨败
就与瘟疫具有相同的目的：表明精心编排的乌托邦如何崩溃，
从而揭示出其虚幻、难以实现和好大喜功。[2] 甚至可以说，在
瘟疫叙事和上述的引文中，修昔底德强调同一个词以形成一种
不醒目但有启发性的相似性。修昔底德说，瘟疫最具灾难性的
后果是，每个感染的人都陷入沮丧（athumia，2.51.4）。在描
述西西里出乎意料的海战失败时，修昔底德使用同一个的词
athumia（7.55.1），彻底泄了气（甚至用"彻底"来强调影响
的严重性）。在我看来，西西里的海战失利并非偶然，而是修
昔底德精心将之与瘟疫相提并论，突出两个事件在其论证中的
类似功能。伯里克利在葬礼演说中提出了理想完美社会的愿

1 参见 2.85.2，斯巴达人把失算（Paralogos）作为他们在诺帕克图斯
   （Naupactus）第一次海战意外失败的借口，修昔底德几乎使用了相同的措
   辞。在修昔底德看来，开俄斯人在公元前 412 年夏起义失败（包括雅典人
   对这座城邦的摧毁）都源于人类事务固有的变故（8.24.5）。关于修昔底德
   著作中的 paralogos，参见 Pothou（2011）。
2 参见 Clifford Orwin 在本书中的文章。

景，但为什么绝对的海军优势这一观念不会那么容易遭受挫折？

伯里克利的战争计划能"证明"这一点吗？他的战争计划经常被称作阐述海权海洋帝国益处的理论。关于雅典的战前政策，莱伯在近期的文章中称，"在其精心设计的方案中，伯里克利每一步都失算了"。[1] 在我看来，就伯里克利或修昔底德的"海权理论"而言，这一点能够通过战争叙事本身的发展来检验。从很小但是决定性的一点来衡量，伯里克利每一预测都脱离现实：雅典毕竟不是一个岛，尽管其长城让雅典人错以为自己是海洋岛国，因此对敌方的陆上行动无法躲避（斯巴达人在战争最后阶段的装备海军）。[2] 与伯里克利预测的恰恰相反，斯巴达人及其盟友最终能够学会航海技艺，虽然达不到雅典人的水平，但确实表现不错。[3] 最终，斯巴达人在波斯的帮助下赢得了战争，波斯的资助帮他们克服了伯里克利所说的财务困难。在战争的第三年，雅典的巨大资本盈余就开始缩水，因为她的海军规模庞大，维护费用很高（3.17、19）。通过"统治海洋"，雅典可以自由支配许多新的家园，但雅典并不是一个强大、团结的城邦（至少在间接的演说辞中如此）。公元前411年，驻守萨摩斯的海军宣称，无论**身**在何处，他们都是**真正**的雅典（8.76）。某种意义上说，萨摩斯岛上雅典人只是把伯里克利的论点付诸实践。伯里克利曾说，阿提卡的土地和房屋对于"统治海洋"并不重要（1.143.4－5，参见2.62.3）。这些人的命运意味着，战争期间的雅典社会最终走向瓦解。最后，人们可以说，伯里克利对海上无限扩张（kratos）的承诺

---

1 Lebow（2007年），页186。参见 Kagan（1994），页54："伯里克利的战略是失败了的一厢情愿。"

2 参见 Connor（1984），页51。

3 参见 Lazenby（2004），页10—11。

（1. 143. 5）忽视了修昔底德著作中一个关键的动机和教海：即便精心谋划，事情的结局往往与人们想象的不同。[1] 伯里克利唯一成真的预言是他对帝国内在的不稳定和脆弱性的警告：

> 如果失败，我们会丧失作为力量源泉的盟友，因为如果我们不再有能力派兵攻击，他们将不会安分。（1. 143. 5）

关键点不是雅典的实力不足以赢得战争，而是伯里克利承诺雅典在任何情况下都不会输掉战争。但是，在城邦内乱和解体时，舰只、金钱都不能保证成功，修昔底德的战争记叙使这一点更加清楚。

144

修昔底德往往会让主角将其伟大计划像气球一样"吹起来"，战争事件再将之捅破。气球越大，爆炸的效果就越具破坏性，越能说明问题。[2] 伯里克利的理论是一种"失算"，不仅因为它经不起战争进程的检验，还因为它是一种对雅典能力和"民族"身份的乌托邦想象，其根基是对海洋进行无限统治的承诺和保证。[3] 从某种意义上说，伯里克利的整个计划甚至可以被看作一种智术师式的消遣，试图证明在特定的、理想的条件下，有可能**"将一个城邦的意志长时间地强加给整个希腊"**。[4] 按伯里克利的想象，一个城邦本可以实现这一雄心勃勃的目标，甚至真正赢得战争。但这一观察不得要领，因为这样的城邦根本不可能存在。我认为，伯里克利的根本失误或失

153

---

1 关于这一主题，参见 Stahl（2003），第 5 章和第 10 章。

2 参见 Connor（1991），页 58：修昔底德的文本"通过颠覆已经确立的假设和期望来达到其文学效果"。

3 关于伯里克利计划中的乌托邦元素，参见 Connor（1984），页 50—51；Meier（1993），页 530—533；Morrison（2006a），页 269；Foster（2010），页 149。

4 Meier（1990b），页 212。

算不在于为实际战争制订错误的或不当的战术准则，而在于其海洋乌托邦的愿景使雅典人决定冒险开战。在第一和第三演说辞中，伯里克利提出了（最终被雅典人接受）海上无敌的信念。这并不是发动战争的实际依据，而是开战后维持战争的基础。就此而言，本文的分析与修昔底德在 2.65 对伯里克利的颂扬并不矛盾，因为后者指的是伯里克利关于战争的具体政策，而不是其整体政策或政治信仰。

三、结论：修昔底德关于海权的教诲

那么，关于海权，修昔底德能给我们什么教诲呢？当然，修昔底德并没有教我们如何最好地利用海权，从而变得尽可能富足、强大，并剥削其他人。修昔底德描述的是这一"概念"的最终失败。但与"垂诸久远的财富"相关的又是什么呢？我认为，这个问题的答案可能是修昔底德对城邦间行为的系统性或结构性分析。在两个海上强国德、英关系日益紧张之际，英国外交官克劳（Eyre Crowe）在著名的《1907 年备忘录》中提醒人们注意维持"海洋帝国"的风险，其全球影响力将不可避免地引发普遍的仇恨：

任何国家从长远来看都不可能抵御世界其他国家的普遍联合，更不用说英国这样一个小小的岛国了。英国既没有全民皆兵的民族所拥有的军事力量，连粮食供应都依赖海外贸易。在具体实践中，这种危险只有在特定条件下才可以避免，历史证明这种危险也正是这样避免的，即拥有海上优势的岛国必须将国家政策指向与人类共同的愿望和理想相协调的方向。更具体来说，也就是这种政策必须与

145

大多数或尽可能多的其他国家的首要利益及核心利益相
一致。[1]

伯里克利以类似的方式警告雅典人，"僭主"统治会引发盟邦
的仇恨（2.63）。但他没有提出解决方案。克劳提到的历史范
例并不必然指伯里克利和修昔底德的希腊世界。修昔底德是作
家，伯里克利是书中的角色，他们代表的是一个修辞上精雕细
刻的乌托邦的崩溃。这个乌托邦承诺要统治数百个政治实体，
建立普世性的海洋强国。但是，海上秩序或者建立**维持**海上帝
国的适当方法，这些都不是能从修昔底德事件描述中汲取的
教训。

但海权在修昔底德著作中扮演什么角色呢？本文不是要对
修昔底德史书的最终目的做最终的裁决。如果这本书的主要教
诲确实是指出公元前5世纪"国际体系"及其冲突解决体制的
不足（我认为这一观点很有说服力）[2]，那么，在修昔底德看
来，海权对国际政治来说是一个加速的危险因素。几百年来，
小规模的陆地战争一直在希腊世界中的邻国间发生，但从未对
整个体系造成相同规模的破坏性影响。鉴于爱琴海及其众多岛
屿、沿海城邦的地缘政治形势，雅典的大规模海战和帝国建设
产生的影响更为深远。此前，两个城邦间的冲突只会影响到两
个城邦（或附近的一两个盟国），而在两大联盟对抗的情况下，
爱琴海北部一个岛屿的叛乱可能会迫使雅典、斯巴达及其盟国
发动战争。公元前465至464年，塔索斯（Thasos）起义使这
种危险一目了然，因为斯巴达人按塔索斯人的请求正要进军阿

---

1 克劳（1928），页402—403。［译注］吴征宇，《〈克劳备忘录〉与英德对
　抗》，桂林：广西师范大学出版社，2014年，页42—43。

2 参见 Raaflaub（2011）；Wendt（2011）。

提卡领土，但拉科尼亚大地震和黑劳士起义使他们无法行动
（1.100－101；关于萨摩斯人起义，参见 1.40.5）。[1]

　　海权和**史书中"统治海洋"的特性**当然是形势升级的重要
因素：雅典在波斯战争后实行海洋帝国主义，这使其有可能对
爱琴海周边城邦建立帝国，其覆盖范围要比斯巴达陆地帝国要
大得多。[2] 作为希腊的超级大国之一，雅典一直努力保持其在
脆弱帝国各个热点地区的影响力。斯巴达则不得不保持对伯罗
奔尼撒人的控制，还要考虑海洋盟友的利益，首先是科林斯的
利益。希腊国际关系体系中的不足可能以前就存在，但到公元
前 5 世纪雅典发展海战和海洋帝国主义以崭新的方式使这些不
足突显出来。海权使这一体系中的"缺陷"更为尖锐，因为海
权使形势加速发展，体系无力处理。伯罗奔尼撒战争不是这种
缺陷的最初症状，而是从公元 5 世纪中期雅典盟友叛离起一系
列事件中的最后一起。唯一可以称为修昔底德海权理论的远见
的就是认识到这种相关性。

　　〔＊贾菲（Seth N. Jaffe）评议过本文的观点，还帮助我将
复杂的句子译成相似的英语，在此表示衷心感谢。但文中的错
误和瑕疵皆由作者负责。〕

修昔底德与政治秩序

1　关于这一事件的争议，参见 Hornblower（1991—2008），卷 1，页 156—
　157。
2　关于希腊国际法不足以应付雅典帝国的问题，参见 Baltrusch（1994），页
　198。关于公元前 5 世纪新的海战行为及其广泛影响，参见 Meier（1990a），
　页 602—604。

修昔底德《战争史》中的公民信任

巴洛特（Ryan Balot）

在新近的著作《古希腊信任史》中，约翰斯通（Steven Johnstone）强调，古希腊人通过不牵涉个人情感的体制努力建立公共的政治信任。尽管约翰斯通承认，研究信任是受到帕特南（Robert Putnam）的"引诱"，但他选择聚焦于在体制层面建立的非人身信任，建立这种信任具体的措施包括标准化的货币、公正的法律和制度性责任架构（例如审计）等等。[1] 帕特南研究的是民间团体中的个人信任网络，著名的"独自打保龄"（bowling alone）思想。约翰斯通将卢曼（Luhmann）、吉登斯（Giddens）等人的社会学框架应用于古代城邦，以证明古代（不仅是现代）体制可以使个人信任没有必要或没有意

1　参见 Johnstone（2012）（他在第 4 页说自己被 Putnam 的著作所"引诱"）；Putnam（2000）。

义。非人身的信任并不是现代的特别现象。[1] 按照其社会科学方法，约翰斯通没有对信任概念做持续的研究。另一个特征是，他以非心理学的方式把信任体系理解为"一套与人们心理特性相反的实践做法"。[2]

约翰斯通的分析方法明显源于现代框架：体制先于公民身份。在这一框架内，领袖与公民、公民之间古老的、前现代的人身信任被贬为无关紧要、古怪和老旧，或被斥为有害的理想。为阐明其早期的现代根源，我简要介绍一下现代性中的信任，并对比现代理论与古代政治思想中丰富的社会信任概念。探讨古希腊人和罗马人中的信任既可能也可取，因为自由的现代性模糊了我们的视野。自由的现代性忽视了公民身份以及相关的信任关系，忽视了共同的判断和公民友谊。在本文中，我将重点放在修昔底德的史书上，因为修昔底德详尽调查了这些关系，竭力去理解领袖、公民身份和社会信任，包括其最成功和最腐败的形式。

信任一直给欧洲现代性社会理论造成困扰，主要是因为自由主义对其体制的主导性影响。[3] 正如沃伦（Mark Warren）和其他人所指出的那样，自由主义思想源于对（世俗或教会的）传统权威的深度猜疑。[4] 这类猜疑是现代国家演进的基础，而主导自由民主哲学传统的是霍布斯、斯宾诺莎、洛克、卢梭以及其他的先辈。粗略地讲，这些思想家通过日益精巧的体制设计放弃了现在所称的"纵向信任"，即政治领袖与公民间的信任。从 17 世纪开始，自由民主的宪法制定者着重于

---

1 参见 Luhmann（1979）；Giddens（1990）。

2 Johnstone（2012），页 2。

3 对于把信任重新确立为现代政治理论的核心类别，Dunn（2000）提供了有说服力的洛克式的分析。

4 Warren（1999），页 1。

开发监督的体制架构。他们的主要目的是确立对政治权威的限制。在最极端的情况下，他们的策略针对的是完全没有信任的政治。麦迪逊（James Madison）在《联邦党人》（*The Federalist*）第 51 篇中以惊人的方式表达了这一想法：

> 您必须首先使政府能管理被统治者，然后再使其控制自己。依靠民众无疑是对政府的主要控制。但是经验教导人们，必须要有辅助性预防措施。由相反的和对立的利益来弥补良好动机的缺陷，这一政策可以追溯到人公私事务的整个体系。

用麦迪逊的话说，"如果必须用野心来抵消野心"，信任不仅多余，而且不受欢迎。原因是所有政治人物归根结底都是自私自利的反社会者，特别是民主领袖。麦迪逊认为，民主领袖的野心对民主共和国的稳定和福祉构成了特别的威胁。

麦迪逊关于公民和领袖"纵向"关系的观点对应着一种公民间"横向"信任（正如现在已经知道的）的新见解。非人身的信任使传统信任关系中隐含的心理关联变得没有意义或微不足道。在现代著作关于信任的讨论中，信任只是作为"集体行为"或社会协调的一个要素以提高效率和生产力。简单地说，这一系列思想起源于人们熟悉的早期现代努力：尽管人性有内在的缺陷，但也要努力创造和平与财富。正如霍布斯在《利维坦》第 13 章中所说，"争吵有三大原因，第一是竞争；第二是猜疑（即猜疑）；第三是荣誉"；或者像康德所说人性"扭曲的木头"〔《世界公民观点之下的普遍历史观念》（*Idea for a University History with a Cosmopolitan Purpose*），第六版〕。鉴于人类的野心和贪婪，像马基雅维利这样的思想家就认为，使健康的政治基于社会信任（即 fides，《君主论》第 18 章）的做法愚蠢或不切实际；如果有必要，统治者就必须既是狡猾的狐狸又是凶猛的狮子。[1] 基于这些思想，马基雅维利、霍布斯及其继任者教导说，最佳政制通过恐惧使公民或臣民变得明智、可靠。某些可知的、可预测的甚至科学的法则能够支配政治本身，这些法则关注的是控制人类行为的不确定性。"恐惧的自由主义"植根于现代国家的压倒性力量，没有给纵向或横向信任留出空间。正如马基雅维利和霍布斯所赞同的，如果不是必不可少，信任就会有害。[2]

关于信任的当代研究文献的基础是排斥古代对公民权、领导权和直接政治参与的处理方式。以约翰斯通为例，通过这种棱镜来评估古代雅典的信任可能会形成一种无害甚至有用的时代错位，类似于对"古代经济"或阶级构成的学术研究。[3] 我的看法是，这种时代错位的现象并非没有害处。它消除并因此鼓励人们忽略将古希腊城邦公民联系在一起的、有意义的人身信任关系。我们恢复古典时代不是一定要证实现代社会科学的优越性或真实性。相反，完全排除心理因素将歪曲我们对政治生活的整体把握，这有助于我们挑战当代视角或指出盲点。

古代和现代的自我解释无疑存在一道裂缝。但这道裂缝是否对应着古代和现代政治之间的深刻对比，我们目前必须搁置这一问题。无论如何，重新审视一个更古老的框架都具有教育意义。在这一框架中，信任不是一种科学的策略、理性的计算，既不基于对他人可预测的、纯粹的信心，也不能通过支配

---

1 动物形象当然源自西塞罗，他称欺骗和武力都与人类自然交往的兴盛背道而驰（《义务》，1. 41）。

2 关于"恐惧的自由主义"，参见 Shklar（1989）。

3 关于古代经济，参见 Morris（1994）的概述；关于"阶级结构"，经典作品是 de Str. Croix（1981）；参见 Rose（2012）对 de Ste. Croix 的研究。

他人或控制未来将之悄悄取代。[1]

像其他古代思想家一样，修昔底德采用"前科学"的信任观念，这种观念源自古希腊罗马政治中的直接经验。[2] 对于修昔底德和其他古代思想家而言，信任体现了对他人可靠性的信心，尽管他人有自由，尽管未来有不确定性，尽管我们的知识有限，尽管在某些情况下他人对我们有统治权（如公职的权力）。由于特定的原因，"尽管"一词在这句话中出现多次。信任的核心不是对他人可预测性的了解，而是对他人不可预测性的自觉接受（尽管这有些自相矛盾），充满信心地自愿把权力交给他们或在行动中依靠他们。"信心"（faith）一词出现在这里是因为，信任（并不必然具有宗教性）暗指向未知的飞跃，意味着交出自我控制权以便有可能形成新的代理形式，包括大规模的、政治性的集体代理。

对修昔底德和其他古代思想家的研究表明，信任是古代公民关系（甚至是"公民友谊"）的核心构成。现代欧洲和北美的政治思想则预先有目的地剔除了"公民友谊"这一理想。亚里士多德将"公民友谊"与意气相投（homonoia）、相同的道德政治目标紧密联系在一起（《尼各马可伦理学》1167a-b）。实现社会和谐和共同目标实质上都需要信任，因为古希腊公民和领袖，尤其是雅典人，都倾向于选择个人利益（to idion）而非公共利益（to koinon）。[3] 先不说争权夺利的领袖，"坏公民"在雅典的法院和舞台上之所以是著名的角色，恰恰是因为雅典民主制提供了以前无法想象的人身自由、隐私和个

1　关于现代生活和思想的这些特征，参见 Newell（2013）。

2　关于治理和政治经验的直接、间接模式之间的区别，参见 Mansfield（1971）和 Nadon（2009），特别是页534。

3　Christ（2006），尤其是第1章。

人主义。[1]

修昔底德的史书有助于拓展我们对纵向信任、横向信任及其相互关系的理解。作为一部意在成为"垂诸久远的财富"(1.22.4) 的作品,《战争史》不仅把信任和领导力作为政治的日常特征,还将其视为政治危机中的原因。它不仅显示两者的区别,还展现出它们是如何相互联系的。为了查明这些联系,修昔底德将具体的分析性案例研究两两放在一起以教育读者。我先分析两个案例,以便使人们注意到修昔底德非常重视纵向横向信任的发展及其后果。学者们大多忽视了《战争史》中的信任,那些注意到信任的人通常也只研究特定的章节。事实上,信任的主题连接并阐明了整部作品中明显不同的情节。[2]

为了探究纵向信任,我们分析一下伯里克利和亚西比德,书中最令人难忘、(除尼西亚斯外)刻画最为精致的两个角色。雅典人对两人的政治战略能力充满信心;他们投票赞成两人的提议;但他们猜疑亚西比德,而信任伯里克利。为什么会有这一差异?对于亚西比德,修昔底德解释说,民众感到害怕的是,他无法无天,野心太大 (6.15.4)。修昔底德之外的材料来源表明,雅典人还担心伯里克利自己的僭政欲望。喜剧诗人克拉提努斯 (Cratinus) 在《喀戎》(Cheirons) 中指责伯里克利说:"内乱和老萨图尔婚媾生下头号僭主,诸神称之为'头颅收集者'。"这个词指伯里克利超乎常人的大头(普鲁塔克,《伯里克利传》3.3)。[3] 修昔底德本人无疑了解这些指责,但没

---

1 关于一般意义上的"坏公民",参见 Christ (2006)。关于坏公民在雅典内部的显著性,参见 Balot (2014);关于雅典的个人自由和个人主义,参见 Raaflaub (2004)、Hansen (1991) 和 Balot (2014)。

2 参见 Orwin (1994),页 178—180。关于在史书的统一结构中编排对比情节的基本思想,参见 Rawlings (1981)。

3 如无特别说明,古典文本均为本人所译。[译注] 普鲁塔克,《希腊罗马名人传》,黄宏煦编,陆永庭、吴彭鹏等译,北京:商务印书馆,1990年,页463。

有关注，他的陈述使两名领导者的对比更加鲜明。

　　为了唤起读者对政治的深刻理解，修昔底德在拟定演说辞和记叙时努力表明，每个角色都要处理导致公众人物焦虑的最常见原因：金钱。[1] 这些领袖以截然不同的方式象征性地向民众表达他们的热望、自我形象和性格。在西西里辩论期间，亚西比德将自己在奥林匹亚的胜利与传统的公益（public munificence）行为混为一谈，摧毁了他的"信托基金"。公元前416年，在奥林匹亚举行的比赛中，亚西比德投入七辆奥运战车，获得三个奖项。他公开吹嘘自己赢得的胜利和其他"有价值"的事情（6.16）。亚西比德争辩说，他的开支为家族带来荣耀也帮助了雅典，因为这向其他希腊人展示了雅典的实力。亚西比德想到善行（euergesia）和恩惠（charis）的传统伦理，但他的行事方式违背了这些思想的传统精神。[2] 亚西比德的自我吹嘘表明，他缺少对城邦福祉的关心，缺乏对同胞的尊重，这令人震惊不安。

　　亚西比德论证的语境很重要。在亚西比德发表演讲前，尼西亚斯指责他寻求担任西西里远征的指挥官是为了谋取自己的利益，"只顾自己的利益"（6.12）。因此，亚西比德要努力表明，他的开支对城邦有直接的益处。富裕、高贵的演讲者面对雅典民众时通常都会这么做[3]，即使没有受到针对其品格的攻击并承受因之产生的压力。在这种情况下，亚西比德没有采取任何措施来缓和尼西亚斯的指控，结果他的论证接近于不合逻辑。为什么亚西比德个人的炫富会显示城邦的实力，除非观众明白亚西比德认为他服从城邦，代表着城邦的福祉？

1　关于贿赂的主题，参见 Strauss（1985）。

2　关于恩惠和互惠，参见 Ober（1989），页26—33。

3　例如 Isaeus 5.41‑42、6.60‑61，参见 Ober（1989），页26—27。

在奥林匹亚，关于其与雅典民众的关系，亚西比德给人留下了截然不同的印象。像其同胞一样，亚西比德知道，其个人荣耀在奥林匹克观众的心中至高无上。[1] 在《亚西比德传》（11）中，普鲁塔克引用了欧里庇得斯为庆祝这一赛事所写的颂歌：

157

> 大家歌颂克莱尼阿斯（Cleinias）后裔，
>
> 赢得希腊前所未有的胜利；
>
> 包办赛车的冠军、亚军和季军，
>
> 传令官三次宣布得主荣名。[2]

普鲁塔克然后说亚西比德在胜利后成为名人：很多希腊城邦争相给他荣誉和礼物，如动物祭品和美酒（《亚西比德》12）。鉴于奥林匹克胜利者往往表现出僭政的渴望，如基伦（Cylon），雅典人将亚西比德与僭政联系起来并非牵强附会（修昔底德，6.15）。人们几乎不可能接受亚西比德的论点，即他的举止体现出对雅典公益的特别关切。

谈到同胞的平等精神及其对自己的嫉妒时（6.16），亚西比德的态度更为鲜明。亚西比德乐于容忍雅典人的嫉妒，因为面对他的非凡成就，他们的反应很自然。亚西比德认为，由于自己的成就，他和同胞间的不平等并非不公正。相反，恰恰由于他的优越，一种似是而非的政治平等才是不义。社会地位高

164

---

1 正如 Kurke（1991）所说，这就是为什么品达要写凯歌歌颂运动员的胜利，其目的是使胜利者重新融入城邦，使其显赫的地位不会威胁或破坏城邦的政治生活。

2 关于亚西比德胜利的确切次数以及在终点的次序，参见 Gomme、Andrewes 和 Dover（1945—1981），卷 4。[译注] 普鲁塔克，《希腊罗马名人传》卷 1，席代岳译，长春：吉林出版集团有限责任公司，2009 年，页 366。

的演讲者通常会努力消除嫉妒[1]，不会把嫉妒看作荣誉或等级的徽章。在宣称其优越性时，亚西比德对抗性地谴责雅典人不该对他的雄心感到不适。他的谴责是削弱民众信任的关键，因为他贬低了民众为城邦承担政治责任的意愿。他的行为和言辞告诉民众，他认为他们的平等理想微不足道，如果不能说荒谬的话。亚西比德不理睬民众的嫉妒和怨恨，理由是城邦最终会将亚西比德称为最聪明、最有成就的公民。亚西比德通过这种方式宣称，他比雅典人自己更了解雅典人。他认为，雅典人对平等的承诺肤浅，甚至自相矛盾。

有这种看法也不全是亚西比德的错。[2] 利用雅典人意识形态的模糊（甚至是他们的虚伪）来公开顶撞他们，亚西比德很难赢得雅典人的信任。公元前 399 年，亚西比德的老师发现，这种方法造成的后果远比猜疑糟糕。苏格拉底同意接受审判，拒绝逃离雅典，并接受死刑。与苏拉格底不同，亚西比德勉强逃过审判，到伯罗奔尼撒避难（6.60 - 61；参见 6.88 - 93）。从哲学上讲，亚西比德的质问合理合法：一面致力于民主平等，一面敬仰传统的贵族卓越，雅典人如何使两者相一致？人们无疑可以对平等做出解释，使其与个人卓越相符，但亚西比德提出这一问题并非出于改善或苏格拉底式的目的，而是直率地反民主。

相比之下，伯里克利竭力避免因这些理由以及其他的理由受到猜疑。在葬礼演说中，伯里克利对于领袖和普通公民在民主制中的不同角色一带而过，声称即使某些个人制定出最好的政策，至少所有人也将做出审慎的判断（2.40）。民主是"为了"民众行使的权力，即使民众没有"亲自"进行统

---

1 Lsaeus, 6.61, Lysias, 21.15, 还有 Ober (1989)，页 226—227。

2 关于雅典人致力于平等的模糊性，参见 Raaflaub (1996) 和 Balot (2014)。

治（2.37，2.65）；所有公民都有权担任公职，但有一种人在能力上天生就是贵族（2.37）。[1] 伯里克利有意掩饰能力上的不平等（即自然的等级，甚至是天生的政治权力贵族），用一种平等主义的民主观安抚听众。

更重要的是，伯里克利就自己的财产做出象征性的高姿态，提议如果斯巴达人单单只留下自己的财产，就将之充公（2.13）。这与亚西比德形成了鲜明的对比。这一承诺意义非凡，因为伯里克利的"岛屿战略"不仅使雅典城遭受空前的痛苦（2.52），还点燃了阿卡奈人（Acharnians）的怒火，他们珍爱的田产饱受斯巴达人的蹂躏（2.59、2.65）。伯里克利象征性的姿态在战略上似乎不够巧妙或者说过于明显，或者说两者兼具。

但伯里克利知道如何应付同胞的猜疑，甚至在某种程度上能证实民众的焦虑、恐惧和怀疑。伯里克利不会因为民众对其政治野心警惕戒备就怪罪他们。实际上，民众对领袖的监视意味着普通公民承担着对城邦政治生活的责任。因此，将个人财产充公象征着伯里克利对民众的才智和政治意识的尊重；伯里克利的行为表明，他意识到民众的关切至少具有初步（prima facie）的合法性。即便有些自相矛盾，伯里克利对民众的尊重也表明了他的廉洁、忠于城邦和判断谨慎（2.60）。伯里克利与雅典民众之间的纵向信任取决于伯里克利承认民众不信任领袖的合法性。使民主制有效运转的不仅有信任，还有一定程度的不信任。

伯里克利愿意牺牲自己的土地，这意味着对这一基本原则的承认。他的姿态也使其对同胞的劝告具有可信性：与城邦的

---

1 关于葬礼演说对城邦进行"民主"表述的含混，最重要的分析是 Loraux（1986）。

权力相比，个人的土地微不足道（2.62）。伯里克利认真对待民众及其关切，这使其追随者按照他的期望做出有意义的牺牲。民众担心伯里克利的政治野心，伯里克利确认这些担忧合情合理，而非将之贬为鸡毛蒜皮。因此，伯里克利没有用对于平等的模糊承诺这类问题来顶撞民众，而是疏解他们对于特权、等级制或美德的焦虑。通过将英雄主义社会化，将雅典民众整体转化为英雄人物（2.41），伯里克利消除了人们对于民主平等与卓越成就的潜在冲突的疑虑。在伯里克利、亚西比德和苏格拉底身上，我们看到了三种不同的处理信任政治的方法，但只有一种被民主的雅典证明行之有效。

关于亚西比德和伯里克利，这些发现引出一个相关的问题。民主领袖是否会通过表现得与民众同心同德来建立信任？亚里士多德同意一种常见的看法，即公民友谊（politikē philia）与意气相投（homonoia）息息相关，并将之与积极的政治代理和拥有共同的理想联系在一起（《尼各马可伦理学》1167a-b）。但这个问题过于笼统，不仅因为民众本身鱼龙混杂，还因为民众中的每个人都有着难以调和的欲望、抱负和承诺。谈到领袖与民众意气相投或者说民众对领袖有同情性的认同，人们应该问的是在哪些方面、和谁、什么时候。为了使这个问题更为尖锐，我们可以探询公开拒绝民众的限度。民主领袖能在多大程度上拒绝其追随者，同时还保持住纵向的信任？为了使这一点更具哲学性，一个民主领袖如何始终一致地拒绝他要塑造其意志的民众呢？

至少在修昔底德的展示中，只要发现民众有过分的情绪欲望或不谨慎，伯里克利就坦率地批评他们。一般来说，这意味着伯里克利会抵消民众的不节制或自我膨胀（2.65、2.60、2.13‑17）。他愿意这样做有两层含义。首先，伯里克利肯定认为，任何具体的（也可能是错误的）决策并不必然体现民众

160

的意愿，例如，伯罗奔尼撒人第二次入侵后，寻求与斯巴达和解的决定（2.59）。同苏格拉底和卢梭一样，关于对城邦及其民众真正的好以及特定时刻似乎对民众有益的东西，伯里克利做了区分。其次，伯里克利肯定相信，通过教育，民众能认识到自己的错误，并改变想法。雅典人也能够看到，他们倾向于猜疑，他们的本能和天性并非始终会追随公益。

但伯里克利如何顶撞这些有缺点的人，同时又不会像亚西比德那样深陷民众的猜疑？亚西比德只是说他们既追求平等又追求卓越，这有些含混（如果不能说虚伪的话）。答案就是，伯里克利没有质疑或怀疑民众对民主的根本信仰。他只限于探讨具体的决策，这既不同于亚西比德也不同于苏格拉底。在《战争史》中发表的最后一个演说辞中，伯里克利用民众的自相矛盾来回怼，一方面是他们最初要与斯巴达开战，另一方面是他们目前的神经衰弱。在演说辞中，伯里克利不断强调雅典人以前做出的决议（2.60、2.61、2.64），即同意他自己的战争计划。一边是这些令人钦佩的决议，一边是民众对其领袖（首先是伯里克利本人）的指责，他们更倾向于关心个人的私利而非城邦的福祉（2.60），伯里克利将两者做了鲜明的对比。但伯里克利又如何帮助雅典人摆脱这一让人内心挣扎的困境呢？

伯里克利当然没有魔法，他必须在既有民主意识形态的框架内运作。但他对这些问题的修辞表述表明，这种意识形态要比人们此前所认为的更富饶、更肥沃。伯里克利先前重新定义勇敢，使之与雅典人深思熟虑的理想相对应（2.40）[1]，他现在将雅典人关于勇敢的概念转变为一种面对不幸的泰然（2.61、2.64）。他劝说听众要在这种新的、更真实的意义上变得勇敢。

---

[1] Balot (2001b, 2014)。

伯里克利表明，这一冲突存在于民众内部，而不是存在于民众与其卓越领袖之间。伯里克利作为卓越的领袖为民众重新解释勇敢，使民众理解困难，并指明前进的方向。他教导雅典人忠于自己和自己的理想，使他们陷入自相矛盾。这种方法使伯里克利作为民主领袖更值得信赖。[1] 他成功地向民众表明，他的领导完全是为了使民众能以有利于城邦和自身的方式贯彻他们的意愿。

在民主制中，一个健康的公民群体心知肚明，他们某个特定的决定并不总是符合人们通常所理解的公益。民主自我认知的这一特征可以说明，为什么纵向信任要求领袖偶尔要对抗民众的倾向。在亚西比德身上，雅典民众发现的不是欲望的限度、结构和秩序，而是欲望无限的延伸，这令人恐惧并极具破坏性。与伯里克利相比，亚西比德是有远见的领袖，使雅典人的贪婪特质达到逻辑的顶点。亚西比德本人就最大程度上体现了这种精神特质。[2] 亚西比德是有僭主倾向的贵族，**以最为僭政的形式**成为民主欲望的象征。结果，雅典人在亚西比德身上看到了自己，并感到疑虑不安。他们后来改变路数，信任西西里远征军的指挥官尼西亚斯，因而再次选择一位对抗他们屡教不改的欲望的领袖。

值得注意的是，在《战争史》后半部分，修昔底德称赞亚西比德为雅典做出了巨大贡献。驻扎在萨摩斯岛的雅典水手非常愤怒，想返回雅典推翻四百人政权，亚西比德坚决反对。雅典人最初有些迷茫，但持续的时间并不长：经历过民主政治后，他们发现自己所需要的领袖要能挑战民众一时的激情并使之冷静。就此对比伯里克利和亚西比德会使简单的想法复杂

---

1 关于伯里克利对雅典民众的教导方式，参见 Yunis (1996)，页 57—86。
2 Balot (2001a)。

化：纵向信任通过民众和领袖间的同情性认同得以建立。事实上，健康的政治要求领袖表达民众基本的或理想的意愿，而不只是生存的或经验的意愿。这既需要意气相投的象征性姿态，也需要有谨慎的意愿来对抗民众立即得到满足的倾向。

162　　在下一个案例研究中（科基拉内乱），领导力也发挥着至关重要的作用。我们可以将科基拉内乱与雅典瘟疫以及公元前411年雅典内战进行比较。学者们往往注意不到，修昔底德在这些事件中有多么重视信任和不信任。为什么雅典能相对轻松地从动乱中恢复过来，而科基拉内乱的最终结果是民主派屠杀了寡头派？谈到科基拉时，修昔底德说，内战之所以结束是因为一方被完全消灭（4.48）。对于修昔底德文本背后的这一差异，古典史学家有多种解释。我主要关注的是修昔底德如何构建这种并行性并能区分开两个案例。

　　首先，我们为什么把暴乱中的城邦作为研究公民信任的焦点？这一选择就是主张，不寻常的政治或极端的政治要比日常政治更能揭示出政治的本相。在修昔底德手中，这些革命被证明是达到认识论极限的案例，正如欧本（Peter Euben）所说，这些故事通过戏剧性地呈现其失败来突出政治的内在动力。在欧本看来，"因为科基拉是对文明的绝对否定，它还揭示出文明最需要的东西"[1]。但这样说绝不是赞同阿甘本（Giorgio Agamben）的时髦观念，即所有政治都类似于紧急状态，领袖利用公民的绝望或迷惑来攫取权力。[2] 尽管对人性很悲观，修

163　昔底德并不认为政治能简化为一个简单的模板，也不认为领袖和公民代理毫无可能。换而言之，修昔底德并不像阿甘本那么简化或悲观。

1　Euben（1990），页186。

2　Agamben（1998）。

雅典和科基拉有一个明显的区别：即使波斯到公元前 411 年变得日益重要，雅典也不认为有另一个雅典能赢得在国际舞台中的大战。对于大国，各城邦的反应也有可能是团结而非竞争，即使这很难。科基拉没能团结一致应对危机。修昔底德说，在科基拉，个人在贪婪和荣誉（人性的原始表现）的驱使下甚至为了权力和在城邦中取胜而放弃家庭纽带（3. 82. 6，3. 82. 8）。[1] 所有科基拉人（尤其是各党派的领袖）都没有考虑过，如果通过战争获取，他们的城邦是否值得拥有。无论如何，权力和胜利的驱使对于修昔底德的人性观至关重要，但这种驱动力在科基拉和其他城邦（而非斯巴达或雅典）尤其致命。怎么会这样？这种提问方式表明，尽管修昔底德强调权力欲望在因果关系上的重要性，但由于别的原因，人类的这一基本特征在科基拉被充分释放出来。

我的看法是，通过"想要更多"，猜疑成为科基拉内乱的原因和表征。从在爱皮丹努斯（Epidamnus）海战中被俘的科基拉人返回起（3. 70. 1），猜疑实际上就成为修昔底德的科基拉叙事的主题。尽管现在无法厘清信任在科基拉的第一次运作，但我可以说，当民主派劝说躲在赫拉神庙中乞援的寡头派转移到附近的岛屿时（3. 75. 5），信任就已经土崩瓦解。当寡头派转移后，民主派兑现诺言，甚至向岛上的寡头派送给养。但后来乞援者返回赫拉神庙后，民主派背信弃义地说服他们接受审判，然后判处每个人死刑（3. 79. 1、3. 81. 2）。

在内战期间，由于猜疑和信任的扭曲，正确的政治生活变得不可能。修昔底德说，任何暴力的人都"值得信赖"（pistos）；任何反对暴力的人因此都会被怀疑（hupoptos）（3. 82. 5）。因此，科基拉当前的境况使其不可能有未来。"政

1　Balot（2001a）。

治派别"（修昔底德称为 pisteis）通过共同的无法无天而不是宗教律法团结在一起（3.82.6）。如果有人发誓，誓言也只持续很短的时间。一旦有机会，人们更愿意利用得到的信任对敌人发动突袭，获得成功（3.82.7）。修昔底德称，这个城邦分为两个相互猜疑、彼此对立的派别（3.83.1）。所有人都不再寻找解决问题的方法，由于彼此猜疑（3.83.2），他们只想着如何自保。

信任革命导致了科基拉人时间视野的缩小和身体需求对共同代理（shared agency）的限制。根据修昔底德的说法，

> 在和平或好的境遇中，城邦和个人性情较为温和，不会做那些虽不愿意但不得不做的事情。但战争是暴力的老师，剥夺了人们原可轻松获得的日常所需，使大部分人的性情随境遇而变化（3.82）。

这样一来，科基拉人政治代理的时间跨度就被缩短，科基拉人很难设想共同的未来，正如修昔底德所说，"他们的标准就是当下的痛快"（3.82.8）。尽管这种享乐主义标准使科基拉人彼此理解，但它永远无法增进集体政治代理所需的信任。

要拥有共同的未来设想，一个政治共同体就需要某种公民友谊，通过共有的伦理参考点而不是追求不同的物质满足感而建立的公民友谊。科基拉内战摧毁了这些共同的标准。为了强调这一点，修昔底德详细列举科基拉道德、政治词汇含义的大幅变化。失去共同的道德标准和政治理想后，科基拉人就没有基础来建立传统的横向信任关系。自相矛盾的是，这些变化创造出一种新的信任形式：挑起冲突的人被认为值得信赖，而反对冲突的人受到猜疑（3.82）。在内部灾难的压力下，科基拉人的道德政治词汇无法将同胞团结在一起以实现共同利益或推

进集体事业。[1]

在柏拉图的《理想国》中，苏格拉底认为，民主通常会成为这种语言不稳定的猎物，因为民主派颠覆了传统的道德标准，倾向于认为节制等同于软弱，诸如此类（560c-e）。在修昔底德看来，这种批评确实适用于科基拉的民主制。但雅典民主制又怎么样呢？按照苏格拉底的指责，克勒翁（Cleon）这样的演讲者可能罪不可恕，因为他声称对密提列涅"叛徒"节制的回应都是软弱、怯懦（3.37）。修昔底德还认为，在狭隘个人利益的驱使下，伯里克利的继任者在雅典营造出一种猜疑的氛围（2.65）。克勒翁的对手迪奥多图斯（Diodotus）就宣称：在雅典，审慎的演说者只有散布谎言才能得到民众的信任（pistos）（3.43.2）。像科基拉人一样，雅典人最终遭受的不仅是信任的扭曲，还有到处蔓延的彼此猜疑，这些都滋长了公元前411年的革命。正如修昔底德所说：

> 有些革命者从未想过转向寡头制。这些人首先造成多数人间的猜疑（to apiston），通过在民众中形成根深蒂固的猜疑（apistia）使少数人更安全。（8.66.5）

即使此后雅典人仍与斯巴达作战多年，公元前411年革命还是以流血、政权更迭和差点投降敌人为标志。这一事件就重要性来说可与科基拉内乱相提并论。此外，修昔底德对信任主题的持续强调也会让人做出这一比较。修昔底德对瘟疫（2.47-54）的描述预示着雅典内战，这既与科基拉内乱相关，还与伯里克利的葬礼演说前后并列。我们该如何从修昔底德信

---

[1] 关于这一题外话中语言的败坏，参见 White（1984），页 59—92；Connor（1984），页 96—102。

任的角度来解释这场瘟疫？我们是否发现，修昔底德在强调雅典瘟疫期间的信任崩溃（与科基拉的信任侵蚀类似）。

从修昔底德将瘟疫与葬礼演说并列中，学者们经常看到特殊的甚至是悲剧性的含义。例如，在康纳看来，"相邻两个情节呈现出雅典两幅截然不同的景象。一个城邦井然有序，从普遍接受的公民习俗程序中汲取力量；另一个地方则是放纵和失序不断增加"[1]。对于欧文来说，"葬礼演说……是从死亡和尸体中提炼而成的。相反，瘟疫淋漓尽致地呈现出身体的首要性和脆弱性，及其在雅典实际政治生活的核心地位"[2]。伍德曼（Woodman）认为，修昔底德在卷二中精心设计了一出戏剧，旨在提升读者的悲情："因此，第三幕中的瘟疫颠覆了伯里克利在第二幕葬礼演说中吹嘘的一切，这充满了反讽和戏剧性。"[3]

学者们还将瘟疫直接与科基拉内战联系起来。[4] 康纳突出逻辑的无力以及"传统约束对于控制权力欲的无能为力"。[5]他们挑出修昔底德描述中耸人听闻的要素以表明，像科基拉内乱一样，雅典瘟疫是一场无法缓解的灾难。鲁斯腾（Rusten）谈到瘟疫"把惊恐汇拢在一起"，[6] 而霍恩布洛尔指出，"有修辞意识的修昔底德（1.23.3）是要把大瘟疫与日食、地震一起作为战争的预兆"[7]。事实上，修昔底德把雅典瘟疫与科基拉

---

1 Connor (1984)，页64。

2 Orwin (1994)，页182。

3 Woodman (1988)，页35。

4 参见 Rustin (1989)，页190；Hornblower (1991—2008)，卷1，页317、326；Connor (1984)，页99—103。

5 Connor (1984)，页100。

6 Rusten (1989)，页179。

7 Hornblower (1991—2008)，卷1，页317。Hornblower 说得对，2.53.1 中的动词 ērxe "模棱两可：所列的失序在时间上都从瘟疫开始，但瘟疫直接导致了这些问题吗？"（1991—2008，卷1，页326）

内乱类比无可争议，两个事件的特点都是一味地追求享乐和无法无天，还有神法和人法的失效（2.53）。

但我冒险提出一个更乐观的解释，理由是尽管瘟疫肆虐，伯里克利时代的雅典人仍能保持稳固的纵向信任和横向信任。在关注令人震惊的社会崩溃时刻时，读者往往会忘记瘟疫并非单个的、独立的事件。[1] 瘟疫第一次爆发时持续了两年；公元前427年，瘟疫再次席卷雅典并持续一年，按修昔底德的记载，造成4400名重装步兵、300名骑兵和其他许多人死亡（3.87）。在这段苦难的日子里，雅典人继续进行与战时城邦相适应的政治活动和军事行动：他们参加集会，同意伯里克利的建议，即继续战斗不再派使节前往斯巴达（2.65）。他们派舰只绕着伯罗奔尼撒巡航（2.69），围困占领波提狄亚（Potidaea）后进行殖民（2.70），赢得一次重要的海战胜利（2.92），使伯拉西达（Brasidas）撤离萨拉米斯（2.93－4），成功平定列斯堡的叛离（3.2－50）。鉴于科基拉所发生的令人震惊的事件，我认为，给读者留下深刻印象的不仅仅是雅典经历的动乱，还应该有雅典政治的运转依旧。[2] 即便修昔底德宣称及时享乐已成为贵族的新标准（2.53），雅典人也没有形成派系，没有摧毁关于善恶、褒贬的日常语言。相反，他们继续作为有凝聚力的公民团体采取行动，能够坚定灵活地应对超常

---

1 Woodman（1988，页35—36）指出，修昔底德对文本的编排是为了让人确切地意识到"公元前430年夏的这次重大打击"，但与此同时，通过表明雅典继续进行着战时的政治军事活动，修昔底德还使读者超越这一最初的印象。

2 Woodman（1988，页39）对修昔底德记叙的准确性提出了合理的质疑："尽管修昔底德给人留下的印象是前所未有的重大灾难，但令人惊讶的是，任何独立的证据或铭文都没有瘟疫的痕迹。这是由于运气，还是修昔底德放大了瘟疫的真正影响？"答案是修昔底德一开始就夸大了瘟疫的重要性，然后接着解释雅典在应对这一灾难时的公民力量和韧性。

的军事挑战并取得成功。因此，尽管修昔底德提到雅典这段时期的无法无天，但他并没有说雅典人分为敌对的阵线，彼此猜疑成为死对头。

如果研究瘟疫叙事的细节，我们就可以证实这种预想不到的正面解释。修昔底德描述的第一部分记录了摧残人身体和精神的疾病：头痛、喉咙充血、呕吐胆汁、胃痛、腹泻、健忘、偶发性失明、无法抗拒的绝望和十有八九的死亡（2.49-51）。描述完这些令人痛苦的症状后，修昔底德记录说，看护者也开始死亡，除非他们能克服疾病并竭力恢复健康（2.51）。雅典到处都是死尸，甚至神庙里也是，因为瘟疫压垮了所有人，人们开始无视神圣与亵渎的区别（2.52）。人们不再遵守葬礼的法则。由于火葬柴堆有限，人们不得不做一些无耻的事，偷偷用别人家的柴堆（2.52）。"无法无天"的行径（anomia）在整个城邦蔓延，雅典人追求及时行乐，不愿接受宗教顾忌和城邦法律的约束（2.53）。许多人都死了，他们回想起预示着苦难的预言（2.54）。

但是，雅典人在瘟疫期间没有相互杀戮或者把同胞当作替罪羊。[1] 由于我们对修昔底德记录之外的瘟疫情况一无所知，鲍威尔（Powell）就研究其他时代其他地方的瘟疫记载（尤其是1665年伦敦爆发的瘟疫）以评估修昔底德的记叙。鲍威尔写道："关于普遍性的道德滑坡，佩皮斯（Pepys）说'瘟疫使我们像狗一样残忍'。"[2] 这一描述也适用于科基拉内乱中的残

168

---

1 民众把伯里克利当作替罪羊，生他的气，不久又对他处以罚款，因为他们在遭罪，因为他们在打仗，无法再享受和平带来的好处（2.65）。但他们很快消了气，再次选伯里克利为将军，因为他们因私人损失产生的痛苦感受现在已经迟钝（2.65）。令人惊讶的是，修昔底德在总结这些事件时没有提到瘟疫、猜疑或无法无天。相反，修昔底德强调，民众因战争而受苦，不过还是恢复了良好的判断力，选择只要伯里克利活着就听从他的建议。

2 Powell（1988），页158—159。

酷和内斗，但它能用于修昔底德对雅典瘟疫的描述吗？在雅典，最糟糕的情况是许多人被迫用可耻的办法掩埋死者（2.52），偷火葬柴堆或者把尸体放在别人的柴堆上。某些富人"突然死亡"，"以前身无分文的人占有了他们的财产"（2.53）。在历史记载中，这些暴发户不为人所知，但他们没有组建杀人越货的黑帮，就像科基拉的党派或卡特里娜飓风后新奥尔良的帮派，还有公元前411年或404年雅典的帮派。修昔底德说过这样的细节吗？

修昔底德的重点是人们肉体、心理所遭受的痛苦，而不是同胞间的相互杀戮。修昔底德表明，雅典人继续像以前一样从事政治活动，继续有效地作战。因此，他没有提到信任在雅典瘟疫期间受到的侵蚀。[1] 我们是否可以推测，瘟疫并不像学者们说的那样表明了伯里克利理想的崩溃？将瘟疫与葬礼演说并列为什么不是要说明民主制有能力应对藐视人性的压力？修昔底德的描述表明，瘟疫肆虐的雅典不同于也好过血腥的科基拉以及卡特里娜飓风后的新奥尔良。与科基拉人相反，雅典人避免将瘟疫变成革命。修昔底德提出的真正问题是，雅典人面对苦难时为何如此有韧性。

原因是雅典民众在纵向信任和横向信任方面都有着长期的扎实的基础。在悠久的民主辩论史中（我曾称之为"关于城邦的公共对话"），他们精心培养出共有的、相对稳定的道德参考点，而这恰恰是科基拉所缺少的。这些参考点在于他们对民主美德的共同观念。[2] 基于其作为领袖的可信度，伯里克利在葬礼演说中对区分雅典与斯巴达的民主美德做了令人信服的介

169

1　唯一的例外是人们曾有一瞬间失去对伯里克利的信任，但是他们很快恢复了这种信心，还像以前一样从事政治活动（2.65）。关于这一点更全面的讨论，参见前面的注释。

2　参见 Balot（2009，2014）。

绍：勇气、慷慨、开放、灵活和公民友谊（2.40）。伯里克利把重点放在勇气在雅典民主制中的作用，这在战时来说并不失分寸。伯里克利认为，民主制的勇气涉及关于长远框架的思考，这种框架使勇气在整个人生中拥有意义（2.40）。[1] 科基拉人把鲁莽和勇气（3.82）混淆在一起，与之相比，雅典人没有让自己对勇气的理解在瘟疫中变得飘忽不定。

实际上，即使置身危机，伯里克利也会诉诸这一修改版本的理想。在最后一次演说辞中，伯里克利说："无论城邦还是个人，只有面对不幸内心最少苦恼，采取最大行动来对抗，他才最强大、最高贵。"（2.64.6）我认为，这对雅典人来说有道理，因为伯里克利此前曾敦促同胞们多想想他们将来在城邦中的繁华生活（2.64）。在民主城邦所有可能提供的美好生活框架内，伯里克利关于勇气和其他美德的观念很有意义。在雅典，勇气没有成为"男人"不节制的借口，更不用说屠杀同胞了。这就是为什么伯里克利能成功"平息雅典人对他的怒气，让他们的思想摆脱目前的痛苦"（2.65.1）。伯里克利的领导力和横向信任就这样汇合在一起，因为雅典人能够就勇气和其他美德通过参照点建立起一套稳定、连贯、充分的观念，设想着共同的生活，瘟疫期间及其结束后一起处理政务。

修昔底德将伯里克利的葬礼演说、瘟疫、最后的演说辞和科基拉事件联系在一起，这有可能出于戏剧、修辞和理论上的理由，但学者们没能理解这些理由。正如欧文在本书中所说，修昔底德可能用瘟疫来说明伯里克利抽掉雅典人的身体通过理性（gnōmē）来掌控城邦未来的能力限度。尽管让我们意识到雅典在这些方面的脆弱性，但修昔底德还诠释了雅典令人惊讶的韧性、承受巨大挫折的能力、在民主城邦中继续生活的能

170

1　参见 Balot（2001b，2014）。

力。修昔底德给自己的任务是，既要说明为什么雅典并非完全不可战胜，还要解释雅典如何从严峻的挑战和困难中恢复过来。瘟疫的叙述表明，科基拉猜疑和冲突的种子还是出现在了雅典，即便这些种子到了文本结尾才开花结果，演变为公元前411年的革命。修昔底德的记叙还说明，为什么瘟疫并没有严重削弱雅典，也没有释放出猜疑、残忍和暴力。这些经常会出现在其他不太健康的政治文化中。

最终，雅典瘟疫（雅典的三年瘟疫经历）落实了伯里克利在战争第一年赋予阵亡士兵的信任和韧性：

> 他们把将来胜利的不确定性托付给希望；决心在迫在眉睫的行动中依靠自己。他们知道，这意味着保卫和死亡而非屈服和存活。他们逃避言辞的羞辱，在行动中用生命坚守阵地。（2.42.4）

如果说葬礼演说是为了教育听众，瘟疫年代的雅典人则表明，他们内化了伯里克利关于信任的理想，并将之延伸至彼此，因为他们坚定不移地致力于实现民主城邦所承载的理想。

参考文献

Agamben, G. (1998) *Homo Sacer: Sovereign Power and Bare Life*, trans. D. Heller – Roazen (Stanford, CA: Stanford University Press).

Ahrensdorf, P. J. (1997) "Thucydides' Realist Critique of Realism," *Polity* 30, 231 – 265.

Alker, H. R., Jr. (1988) "The Dialectical Logic of Thucydides' Melian Dialogue," *American Political Science Review* 82. 3, pp. 805 – 820.

Anastasiadis, V. I. (2013) *Interest and Self-Interest in Ancient Athens* (Hildesheim: Olms).

Armitage, D. (2000) *The Ideological Origins of the British Empire* (Cambridge: Cambridge University Press).

Avant, D., M. Finnemore, and S. K. Sell (eds.) (2010) *Who Governs the Globe?* (New York: Cambridge University Press).

Balot, R. K. (2001a) *Greed and Injustice in Classical Athens* (Princeton, NJ: Princeton University Press).

（2001b）"Pericles' Anatomy of Democratic Courage," *American Journal of Philology* 122, pp. 505 – 525.

(2009) "The Virtue Politics of Democratic Athens," in S. Salkever (ed.) *The Cambridge Companion to Ancient Greek Political Thought* (Cambridge: Cambridge University Press), pp. 271 – 300.

(2014) *Courage in the Democratic Polis: Ideology and Critique in Classical Athens* (New York: Oxford University Press).

Baltrusch, E. (1994) *Symmachie und Spondai: Untersuchungen zum griechischen Völkerrecht der archaischen und klassischen Zeit (8. – 5. Jahrhundert V. Chr.)* (Berlin: De Gruyter).

Baltrusch, E. and C. Wendt (eds.) (2011) *Ein Besitz für immer? Geschichte, Polis und Völkerrecht bei Thukydides* (Baden-Baden: Nomos).

Barceló, P. (1990) "Thukydides und die Tyrannis," *Historia* 39, pp. 401 – 425.

Bayer, E. (1968) "Thukydides und Perikles," in H. Herter (ed.) *Thukydides* (Darmstadt: Wissenschaftliche Buchgesellschaft), pp. 171 – 259.

Bedford, D. and T. Workman (2001) "The Tragic Reading of the Thucydidean Tragedy," *Review of International Studies* 27, pp. 51 – 67.

Bell, D. S. (2003) "Political Theory and the Functions of Intellectual History," *Review of International Studies* 29, pp. 151 – 160.

Bender, G. F. (1938) *Der Begriff des Staatsmannes bei Thukydides* (Würzburg: K. Triltsch).

Bernhardt, R. (1987) "Die Entstehung der Legende von der tyrannenfeindlichen Außenpolitik Spartas im sechsten und fünften Jahrhundert V. Chr.," *Historia* 36, 257 – 289.

Berve, H. (1967) *Die Tyrannis bei den Griechen*, 2 vols (Munich: Beck).

Bloedow, E. F. (2000) "The Implications of a Major Contradiction in Pericles' Career," *Hermes* 128, 295 – 309.

Bosworth, A. B. (2000) "The Historical Context of Pericles' Funeral Oration," *Journal of Hellenic Studies* 120, 1 – 16.

Brady, H. E. and D. Collier (2010) *Rethinking Social Inquiry:*

Diverse Tools, *Shared Standards* (Lanham, MD: Rowman & Littlefield).

Bridge, C. (2013) *Sea-Power and Other Studies* (Cambridge: Cambridge University Press).

Burns, T. W. (forthcoming) "The Problematic Character of Pericles' Civic Republicanism," in G. Kellow and N. Leddy (eds.) *Civic Republicanism, Enlightenment and Modernity: Ancient Lessons for Global Politics* (Toronto: University of Toronto Press).

Canfora, L. (1990) *Die verlorene Geschichte des Thukydides* (Berlin: Rotbuch).

Cawkwell, G. (1997) *Thucydides and the Peloponnesian War* (London: Routledge).

Chambers, M. (ed.) (1990) *Aristoteles: Staat der Athener* (Berlin: Akademie Verlag).

Christ, M. R. (2006) *The Bad Citizen in Classical Athens* (Cambridge: Cambridge University Press).

Classen, C. J. (1996) "APXH: Its Earliest Use," *Scripta Classica Israelica* 15, pp. 20 – 24.

Cochrane, C. N. (1929) *Thucydides and the Science of History* (Oxford: Oxford University Press).

Connor, W. R. (1977a) "A Post Modernist Thucydides?" *The Classical Journal* 72. 4, 289 – 298.

(1977b) "Tyrannis Polis" in J. H. D'Arms and J. W. Eadie (eds.) *Ancient and Modern: Essays in Honor of Gerald F. Else* (Ann Arbor: University of Michigan Press), pp. 95 – 109.

(1984) *Thucydides* (Princeton, NJ: Princeton University Press).

(1991) "Polarization in Thucydides" in R. N. Lebow and B. S. Strauss (eds.) *Hegemonic Rivalry: From Thucydides to the Nuclear Age* (Boulder, CO: Westview), pp. 53 – 69.

Constantakopoulou, C. (2007) *The Dance of the Islands: Insularity, Networks, the Athenian Empire, and the Aegean World* (Oxford: Oxford University Press).

Cornford, F. M. D. (1907) *Thucydides Mythistoricus* (London: Edward Arnold).

Crane, G. (1998) *Thucydides and the Ancient Simplicity* (Berkeley: University of California Press).

Crowe, E. (1928) "Memorandum on the Present State of British Relations with France and Germany," in G. P. Gooch and H. Temperley (eds.) *British Documents on the Origins of the War: 1898 – 1914*, vol. 3 (London; repr. New York 1967, Johnson Reprint), pp. 397 – 420.

(1981) *The Class Struggle in the Ancient Greek World* (London: Duckworth).

Deininger, G. (1939) *Der Melier-Dialog* (Thuk. V. 85 – 113) (Erlangen: Krahl).

Diesner, H. J. (1959) "Peisistratidenexkurs und Peisistratidenbild bei Thukydides", *Historia* 8, pp. 12 – 22.

(1980) "Thukydides und Thomas Hobbes," *Historia* 29, pp. 1 – 16.

Donnelly, J. (2000) *Realism and International Relations* (Cambridge: Cambridge University Press).

Dover, K. J. (1974) *Greek Popular Morality in the Time of Plato and Aristotle* (Oxford: Blackwell).

Doyle, M. W. (1990) "Thucydidean Realism," *Review of International Studies* 16. 3, pp. 223 – 237.

Dreher, M. (1983) *Sophistik und Polisentwicklung: Die sophistischen Staatstheorien des 5. Jh. V. Chr. und ihr Bezug auf Entstehung und Wesen des griechischen, vorrangig athenischen Staates* (Frankfurt: Peter Lang).

(2008) *Das antike Sizilien* (Munich: Beck).

(2014) "Die Frauen der Tyrannen", in U. Bultrighini and E. Dimauro (eds.) *Donne che contano nella storia greca* (Lanciano: Carabba), pp. 237 – 267.

Drews, R. (1983) *Basileus: The Evidence of Kingship in Geometric Greece* (New Haven, CT and London: Yale University Press).

Drexler, H. (1976) *Thukydides-Studien* (Hildesheim: Olms).

Dunn, J. (2000) "Trust and Political Agency," in D. Gambetta (ed.) *Trust: Making and Breaking Cooperative Relations*, electronic edition, Department of Sociology, University of Oxford, chapter 5, pp. 73 – 93, http://www. sociology. ox. ac. uk/papers/dunn73-93. pdf.

Dunne, T. and B. Schmidt (2001) "Realism," in J. Baylis and S. Smith (eds.) *The Globalization of World Politics: An Introduction to International Relations*, 2nd edn (Oxford: Oxford University Press), pp. 141 – 162.

Dylan, B. (2004) *Chronicles: Volume One* (New York: Simon &. Schuster).

Erbse, H. (1989) *Thukydides-Interpretationen* (Berlin: De Gruyter).

Euben, J. P. (1990) The Tragedy of Political Theory: The Road Not Taken (Princeton, NJ: Princeton University Press).

Fantasia, U. (ed.) (2003) *Tucidide: La Guerra del Peloponneso. Libro II* (Pisa: Edizioni ETS).

Figal, G. (ed.) (2007) *Hans-Georg Gadamer: Wahrheit und Methode* (Berlin: Akademie Verlag).

Finley, J. H. (1942) *Thucydides* (Cambridge, MA: Harvard University Press).

Flanagan, G. B. (2007) "Thucydides on the Political Soul" (Ph. D. thesis, University of Chicago).

Flashar, H. (1969) *Der Epitaphios des Perikles: Seine Funktion im Geschichtswerk des Thukydides* (Heidelberg: Winter).

    (1989) "Der Epitaphios des Perikles. Seine Funktion im Geschichtswerk des Thukydides," in M. Kraus (ed.) *Eidola: Ausgewählte kleine Schriften* (Amsterdam: B. R. Grüner), pp. 435 – 483. [revised edition of the 1969 version]

Floyd, J. (2009) "Is Political Philosophy Too Ahistorical?" *Critical Review of International Sociology and Political Philosophy* 12, pp. 513 – 533.

Floyd, J. and M. Stears (2011) *Political Philosophy versus History? Contextualism and Real Politics in Contemporary Political Thought* (Cambridge: Cambridge University Press).

Forde, S. P. (1989) *The Ambition to Rule: Alcibiades and the Politics of Imperialism in Thucydides* (Ithaca, NY: Cornell University Press).

    (2012) "Thucydides and Realism among the Classics of International Relations," in K. Harloe and N. Morley (eds.) *Thucydides and the Modern World. Reception, Reinterpretation and Influence from the Renaissance to the Present* (Cambridge: Cambridge University Press), pp. 178 – 197.

Foster, E. (2010) *Thucydides, Pericles, and Periclean Imperialism*

(New York: Cambridge University Press).

Foster, E. and D. Lateiner (eds.) (2012) *Thucydides and Herodotus* (Oxford: Oxford University Press).

Gadamer, H. -G. (2004) *Truth and Method*, 2nd reV. edn, trans. J. Weinsheimer and D. G. Marshall (New York: Continuum).

——(2008) *Philosophical Hermeneutics*, ed. and trans. D. E. Linge (Berkeley and Los Angeles: University of California Press).

Ganghof, S. (2005) "Vergleichen in qualitativer und quantitativer Politikwissenschaft: X-zentrierte versus Y-zentrierte Forschungsstrategien," in S. Kropp and M. Minkenberg (eds.) *Vergleichen in der Politikwissenschaft* (Wiesbaden: VS Verlag), pp. 76 – 93.

Gardiner, T. (1969) "Terms for Thalassocracy in Thucydides", *Rheinisches Museum fur Philologie* 112, pp. 16 – 22.

Garst, D. (1989) "Thucydides and Neorealism," *International Studies Quarterly* 33.1, pp. 3 – 27.

George, J. (1994) *Discourses of Global Politics: A Critical (Re) Introduction to International Relations* (Boulder: Lynne Rienner).

Geuss, R. (2005) *Outside Ethics* (Princeton, NJ: Princeton University Press).

Giddens, A. (1990) *The Consequences of Modernity* (Stanford: Stanford University Press).

Gilpin, R. S. (1984) "The Richness of the Tradition of Political Realism," *International Organization* 38, pp. 287 – 304.

Gomme, A. W., A. Andrewes, and K. J. Dover (1945 – 81) *A Historical Commentary on Thucydides*, 5 vols (Oxford: Clarendon Press).

Gordon, P. E. (2012) "What Is Intellectual History? A Frankly Partisan Introduction to a Frequently Misunderstood Field," Harvard University Faculty Papers:

http: //projects. iq. harvard. edu/files/history/files/what _ is _ intell _ history_ pgordon_ mar2012. pdf (March 10, 2015).

Graham, G. (2011) "Political Philosophy and the Dead Hand of Its History," in J. Floyd and M. Stears (eds.) *Political Philosophy versus History? Contextualism and Real Politics in Contemporary Political Thought* (Cambridge: Cambridge University Press), pp. 84 – 102.

Gundert, H. (1968) "Athen und Sparta in den Reden des Thukydides," in H. Herter (ed.) *Thucydides* (Darmstadt: Wissenschaftliche Buchgesellschaft), pp. 114 - 135.

Hampsher-Monk, I. (2011) "Politics, Political Theory and Its History," in J. Floyd and M. Stears (eds.) *Political Philosophy versus History? Contextualism and Real Politics in Contemporary Political Thought* (Cambridge: Cambridge University Press), pp. 105 - 127.

Handke, P. (1998) *Once Again for Thucydides*, trans. T. Lewis (New York: New Directions). (2002) *Kindergeschichte* (Frankfurt: Suhrkamp).

Hansen, M. H. (1991) *The Athenian Democracy in the Age of Demosthenes* (Oxford: Blackwell).

Hardie, P. R. (1986) *Virgil's Aeneid: Cosmos and Imperium* (Oxford: Oxford University Press).

Harloe, K. and N. Morley (eds.) (2012) *Thucydides and the Modern World: Reception, Reinterpretation and Influence from the Renaissance to the Present* (Cambridge: Cambridge University Press).

Herter, H. (ed.) (1968) *Thukydides* (Darmstadt: Wissenschaftliche Buchgesellschaft).

Herz, J. H. (1974) "Idealistischer Institutionalismus und das Sicherheitsdilemma," in J. H. Herz (ed.) *Staatenwelt und Weltpolitik: Aufsätze zur internationalen Politik im Nuklearzeitalter* (Hamburg: Hoffmann & Campe), pp. 39 - 56.

Heuser, B. (2010) *The Evolution of Strategy: Thinking War from Antiquity to the Present* (Cambridge: Cambridge University Press).

Hoekstra, K. (2012) "Thucydides and the Bellicose Beginnings of Modern Political Theory," in K. Harloe and N. Morley (eds.) *Thucydides and the Modern World: Reception, Reinterpretation and Influence from the Renaissance to the Present* (Cambridge: Cambridge University Press), pp. 25 - 54.

Hornblower, S. (1983) *The Greek World 479 - 323 BC* (London: Methuen).

(1987) *Thucydides* (London: Duckworth).

(1991 - 2008) *A Commentary on Thucydides*, 3 vols (Oxford:

Oxford University Press).

(1996) "Sea Power, Greek and Roman," *The Oxford Classical Dictionary*, 3rd edn, pp. 1375 – 1376.

Hudson-Williams, H. L. (1950) "Conventional Forms of Debate and the Melian Dialogue," *American Journal of Philology* 71. 2, pp. 156 – 170.

Hunter, V. J. (1973) "Athens Tyrannis: A New Approach to Thucydides," *The Classical Journal* 69, pp. 120 – 126.

(1982) *Past and Process in Herodotus and Thucydides* (Princeton, NJ: Princeton University Press).

Iser, W. (1978) *The Implied Reader: Patterns of Communication in Prose Fiction from Bunyan to Beckett* (Baltimore, MD: Johns Hopkins University Press).

Jacoby, F. (1949) *Atthis: The Local Chronicles of Ancient Athens* (Oxford: Clarendon Press).

Jaeger, W. (1959) *Paideia*, 4th edn (Berlin: De Gruyter).

Johnson Bagby, L. M. (1994) "The Use and Abuse of Thucydides in International Relations," *International Organization* 48. 1, 131 – 153. (180)

Johnstone, S. (2012) *A History of Trust in Ancient Greece* (Chicago: University of Chicago Press).

Kagan, D. (1994) "Athenian Strategy in the Peloponnesian War," in W. Murray, M. Knox, and A. Bernstein (eds.) *The Making of Strategy: Rulers, States, and War* (Cambridge: Cambridge University Press), pp. 24 – 55.

(2009) *Thucydides: The Reinvention of History* (New York: Penguin Books).

Kallet, L. (2006) "Thucydides' Workshop of History and Utility Outside the Text," in A. Rengakos and A. Tsakmakis (eds.) *Brill's Companion to Thucydides* (Leiden, Boston, and Tokyo: Brill), pp. 335 – 368.

Kant, I. (2006) *Anthropology from a Pragmatic Point of View*, ed. R. B. Louden and M. Kuehn (Cambridge: Cambridge University Press).

Kauppi, M. V. and P. R. Viotti (1992) *The Global Philosophers: World Politics in Western Thought* (New York: Lexington Books).

Kelly, P.　(2011) "Rescuing Political Theory from the Tyranny of History," in Floyd and M. Stears (eds.) *Political Philosophy versus History? Contextualism and Real Politics in Contemporary Political Thought* (Cambridge: Cambridge University Press), pp. 13 – 37.

King, G. , R. O. Keohane, and S. Verba (1994) *Designing Social Inquiry: Scientific Inference in Qualitative Research* (Princeton, NJ: Princeton University Press).

Kluge, F. (1967) *Etymologisches Wörterbuch der deutschen Sprache*, 20th edn (Berlin: De Gruyter).

Koerner, R. (ed.) (1993) *Inschriftliche Gesetzestexte der frühen griechischen Polis*, ed. K. Hallof (Cologne: Böhlau).

Krasner, S. D. (1982) "Structural Causes and Regime Consequences: Regimes as Intervening Variables," *International Organization* 36. 2, pp. 185 – 205.

(1999) *Sovereignty: Organized Hypocrisy* (Princeton, NJ: Princeton University Press).

Krasner, S. D. and T. Risse (2014) "External Actors, State-Building, and Service Provision in Areas of Limited Statehood: Introduction," *Governance* 27. 4, pp. 545 – 567.

Kurke, L. (1991) *The Traffic in Praise: Pindar and the Poetics of Social Economy* (Ithaca, NY: Cornell University Press).

Lazenby, J. F. (2004) *The Peloponnesian War: A Military Study* (London and New York: Routledge).

Lebow, R. N. (1991) "Thucydides, Power Transition Theory, and the Causes of War," in R. N. Lebow and B. S. Strauss (eds.) *Hegemonic Rivalry: From Thucydides to the Nuclear Age* (Boulder, CO: Westview), pp. 125 – 165.

(2001) "Thucydides the Constructivist," *American Political Science Review* 95. 3, pp. 547 – 560.

(2003) *The Tragic Vision of Politics: Ethics, Interests and Orders* (Cambridge: Cambridge University Press).

(2007) "Thucydides and Deterrence," *Security Studies* 16, pp. 163 – 188.

(2012) "International Relations and Thucydides," in K. Harloe and N. Morley (eds.) *Thucydides and the Modern World: Reception,*

Reinterpretation and Influence from the Renaissance to the Present
(Cambridge: Cambridge University Press), pp. 197 – 212.

Lebow, R. N. and B. S. Strauss (eds.) (1991) *Hegemonic Rivalry:
From Thucydides to the Nuclear Age* (Boulder, CO: Westview).

Leppin, H. (1999) *Thukydides und die Verfassung der Polis: Ein
Beitrag zur politischen Ideengeschichte des 5. Jahrhunderts V.
Chr.* (Berlin: Akademie Verlag).

　(2011) "Sprachen der politischen Verfassung bei Thukydides," in E.
　Baltrusch and C. Wendt (eds.) *Ein Besitz für immer? Geschichte,
　Polis und Völkerrecht bei Thukydides* (Baden-Baden: Nomos),
　pp. 109 – 121.

Lévy, E. (2006) "Archè chez Hérodote," in P. Brillet-Dubois and é.
Parmentier (eds.) *Philologia: Mélanges offerts à Michel Casevitz*
(Lyon: Maison de l'Orient et de la Méditerranée), pp. 89 – 98.

de Libero, L. (1996) *Die archaische Tyrannis* (Stuttgart: Franz
Steiner).

Liebeschuetz, W. (1968) "The Structure and Function of the Melian
Dialogue," *The Journal of Hellenic Studies* 88, pp. 73 – 77.

Loraux, N. (1980) "Thucydide n'est pas un collègue," *Quaderni di
Storia* 12, pp. 55 – 81.

　(1986) *The Invention of Athens: The Funeral Oration in the
　Classical City*, trans. A. Sheridan (Cambridge, MA: Harvard
　University Press).

　(2011) "Thucydides is Not a Colleague," in J. Marincola (ed.)
　Greek and Roman Historiography (Oxford: Oxford University
　Press), pp. 19 – 39.

Low, P. (2007) *Interstate Relations in Classical Greece: Morality
and Power* (Cambridge: Cambridge University Press).

Ludwig, P. W. (2002) *Eros and Polis: Desire and Community in
Greek Political Theory* (Cambridge: Cambridge University Press).

Luhmann, N. (1979) *Trust and Power* (New York: Wiley).

Luraghi, N. (1994) *Tirannidi arcaiche in Sicilia e Magna Grecia: da
Panezio di Leontini alla caduta dei Dinomenidi* (Florence: Olschki).

Macleod, C. W. M. (1974) "Form and Meaning in the Melian
Dialogue," *Historia* 23, pp. 385 – 400.

Mansfield, Jr. , H. C. (1971) "Hobbes and the Science of Indirect

Government," *American Political Science Review* 65.1, pp. 97 – 110.

Mara, G. M. (2008) *The Civic Conversations of Thucydides and Plato* (Albany, NY: SUNY Press).

(2009) "Thucydides and Political Thought," in S. Salkever (ed.) *The Cambridge Companion to Ancient Greek Political Thought* (Cambridge: Cambridge University Press), pp. 96 – 125.

McCann, D. and B. S. Strauss (eds.) (2001) War and Democracy: *A Comparative Study of the Korean War and the Peloponnesian War* (Armonk: M. E. Sharpe).

McCloskey, D. N. (1986) *The Rhetoric of Economics* (Brighton: Wheatsheaf Books).

Meier, C. (1982) "Macht, Gewalt. II. Terminologie und Begrifflichkeit in der Antike," in O. Brunner, W. Conze, and R. Koselleck (eds.) *Geschichtliche Grundbegriffe*, vol. III (Stuttgart: Klett-Cotta), pp. 820 – 835.

(1990a) "Die Rolle des Krieges im klassischen Athen," Historische Zeitschrift 251, pp. 555 – 605.

(1990b) *The Greek Discovery of Politics*, trans. D. McLintock (Cambridge, MA: Harvard University Press).

(1993) *Athen: Ein Neubeginn der Weltgeschichte* (Munich: Siedler).

Meiggs, R. and D. Lewis (eds.) (1975) *A Selection of Greek Historical Inscriptions* (repr. with corr., Oxford: Clarendon Press).

Meineke, S. (2003) "Thukydidismus," *Der Neue Pauly* XV.3, pp. 480 – 494.

Meister, K. (2011) "Das Recht des Stärkeren bei Thukydides," in E. Baltrusch and C. Wendt (eds.) *Ein Besitz für immer? Geschichte, Polis und Völkerrecht bei Thukydides* (Baden-Baden: Nomos), pp. 229 – 271.

Meyer, E. A. (2008) "Thucydides on Harmodius and Aristogeiton, Tyranny, and History," *Classical Quarterly* 58, pp. 13 – 34.

Meyer, G. (1889) *Der gegenwärtige Stand der Thukydideischen Frage* (Nordhausen: Kirchner).

Modelski, G. and W. R. Thompson (1988) *Seapower in Global Politics, 1494 – 1993* (Seattle: University of Washington Press).

Momigliano, A. (1942) "Terra marique," *The Journal of Roman Studies* 32, pp. 53 – 64.

Monoson, S. S. (1994) "Citizen as Erastes: Erotic Imagery and the Idea of Reciprocity in the Periclean Funeral Oration," *Political Theory* 22. 2, 253 – 276.

Monoson, S. S. and M. Loriaux (1998) "The Illusion of Power and the Disruption of Moral Norms: Thucydides' Critique of Periclean Policy," *American Political Science Review* 92. 2, pp. 285 – 297.

Monten, J. (2006) "Thucydides and Modern Realism," *International Studies Quarterly* 50. 1, pp. 3 – 26.

Morgenthau, H. (1967) *Politics among Nations: The Struggle for Power and Peace*, 4th edn (New York: Knopf).

Morley, N. (2006) "Narrative Economy," in P. F. Bang, M. Ikeguchi, and H. G. Ziche (eds.) *Ancient Economies, Modern Methodologies: Archaeology, Comparative History, Models and Institutions* (Rome and Bari: Edipuglia), pp. 27 – 47.

(2012) "Thucydides, History and Historicism in Wilhelm Roscher," in K. Harloe and N. Morley (eds.) *Thucydides and the Modern World: Reception, Reinterpretation and Influence from the Renaissance to the Present* (Cambridge: Cambridge University Press), pp. 115 – 139.

(2013) "Thucydides Quote Unquote," *Arion* 20. 3, pp. 9 – 36.

Morris, I. (1994) "Review Article: The Athenian Economy Twenty Years after the Ancient Economy," *Classical Philology* 89, pp. 351 – 366.

(2002) "Hard Surfaces," in P. Cartledge, E. E. Cohen, and L. Foxhall (eds.) *Money, Labour and Land: Approaches to the Economies of Ancient Greece* (London: Taylor & Francis), pp. 8 – 43.

Morrison, J. V. (2000) "Historical Lessons in the Melian Episode," *Transactions of the American Philological Association* 130, pp. 119 – 148.

(2006a) "Interaction of Speech and Narrative in Thucydides," in A. Rengakos and A. Tsakmakis (eds.) *Brill's Companion to Thucydides* (Leiden, Boston, and Tokyo: Brill), pp. 251 – 277.

(2006b) *Reading Thucydides* (Columbus, OH: State University

Press).

Murray, O. and A. Moreno (2007) *A Commentary on Herodotus*: *Books I – IV* (Oxford: Oxford University Press).

Nadon, C. (2009) "Republicanism: Ancient, Medieval, and Beyond," in R. K. Balot (ed.) *A Companion to Greek and Roman Political Thought* (Oxford: Wiley-Blackwell), pp. 529 – 554.

Newell, W. R. (2013) *Tyranny: A New Interpretation* (Cambridge: Cambridge University Press).

Nicolai, W. (1996) "Thukydides und die Perikleische Machtpolitik," *Hermes* 124, pp. 264 – 281.

Niebuhr, B. G. (1847) *Vorträge über alte Geschichte, an der Universität zu Bonn gehalten*, vol I: *Der Orient bis Zur Schlacht von Salamis. Griechenland bis auf Perikles* (Berlin: Reimer).

Ober, J. (1989) *Mass and Elite in Democratic Athens: Rhetoric, Ideology, and the Power of the People* (Princeton, NJ: Princeton University Press).

(1996) *The Athenian Revolution: Essays on Ancient Greek Democracy and Political Theory* (Princeton, NJ: Princeton University Press).

(2001a) *Political Dissent in Democratic Athens* (Princeton, NJ: Princeton University Press).

(2001b) "Thucydides Theoretikos/Thucydides Histor: Realist Theory and the Challenge of History," in D. McCann and B. S. Strauss (eds.) *War and Democracy: A Comparative Study of the Korean War and the Peloponnesian War* (Armonk: M. E. Sharpe), pp. 273 – 306.

(2006) "Thucydides and the Invention of Political Science," in A. Rengakos and A. Tsakmakis (eds.) *Brill's Companion to Thucydides* (Leiden, Boston, and Tokyo: Brill), pp. 131 – 159.

Orwin, C. (1988) "Stasis and Plague: Thucydides on the Dissolution of Society," *Journal of Politics* 50, pp. 831 – 847.

(1989) "Thucydides' Contest," *Review of Politics* 51.3, pp. 345 – 364.

(1994) *The Humanity of Thucydides* (Princeton, NJ: Princeton University Press).

(2000) "Review Essay on Thucydides," *Political Theory* 28, pp. 861 – 869.

(2011) *The Humanity of Thucydides*, 3rd edn (Princeton, NJ: Princeton University Press).

Palmer, M. J. (1980) *Athenian Democracy, Empire, and the Problem of Tyranny: A Study of Thucydides* (Ann Arbor: University of Michigan Press).

(1982) "Alcibiades and the Question of Tyranny in Thucydides," *Canadian Journal of Political Science* 15, pp. 103 – 124.

Placido, D. (1989) "Tucídides, sobre la tiranía," *Anejos de Gerión 2*, pp. 155 – 164.

Podoksik, E. (2005) "Justice, Power and Athenian Imperialism: An Ideological Moment in Thucydides' History," *History of Political Thought* 261, pp. 21 – 42.

Pothou, V. (2011) "*Paralogos Polemos*: Irrationality and War in Thucydides," in G. Rechenauer and V. Pothou (eds.) *Thucydides: A Violent Teacher? History and Its Representations* (Göttingen: V&R unipress), pp. 261 – 277.

Powell, A. (1988) *Athens and Sparta: Constructing Greek Political and Social History from 478 BC* (Portland: Areopagitica Press).

Price, J. J. (2001) *Thucydides and Internal War* (New York: Cambridge University Press).

Putnam, R. D. (2000) *Bowling Alone: The Collapse and Revival of American Community* (New York: Simon and Schuster).

Raaflaub, K. A. (1979) "Polis Tyrannos: Zur Entstehung einer politischen Metapher," in G. W. Bowersock, W. Burkert, and C. J. Putnam (eds.) *Arktouros: Hellenic Studies Presented to Bernard M. W. Knox on the Occasion of his 65th Birthday* (Berlin and New York: De Gruyter), pp. 237 – 252.

(1985) *Die Entdeckung der Freiheit: Zur historischen Semantik und Gesellschaftsgeschichte eines politischen Grundbegriffs der Griechen* (Munich: Beck).

(1996) "Equalities and Inequalities in Athenian Democracy," in J. Ober and C. Hedrick (eds.) *Dēmokratia* (Princeton, NJ: Princeton University Press), pp. 140 – 174.

(2001) "Father of All, Destroyer of All: War in Late Fifth-Century Athenian Discourse and Ideology," in D. McCann and B. S. Strauss (eds.) *War and Democracy: A Comparative Study of* the Korean War and the Peloponnesian War (Armonk: M. E. Sharpe), pp. 307 – 356.

(2002) "Herodot und Thukydides: Persischer Imperialismus im Lichte der athenischen Sizilienpolitik," in N. Erhardt and L. -M. Günther (eds.) Widerstand-Anpassung-Integration: Die griechische Staatenwelt und Rom. Festschrift für Jürgen Deininger zum 65. Geburtstag (Stuttgart: Franz Steiner), pp. 11 – 40.

(2004) The Discovery of Freedom in Ancient Greece (Chicago: University of Chicago Press). [English translation of Raaflaub (1985)].

(2006) "Thucydides on Democracy and Oligarchy," in A. Rengakos and A. Tsakmakis (eds.) Brill's Companion to Thucydides (Leiden, Boston, and Tokyo: Brill), pp. 189 – 222.

(2011) "Die Versuchung der Macht: Thukydides und das Versagen hegemonialer Bundesstrukturen," in E. Baltrusch and C. Wendt (eds.) Ein Besitz für immer? Geschichte, Polis und Völkerrecht bei Thukydides (Baden-Baden: Nomos), pp. 173 – 194.

(2013) "Ktēma es aiei: Thucydides' Concept of 'Learning through History' and Its Realization in His Work," in A. Tsakmakis and M. Tamiolaki (eds.) Thucydides between History and Literature (Berlin and Boston: De Gruyter), pp. 3 – 22.

Raubitschek, A. E. (1973) "The Speech of the Athenians at Sparta," in P. Stadter (ed.) The Speeches in Thucydides: A Collection of Original Studies with a Bibliography (Chapel Hill: University of North Carolina Press), pp. 32 – 49.

Rawlings, H. R., III (1981) The Structure of Thucydides' History (Princeton, NJ: Princeton University Press).

Rechenauer, G. (2011) "Polis Nosousa: Politics and Disease in Thucydides — the Case of the Plague," in G. Rechenauer and V. Pothou (eds.) (185) Thucydides: A Violent Teacher? History and Its Representations (Gottingen: V&R Unipress), pp. 241 – 260.

Rechenauer, G. and V. Pothou (eds.) (2011) Thucydides: A Violent Teacher? History and Its Representations (Göttingen: V&R unipress).

Reinhardt, K. (1966) "Thukydides und Machiavelli," in C. Becker (ed.) Vermächtnis der Antike: Gesammelte Essays zur Philosophie und Geschichtsschreibung (Göttingen: Vandenhoeck und Ruprecht), pp. 184 – 218.

Rengakos, A. (1984) *Form und Wandel des Machtdenkens der Athener bei Thukydides* (Stuttgart: Franz Steiner).

Rengakos, A. and A. Tsakmakis (eds.) (2006) *Brill's Companion to Thucydides* (Leiden, Boston, and Tokyo: Brill).

Rhodes, P. J. (2006) "Thucydides and Athenian History," in A. Rengakos and A. Tsakmakis (eds.) *Brill's Companion to Thucydides* (Leiden, Boston, and Tokyo: Brill), pp. 523 – 546.

Risse, T. (ed.) (2011) *Governance without a State? Policies and Politics in Areas of Limited Statehood* (New York: Columbia University Press).

Rittelmeyer, F. (1915) *Thukydides und die Sophistik* (Diss. Erlangen).

de Romilly, J. (1963) *Thucydides and Athenian Imperialism*, trans. P. Thody (Oxford: Blackwell).

(1991) *The Rise and Fall of States According to Greek Authors* (Ann Arbor: University of Michigan Press).

Rood, T. (1998) *Thucydides: Narrative and Explanation* (Oxford: Oxford University Press).

Rose, p. W. (2012) *Class in Archaic Greece* (Cambridge: Cambridge University Press).

Rowlands, K. (2012) "'Decided Preponderance at Sea', Naval Diplomacy in Strategic Thought," *Naval War College Review* 65. 4, pp. 89 – 105.

Rusten, J. (ed.) (1989) *Thucydides: The Peloponnesian War. Book II* (Cambridge: Cambridge University Press).

Said, S. (2011) "Reading Thucydides' Archaeology against the Background of Herodotus' Preface," in G. Rechenauer and V. Pothou (eds.) *Thucydides: A Violent Teacher? History and Its Representations* (Göttingen: V&R unipress), pp. 61 – 78.

Salkever, S. (ed.) (2009) *The Cambridge Companion to Ancient Greek Political Thought* (Cambridge: Cambridge University Press).

Sancho Rocher, L. (1994) "Tucidides y el tema de la polis-tyrannos," *Quaderni di Storia* 40, pp. 59 – 83.

Sawyer, L. (2013) "From Contemporary Relevance to Eternal Truth: Thucydides and the Great Books Movement from the 1960s to

Today," paper delivered at the research-colloquium *The Most Politic Historiographer: Thucydides in Modern Western Culture*, University of Bristol.

Saxonhouse, A. W. (1996) *Athenian Democracy* (Notre Dame: University of Notre Dame Press).

Scanlon, T. F. (1987) "Thucydides and Tyranny," *Classical Antiquity* 6, pp. 286 – 301.

Scardino, C. (2012) "Indirect Discourse in Herodotus and Thucydides," in E. Foster and D. Lateiner (eds.) *Thucydides and Herodotus* (Oxford: Oxford University Press), pp. 67 – 96.

Schadewaldt, W. (1929) *Die Geschichtsschreibung des Thukydides: Ein Versuch* (Berlin: Weidmann).

Scharpf, F. W. (1997) *Games Real Actors Play: Actor-Centered Institutionalism in Policy Research* (Boulder, CO: Westview).

Scheibelreiter, P. (2011) "Völkerrecht bei Thukydides. Rechtsquelle und völkerrechtliche Begrifflichkeit," in E. Baltrusch and C. Wendt (eds.) *Ein Besitz für immer? Geschichte, Polis und Völkerrecht bei Thukydides* (Baden-Baden: Nomos), pp. 153 – 171.

(2013) *Untersuchungen zur vertragsrechtlichen Struktur des delisch-attischen Seebundes* (Wien: Verlag der Österreichischen Akademie der Wissenschaften).

Schuller, W. (1978) *Die Stadt als Tyrann: Athens Herrschaft über seine Bundesgenossen* (Konstanz: Universitätsverlag).

Schulz, R. (2005) *Die Antike und das Meer* (Darmstadt: Primus).

(2011) "Thukydides und das Meet," in E. Baltrusch and C. Wendt (eds.) *Ein Besitz für immer? Geschichte, Polis und Völkerrecht bei Thukydides* (Baden-Baden: Nomos), pp. 63 – 85.

Schwartz, E. (1919) *Das Geschichtswerk des Thukydides* (Bonn: Cohen).

Schwarzenberger, G. (1941) *Power Politics* (New York: Praeger).

Scott-Kilvert, I. (trans.) (1960) *Plutarch. The Rise and Fall of Athens: Nine Greek Lives* (New York: Penguin).

Shanske, D. (2007) *Thucydides and the Philosophical Origins of History* (Cambridge: Cambridge University Press).

Shapiro, I., R. M. Smith, and T. E. Masoud (2004) *Problems and Method in the Study of Politics* (Cambridge: Cambridge University

Press).

Shklar, J. N. (1989) "The Liberalism of Fear," in N. Rosenblum (ed.) *Liberalism and the Moral Life* (Cambridge, MA: Harvard University Press), pp. 21 - 38.

Skinner, Q. (2002) *Vision: of Politics*, vol. I: *Regarding Method* (Cambridge: Cambridge University Press).

Smarczyk, B. (2006) "Thucydides and Epigraphy," in A. Rengakos and A. Tsakmakis (eds.) *Brill's Companion to Thucydides* (Leiden, Boston, and Tokyo: Brill), pp. 495 - 522.

Smith, D. G. (2009) "Alcibiades, Athens, and the Tyranny of Sicily (Thuc. 6. 16)," *Greek, Roman, and Byzantine Studies* 49, pp. 363 - 389.

Spahn, P. (1986) "Das Aufkommen eines politischen Utilitarismus bei den Griechen," *Saeculum* 37, pp. 8 - 21.

    (2005) " 'Dem Namen nach eine Demokratie' — was aber 'in Wirklichkeit'? (Zu Thuk. 2, 65, 9)," in T. Schmitt, W. Schmitz, and A. Winterling (eds.) *Gegenwärtige Antike — antike Gegenwarten. Kolloquium zum 60. Geburtstag von Rolf Rilinger* (Munich: Oldenbourg), pp. 85 - 104.

    (2011) "Thukydides-Politische Theorie oder Politische Geschichte?" in E. Baltrusch and C. Wendt (eds.) *Ein Besitz für immer? Geschichte, Polis und Völkerrecht bei Thukydides* (Baden-Baden: Nomos), pp. 21 - 42.

Stadter, P. A. (2012) "Thucydides as 'Reader' of Herodotus," in E. Foster and D. Lateiner (eds.) *Thucydides and Herodotus* (Oxford: Oxford University Press), pp. 39 - 66.

Stahl, H. -P. (1966) *Thucydides: Die Stellung des Menschen im geschichtlichen Proze?* (Munich: Beck).

    (2003) *Thucydides: Mans Place in History* (Swansea: Classical Press of Wales). [English translation of Stahl (1966), with added chapters]

Starr, C. G. (1978) "Thucydides on Sea Power," *Mnemosyne* 31, 343 - 350.

de Ste. Croix, G. E. M. (1972) *The Origins of the Peloponnesian War* (London: Duckworth).

Stradis, A. (2013) "Thucydides and Vietnam: A Vehicle for Ethical

Professional Military Education?" paper delivered at the research-colloquium *The Most Politic Historiographer: Thucydides in Modern Western Culture*, University of Bristol.

(2015) "Thucydides in the Staff College," in C. Lee and N. Morley (eds.) *A Handbook to the Reception of Thucydides* (Malden, MA and Oxford: Wiley-Blackwell), pp. 425 – 445.

Strasburger, H. (1968) "Thukydides und die politische Sebstdarstellung der Athener," in H. Herter (ed.) *Thukydides* (Darmstadt: Wissenschaftliche Buchgesellschaft), pp. 498 – 530.

(2009) "Thucydides and the Political Self-Portrait of the Athenians," in J. S. Rusten (ed.) *Thucydides* (Oxford: Oxford University Press), pp. 191 – 219. [English translation of Strasburger (1968)]

Strauss, B. S. (1985) "The Cultural Significance of Bribery and Embezzlement in Athenian Politics: The Evidence of the Period 403 – 386 B. C. ," *Ancient World* 11, pp. 67 – 74.

(2009) "Sparta's Maritime Moment," in A. S. Erickson, L. J. Goldstein, and C. Lord (eds.) *China Goes to Sea: Maritime Transformation in Comparative Historical Perspective* (Annapolis: U. S. Naval Institute Press), pp. 33 – 62.

Strauss, L. (1964) *The City and Man* (Chicago: University of Chicago Press).

Süßmann, J. (2012) "Historicising the Classics: How Nineteenth-Century German Historiography Changes the Perspective on Historical Tradition," in K. Harloe and N. Morley (eds.) *Thucydides and the Modern World: Reception, Reinterpretation and Influence from the Renaissance to the Present* (Cambridge: Cambridge University Press), pp. 77 – 93.

Swartz, P. M. (1998) "Classic Roles and Future Challenges: The Navy after Next," in P. G. Boyer and R. S. Wood (eds.) *Strategic Transformation and Naval Power in the 21st Century* (Newport: Naval War College Press), pp. 273 – 305.

Taylor, M. C. (2010) *Thucydides, Pericles, and the Idea of Athens in the Peloponnesian War* (New York: Cambridge University Press).

Thauer, C. R. (2011) "Thukydides und antikes Völkerrecht aus Sicht der Internationalen Beziehungen. Ein Perspektivwechsel," in E. Baltrusch and C. Wendt (eds.) *Ein Besitz für immer? Geschichte, Polis und Völkerrecht bei Thukydides* (Baden-Baden: Nomos), pp. 195 – 214.

 (2013) "Re-Reading Thucydides: An Intellectual History Approach," paper delivered at the research-colloquium *The Most Politic Historiographer: Thucydides in Modern Western Culture*, University of Bristol.

 (2014) *The Managerial Sources of Corporate Social Responsibility: The Spread of Global Standards* (Cambridge: Cambridge University Press).

Tompkins, D. P. (2013) "The Language of Pericles," in A. Tsakmakis and M. Tamiolaki (eds.) *Thucydides between History and Literature* (Berlin and Boston: De Gruyter), pp. 447 – 464.

Tsakmakis, A. (1995) *Thucydides über die Vergangenheit* (Tübingen: Narr).

Tsakmakis, A. and M. Tamiolaki (eds.) (2013) *Thucydides between History and Literature* (Berlin and Boston: De Gruyter).

Tuplin, C. (1985) "Imperial Tyranny: Some Reflections on a Classical Greek Political Metaphor," in P. A. Cartledge and F. D. Harvey (eds.) *Crux: Essays in Greek History Presented to G. E. M. de Ste. Croix* (London: Duckworth), pp. 348 – 375.

Ulf, C. (1990) *Die homerische Gesellschaft: Materialien zur analytischen Beschreibung und historischen Lokalisierung* (Munich: Beck).

Ullrich, F. W. (1846) *Beiträge zur Erklärung des Thucydides* (Hamburg: Meissner).

Urbinati, N. (2012) "Thucydides the Thermidorian: Democracy on Trial in the Making of Modern Liberalism," in K. Harloe and N. Morley (eds.) *Thucydides and the Modern World: Reception, Reinterpretation and Influence from the Renaissance to the Present* (Cambridge: Cambridge University Press), pp. 55 – 77.

Waltz, K. N. (1959) *Man, the State and War: A Theoretical Analysis* (New York: Columbia University Press).

 (1979) *Theory of International Politics* (New York: McGraw Hill).

Warner, R. (trans.) (1972) *Thucydides: History of the Peloponnesian War* (New York: Viking Press).

Warren, M. E. (1999) "Introduction," in M. E. Warren (ed.) *Democracy and Trust* (Cambridge: Cambridge University Press), pp. 1 - 21.

Wassermann, F. M. (1947) "The Melian Dialogue," *Transactions and Proceedings of the American Philological Association* 78, pp. 18 - 36.

Weber, M. (1978) *Economy and Society: An Outline of Interpretive Sociology*, ed. G. Roth and C. Wittich (Berkeley, Los Angeles, and London: University of California Press).

Welch, D. A. (2003) "Why International Relations Theorists Should Stop Reading Thucydides," *Review of International Studies* 29. 3, pp. 301 - 319.

Wendt, C. (2011) "Eine Völkerrechtsgeschichte ohne Thukydides?" in E. Baltrusch and C. Wendt (eds.) *Ein Besitz für immer? Geschichte, Polis und Völkerrecht bei Thukydides* (Baden-Baden: Nomos), pp. 215 - 228.

White, H. (1974) "The Historical Text as Literary Artifact," *Clio* 3, pp. 277 - 303.

White, J. B. (1984) *When Words Lose Their Meaning: Constitutions and Reconstitutions of Language, Character, and Community* (Chicago: University of Chicago Press).

Will, W. (2003) *Thukydides und Perikles: Der Historiker und sein Held* (Bonn: Habelt).

Williams, B. (1993) *Shame and Necessity* (Berkeley: University of California Press).

(2002) *Truth and Truthfulness: An Essay in Genealogy* (Princeton, NJ: Princeton University Press).

Wilson, P. (1998) "The Myth of the 'First Great Debate'," *Review of International Studies* 24. 5, pp. 1 - 16.

Woodhead, A. G. (1970) *Thucydides on the Nature of Power* (Cambridge, MA: Harvard University Press).

Woodman, A. J. (1988) *Rhetoric in Classical Historiography* (Portland: Areopagitica Press).

Woodruff, P. (trans.) (1993) *Thucydides on Justice, Power, and*

Human Nature (Indianapolis: Hackett).

Yunis, H. (1996) *Taming Democracy: Models of Political Rhetoric in Classical Athens* (Ithaca, NY: Cornell University Press).

(2003) "Writing for Reading: Thucydides, Plato, and the Emergence of the Critical Reader," in H. Yunis (ed.) *Written Texts and the Rise of Literate Culture in Ancient Greece* (Cambridge: Cambridge University Press), pp. 189 – 212.

索　引

（古代作家和文本列入典籍索引）

典籍索引

典籍索引

修昔底德与政治秩序

下编 治理的教训

前　言

陶厄尔、温特

　　此编接续的是 21 世纪另一本重新思考修昔底德的文集[1]，名为《修昔底德和政治秩序：秩序的概念与伯罗奔尼撒战争史》（*Thucydides and Political Order：Concepts of Order and the History of the Peloponnesian War*，陶厄尔和温特编辑，Palgrave Macmillan，2016，下文简称为《秩序的概念》）。1991 年，莱伯（Ned Lebow）和巴里（Barry Strauss）编辑出版了《霸权竞争：从修昔底德到核时代》（*Hegemonic Rivalry：From Thucydides to the Nuclear Age*）。莱伯和巴里在冷战的背景下探讨修昔底德。25 年后，这一两卷本接着从跨学科的角度尝试研究这位古代作家。作为两大学科的奠基人，修昔底德仍是史学和政治学的主要参照点。尽管修昔底德对两大学科都

1　即本书上编。——编者

具有持续的重要性，但史学家和政治学家都没有注意到彼此对《伯罗奔尼撒战争史》（译注：下文简称《战争史》）的描述和解释。

正是在彼此相关但又相互忽视的背景下，我们有了出版这一两卷本的想法。2011年下半年，我们决定组织一次联合研讨会，邀请各类史学家和政治学家（古典学家、语言学家、国际关系学者、政治哲学家和思想史学者）共同参加，以（重新）交流各学科关于《战争史》的看法。我们邀请了来自两大学科的知名学者和年轻学者，包括巴洛特（Ryan Balot）、巴尔特鲁什（Ernst Baltrusch）、德雷尔（Martin Dreher）、基都斯（Liisi Keedus）、科普（Hans Kopp）、莱伯（Ned Lebow）、克莉丝汀（Christine Lee）、梅斯特（Klaus Meister）、莫利（Neville Morley）、欧文（Clifford Orwin）、鲁巴克（Tim Ruback）、施潘（Peter Spahn）、陶厄尔（Christian Thauer）、温特（Christian Wendt）和威尔（Wolfgang Will）。2012年4月，研讨会在柏林举行，此编和《秩序的概念》中的文章都是此次会议的论文。

这一两卷本的贡献有三个方面。首先，这些论文重新建立起政治学和史学在修昔底德研究方面的沟通渠道，为读者提供不同学科关于这位古代作者丰富多样的论述。其次，它表明"政治秩序"是史学家和政治学家在讨论《战争史》时的共同主题。两卷本不仅表明了学科间和学科内部的观点分歧，而且指出两者之间的共同点，即与修昔底德有关的政治秩序问题。再次，两卷本绘制出新的研究图谱和未来跨学科研究的议程，以评估这位古代作家与21世纪的政治相关性。

两卷本提出的观点是，在修昔底德当代研究著作中，政治秩序有四种相关性。首先，它涉及预见性，即通过阅读修昔底德文本获得有关政治秩序的预见。例如，我们想当然地认为，国内政治与国际政治存在明显的区别。目前主导性的国际关系理论都从现代主权思想的角度将国际政治概念化。对这种预见的反思是近期修昔底德学术研究的一个分支。作为后续实质性解释工作的方法论前提，我们决定把这些反思汇集在《秩序的概念》第一部分"修昔底德与现代读者：不同角度的方法论思考"中。第二部分"修昔底德著作中的秩序表述"重点突出史学和政治学两大学科的方法，使人们对政治秩序的预见做出明智的选择，然后再去阅读修昔底德的古老文本。这些论文就《战争史》给出了新的、复杂的解释。

关于与修昔底德有关的"政治秩序"，此编旨在处理另外两个方面（即第三和第四）。我们在这里做一下详细的介绍。其中一篇文章分析"垂诸久远的财富"的问题，即修昔底德明确希望传给后人的财富。其特点是追问修昔底德自己所设想的政治秩序，他可能以此为依据来评判所描述的事件。关于政治秩序的先入之见和解释方法（《秩序的概念》所处理的问题）主要涉及方法论，第三个方面则集中在实质层面的"修昔底德垂诸久远的财富"。显然，这是任何解释的核心。因此，本节的文章着重于在这方面提出建议。在分析伯罗奔尼撒战争爆发的原因时，巴尔特鲁什得出的结论是，修昔底德的理想参照点是战前古希腊运行良好的国际秩序。莱伯的观点相同，但分析的角度不同。莱伯认为，对于雅典政治精英在伯罗奔尼撒战争期间不遵守传统习俗、惯例和规范的做法，修昔底德并不赞成。虽然巴尔特鲁什确信，修昔底德认为雅典人可以且应该采取不同的行为，但莱伯将雅典人轻视传统的原因与现代化的结构性力量联系在一起。在他看来，雅典的快速崛起及其引发的现代化进程最终破坏了其成功的持续性。威尔提出，伯里克利的葬礼演说揭示出修昔底德对雅典民主的理想愿景。他认为，修昔底德在书中提出的这一远见是一个政治声明，旨在对抗远征西西里失败后雅典所实施的民主版本，将其作为对雅典秩序崩溃的一个注解。

本书的第四个方面是，作为**范式理论家**或理想政治秩序的代表，修昔底德在哲学传统和思想流派中所扮演的角色。思想脉络对于修昔底德的著作显然非常重要[1]，而不仅仅是研究思想史的人才感兴趣。这会让人反思解释《战争史》本身的方法，还必然会让人思考各思想流派如何融入文本中。对大多数读者来说，无论是好是坏，这都会使他们将自己与某种思想联系在一起。最后一部分的标题是"作为政治秩序史学家（或理论家）典范的修昔底德"。相关论文特别关注各思想流派赋予修昔底德的特殊职能。通过利用此前未曾研究过的材料，基都斯分析修昔底德对施特劳斯（Leo Strauss）思想的重要性。她表明，对施特劳斯来说，修昔底德是一位典型的政治理论家，是反对历史主义的堡垒，是了解人和政治的真实本质的手册。克莉丝汀的文章与基都斯的文章密切相关。现实主义者尤其是施特劳斯学派把修昔底德普遍当作本体论的权威，她批判性地分析了这一现象。克莉丝汀认为，把修昔底德当作典型的现实主义者会导致对修昔底德文本的简单化，进而导致对文本的误解和对其道德维度的忽视。梅斯特在文章中表明，罗马史学家撒路斯特把修昔底德当作解释政治秩序解体的典范，这又对后来的许多解读产生影响。最后，温特进一步推进克莉丝汀的批评，探讨修昔底德是否可以被当作"政治家的实用手册"。不同于古典现实主义者和施特劳斯学派的视角，人们应该把修昔底德理解为建议了一般性政治研究的分析方法。温特把修昔底德解读为对政治决策**合理因素**的思考，强调需要全面理解与具体处境相关的各种因素。

1　Harloe 和 Morley（2012）。

人们应认为此编与《秩序的概念》密切相关，两者都标志着关于修昔底德跨学科深刻对话的开始。我们希望这两本书能促使人们进行讨论，激发新的思想和争鸣。从这个意义上说，它们将是"有用处的"（修昔底德，1.22.4）。

第一部分

修昔底德与政治秩序的性质、
　　耐力、毁灭和后果

修昔底德著作中的希腊国际法

巴尔特鲁什（Ernst Baltrusch）

绪言

现代国际法创始人之一格劳秀斯 1625 年发表了其划时代作品《战争与和平法》，开篇就引用修昔底德的论述。格劳秀斯大量引用古代文本，以创建现代公认的第一部对国际法的全面解释。然而，格劳秀斯没有用修昔底德来证明国际法的存在。相反，他把修昔底德作为关键证人来反驳其否认"人民间法律"（ius inter populos，这是格劳秀斯描述国际法的方式）的同事。格劳秀斯引用修昔底德时说，只要对国王或皇权来说有用处，就没有什么是不正义的。但是，这句拉丁语译文不那么精确，修昔底德的原文是，对于僭主或霸权城邦而言，如果有利就没什么不合理（6.85.1）。格劳秀斯将 alogon（不合理）等同于 iniustum（不公正），而修昔底德的 adikon（不正义）当

3

4

然更符合其目的。[1]

格劳秀斯当然知道，说这句话的不是修昔底德，而是雅典人欧菲姆斯。欧菲姆斯当时是在解释雅典为什么出兵西西里岛。[2] 众所周知，雅典征服西西里的行动以失败告终。更重要的是，它最终成为一场灾难。对修昔底德来说，这次失败恰恰象征着雅典人与斯巴达人战争的失败。格尔克（Hans-Joachim Gehrke）几年前曾着重指出，"整部著作都铭刻着无限制强权政治的消极后果"[3]。这话绝对没错。作为记叙伯罗奔尼撒战争的史学家，修昔底德肯定会想方设法解释战争的爆发、进程和最终结果。修昔底德首先是一位史学家[4]，其著作第一句话的开头没有给我们留出多少解释的空间：雅典人修昔底德，记叙了伯罗奔尼撒人与雅典人之间的战争（1.1.1）。"xunegrapse ton polemon"直译就是"他写了这场战争"。对于接下来的叙事（从根本上说，这是史实性记叙）来说，这是一个**程式化表述**。任何读过《战争史》全文的人都将证实这一点。读者必须先阅读篇幅很长的事件记录、排兵布阵的报告、海军作战策略以及大小战役，然后才能看到备受关注的财富（如伯里克利的葬礼演说、米洛斯对话）。Xungraphē（字面的意思是"收集并撰写"）变成了一般性史学著作的特定术语。[5] 在这一背景下，修昔底德是否像格尔克说的那样提供了一种"合理的权力理论"？修昔底德心中的对象是否是"敏锐的、能反思的现实

---

1 标题引自修昔底德 1.23.5。格劳秀斯并不经常引用修昔底德，恰恰是在绪言（proleg.）的三段提到米洛斯对话和欧菲姆斯。他的反应与米洛斯人不同，即强调自然法的保障，而不是考虑潜在的效用。

2 欧菲姆斯的演说辞在 6.82 – 87。

3 引文由作者本人翻译，Gehrke（2006），页 37。

4 奥伯等人否认这一点，他针锋相对地说："修昔底德的方法不过是发明出一门新的学科，即政治和社会科学。"（Ober, 2006，页 131—132）

5 参见修昔底德对史学家赫兰尼库斯（Hellanicus）的论述（1.97）。

政治家"？他们能深思熟虑自己的行为，考虑到所有可能的后果，甚至包括没有预料到的后果。情况肯定是这样，但我认为，这部著作还有更深的用意。法律在这本书所有章节中都发挥着非常大的作用，无论在行动（erga）中还是在言辞（logoi）中。我希望接下来说明法律（国际法）的重要意义。法律在导致战争的史前史中发挥着核心作用，修昔底德对这一作用的强调表明，他认为国际秩序的构建对于希腊城邦（即国际社会）间的和平欢乐必不可少。（我对将"国际社会"一词应用于公元前5世纪持谨慎态度。）

公元前446年至前445年的新法律秩序

修昔底德被引用最多的段落似乎是，

> 在撕毁占领优波亚后签订的三十年和约后，雅典人和伯罗奔尼撒人开战。至于撕毁和约的原因，我首先（即在卷一中）要说是抱怨与争执，这样将来人们就不再需要探究希腊人之间爆发如此大战争的原因。我认为，最真实的原因（哈蒙德译为"real reason"）、很少公开说出的原因（aitiai）是，雅典变得强大，造成了拉克代蒙人的恐惧，迫使其开战。（1.23.5–6，这里采用 Martin Hammond 的译文，略有改动。）

我们必须更为谨慎地解释这句话，而不是假定把"当下的"（immediate）和"最真实的原因"并列。我们面对的是，废除公元前446年至前445年的和约与战争的开启有着直接的联系。我现在更为细致地分析这一关联，修昔底德在其他地方也明确提到了这一点。我的目的是将文本置入其历史背景中，而不是根据其主要讯息和意义、理论假设或内在矛盾来解释修昔

6

底德。我首先从和约（spondai）开始，用修昔底德的话说，和约使战争不可避免。

三十年和约

在第一次伯罗奔尼撒战争后，交战双方雅典和斯巴达签订了一份和约（spondai）。实际上，spondai通常不是指和约，那么spondai究竟指什么呢？

第一，他们正式缔结停战协定，并受到协定的约束。由于缺乏其他国际法手段，这些协定被有效地用于结束战争，旨在建立可持续30年的秩序。这一秩序保护斯巴达及其盟友、雅典及其盟友，还首次使中立城邦摆脱了战争的可能性：冲突中禁止使用武器（hopla mē epipherei）。修昔底德提到的这一模式是协定的核心（7.18.2）。协定的条款适用于包括希腊大部分地区、爱琴海和小亚细亚海岸。显而易见的是，没有进一步的规定和禁令，和平就无法保持。

第二，契约因而包含强制性机构，冲突时交由仲裁庭解决。任何争议都应通过仲裁来解决（dikas didonai）（7.18.2；比较4.118.8）。和平秩序在制度上与具有法律约束力的程序联系在一起。鉴于在城邦间关系之上没有更高的权威，这一程序的实施主要委托给两个超级大国。大小城邦都可以诉诸仲裁庭，从该程序启动到战争爆发前一直如此。这一程序运行的利弊同现代国际法的实施一样。但"世人"（world public）也是一个权威：面对作为检察官和法官的斯巴达，普拉提亚人（Plataeans）在审判时明确指向这个经常被低估的论坛。他们说："取我们的性命轻而易举，洗刷这一恶行（duskleia）却漫长而艰难。"（3.58.2；比较3.59.1）

第三，三十年和约根据公元前446年至前445年的现状确定领土秩序。任何一方的盟友都不可能改变联盟。此外，双方禁止接纳叛离的城邦，根据现代标准，这明显构成了对"主权"的干预。用希腊的标准来判断，这是对城邦自治权的干预。因此，当时的希腊世界存在三个法律地理的城邦复合体：

1. 雅典人及其盟友；
2. 伯罗奔尼撒人（即斯巴达人）及其盟友；
3. 中立城邦（修昔底德明确将之称为"未登记城邦"，即和约中未提及的城邦）。

只有后者有权加入任一联盟，但条件是他们的这一决定没有受到任何形式的勒索或暴力胁迫（1.31.1、1.35.2、1.40.2）。作为加入联盟的一个条件，每个城邦必须接受这一秩序。和约的内在目标是建立全面的"国际"法律秩序。这也符合这样一个事实，即和约明确提到不想加入和约的阿尔戈斯（Argos）；有一特别条款允许阿尔戈斯与雅典谈判达成双边协议（比较 Paus. 5.23.4）。这表明和约构建的秩序旨在包含所有各方。

第四，尽管我们对条约的批准知之甚少，但宣誓程序必须包含所有各方，也就是说，所有签约方要在城邦神的见证下批准和约。在古代社会，对实施条约的规定而言，没有比这更有效的保障了。只有中立方没有宣誓确认批准和约，但他们得到了和约的认可，因为他们被赋予应有的地位，成为新国际法秩序的一部分。

第五，该条约的公布确保了其内容的传播，即在奥林匹亚、德尔斐、地峡、雅典以及靠近斯巴达的阿米克莱（Amyclae）竖立刻有条约内容的石柱。地峡是一处圣地，各城邦的代表每一年、两年或四年要在此地召开会议。我们可以在修昔底德的著作中读到确切的记叙：每个城邦参与签约的政治家对和约及其规定都一清二楚；每个人都明白和平的秩序，都知道法律的规定并就此进行辩论。

我们可以就此得出一些初步的结论。根据修昔底德的分析，公元前446年至前445年和约尽管有其缺陷，却产生出一个"国际的"法律秩序。在修昔底德看来，这个秩序没有实现人们对其所寄予的希望，正是这个原因要对伯罗奔尼撒战争的爆发负主要责任。这一秩序要由超级大国来担保，如监管预判冲突，承诺避免使用武力，建立调解的规则，设立一个级别更高的诉讼体制（奥林匹亚、德尔斐和其他中心）。在这一诉讼体制中，斯巴达和雅典成为执法机构。（这就是科林斯人为何始终坚持让斯巴达惩罚雅典的违法行为的原因。）正如在现代国际法中经常出现的情况一样，这必然导致对"国家主权"的限制。这也可以解释自治权的概念为什么在此时出现。[1]

如果这种解释成立，从无政府状态的角度理解希腊城邦之间的关系就显得比较荒谬，但国际关系中的"现实主义"和"新现实主义"理论恰恰经常这样理解。陶厄尔最近指出：

> 如果可能的话，修昔底德没有在新现实主义的语境中设想这段话（即1.23中"最真实的原因"）……这恰恰是因为新现实主义的先决条件，即不安全、无政府状态和主权，并不存在于当时既定的国际法律秩序。因此，这一文本段落与后面对事件的记叙并不矛盾。[2]

这确实是一个突出点：似乎只有我们这些现代读者才会面对这些矛盾。修昔底德的文本，包括伯罗奔尼撒战争爆发"最真实的原因"，值得在构想的语境中加以考虑。尽管错误，人们还

---

1 关于这一点，参见 Baltrusch (1994)，页163—169。
2 陶厄尔的引文由作者本人翻译 (Thauer, 2011，页206—207)。

是常常提出城邦间的秩序不是"国际体系"，而是共享希腊原则的希腊内部共同体。我们需要反对这一概念。这一体系的参与者是自治的城邦。此外，这一体系与我们现代国际法律秩序的距离并不那么遥远。希茨（George A. Sheets）已明确地指出，现代国际法律秩序也并非没有"某种部落主义"，这一秩序很大程度上源自西方的"文明"观念。[1]

秩序为何会崩塌？

国际法不可改变的一项原则是条约必须遵守（pacta sunt servanda）。这一原则反复出现在修昔底德的著作中，例如当科林斯人坚持遵守条约时（1.71）。修昔底德曾多次提到这一原则（4.23），格劳秀斯因此在论述遵守契约时（《战争与和平法》，2.15.2）提到了修昔底德的这些段落。修昔底德认为，作为史学家，他的任务是解释为什么这一秩序在15年后就会垮掉。修昔底德的裁决是，必须遵守契约的原则受到了损害："由于终结和约而成为战争借口的事正在发生。"（1.146）

在此基础上，修昔底德撰写了我开头所引用的段落：（1）条约（即国际法律秩序）已经过时。（2）修昔底德让每个党派都有发言权。雅典人、斯巴达人、科林斯人、中立的科基拉人、普拉提亚人、埃吉纳人（Aeginetes）对于"过错问题"都有自己的看法。每个党派在演说中都反复提出这一问题。（3）为什么通过和约创造的国际法律秩序会失败？修昔底德说"我相信"（Hēgoumai），这是因为斯巴达人对雅典人实力的不断增长感到恐惧。这一表述表明各方对该秩序的约束力有不同理

---

1 "在评估希腊中心主义在希腊国际法中的重要性时，我们要记住，部落主义也支撑着现代国际法的法理。因为现代国际法明确承认，'文明'是界定法律源头和管辖权的标准。国际法庭的章程规定：法院应运用文明国家所承认的一般性法律原则。"（Sheets，1994，页53，注释4）

解，但没有任何一方藐视这一秩序。每个人都指责各自的敌人，但他们这么做时都明确提到这一秩序。尽管斯巴达人最后决定性地宣布"和约被废除"（tas spondas lelusthai，1.87.6），但修昔底德并不认为斯巴达人要比雅典人或科林斯人对战争承担更大的责任，至少没有明确说过。

因此，我们应该从"直接的和最真实的原因"这一想法来理解修昔底德并列 aitiai 和 prophasis 的做法，因为这种并列没有在任何其他段落再出现过。例如，修昔底德在十年战争（Pentekontaetia）结束时说："此后没几年，记叙过的一些事件就发生了——科基拉、波提狄亚以及成为这场战争借口的大量事件。"[1]（1.118.1）在卷一的结尾，prophasis 仍不具有"最真实原因"（1.146）的含义。政治学家莱伯也发现了这种不一致，提议将"prophasis"译作"前提条件"。根据莱伯的说法，"修昔底德并没有暗示，雅典的崛起是导致战争最真实的原因，它只是战争最重要的前提条件"[2]。此外，直接原因和最真实原因的对立并列（antithetic juxtaposition）在历史分析中消失了。[3] 导致战争的原因是"违背国际秩序"（xunchusis spondōn）的事件。根据修昔底德的说法，事情已经到了城邦间无法就各自控诉进行有效沟通的地步。各方会采取截然相反的法律解释，以维护他们在当前具体处境中的利益。各方的不和（diaphorai）揭示出法律秩序的弱点。这一秩序过于僵化，无

234

12

---

1 Hammonds 的译文，但有改动。Christian Wendt 的论文（"Die Ohnmacht des Stärkeren? Thukydides und die interpolitische Ordnung"）对 prophasis 一词做了更为详细的分析。

2 Lebow（2003），页 106—108，引文在页 108。

3 作为旁注，希腊文本也指向一种刻意的对比。因为在 1.23.6 中，men/de 与 aitiai 和 prophasis 的区分无关，而是涉及 alētnestatē 和 aphanestatē logōi 的区分。因此，修昔底德通过句法来表明，最隐蔽的原因也就是最真实的原因。

法迅速简单地对当前的事态发展做出反应。

雅典和科林斯关于科基拉岛的冲突就印证了这一问题。双方都顽固地坚持法律原则，尽管当时的形势不过是爱皮丹努斯（Epidamnus）需要帮助。在1.24中，修昔底德明确将"古老习俗"（母邦与子邦的关系）与公元前446年至前445年和约的原则进行对比。结果是双方互相推诿，每个人只是解释自己的法律立场，不考虑其他人的立场。甚至像克勒翁（Cleon）这样的人都能够批评密提列涅人的叛离，认为密提列涅人主张"实力先于法律"（3.393）。[1] 对于修昔底德来说，各方对法律立场的强调对于军事冲突的爆发和解决都至关重要。因此，我们可以得出结论说，对于雅典史学家而言，一个有效的法律秩序是政治共同体和平欢乐的先决条件。

与此同时，公元前446年至前445年和约存在很大的内在缺陷。根据修昔底德的描述，这些错误的根源在于和约主要是为了避免战争，忽略了当时跨"国"关系的其他重要方面。下面我希望以简短的形式罗列出和约最重要的后果：

第一，雅典和斯巴达盟友的自决权受到严格限制。他们根本没有可能合法地主张自决权。雅典人在联盟中为所欲为，他们的行为得到公元前446年至前445年和约的保护。波提狄亚、密提列涅甚至埃吉纳等城邦日益不满，爱琴海岛屿萨摩斯也是如此（439）。[2] 法律秩序保障势力范围，雅典人把法律秩序明确解释为对自己霸权地位的保证。在密提列涅辩论中，密提列涅人指责雅典人为自治作为国际法的组成部分的理念辩解：

---

1 在克勒翁和迪奥多图斯的演说辞中，演说者也互相推诿，使用非常独特（idiosyncratic）的解释。这些解释甚至在他们的演说辞中也前后不一（例如，迪奥多图斯3.47.4－5：dikaion 或 adikein）。

2 雅典与萨摩斯在公元前440—前439年的冲突见1.115－117，比较 Diod. Sic. 12.27－28；普鲁塔克，《伯里克利》24—28。

如果每个人都保持自治，雅典人就不敢进行任何"变革创新"（mēden neōteriein, 3. 11. 1）。[1] 雅典人迪奥多图斯（Diodotus）支持宽恕密提列涅人，但他戳中了城邦间法律秩序的伤口：关于自治的弱点。他说："我们不应在惩罚自由人时过于激烈，而应在他们叛离前保持高度警惕，使其不会有叛离的想法。"（3. 46. 6）

第二，部分法律概念互不相容但交织在一起，这造成了危险的冲突。当对公元前446年至前445年和约的解释取代传统的城邦间关系的解释时，这些冲突就会出现。[2] 城邦间并存的法律关系如下：

（a）首先，这一和约不加区分地撕裂了历史上由母邦和子邦之间发展而来的关系，以及其他形式的跨"国"关系，因为和约没有明确地将这些包含在现状条款中。这主要涉及科林斯，还有麦加拉（麦加拉的子邦都是提洛同盟的成员）。雅典有实力推进自己的利益，根据和约也有权利这样做。当时，强大的伯罗奔尼撒母邦的子邦都是沿海城邦，因而也是提洛同盟的城邦。在伯罗奔尼撒战争爆发前，这一程序就成为冲突的焦点，即科基拉、波提狄亚的事件以及麦加拉法令。麦加拉法令禁止麦加拉与提洛同盟的城邦有任何接触。鉴于这一背景，我们很难理解尚斯克（Darien Shanske）最近提出的论点："修昔底德以爱皮丹努斯和波提狄亚开始其战争叙事是基于有限的必然性。"[3] 相反，修昔底德对这些冲突的处理非常细致，因为

14

236

---

1 现代史上有类似的事件，例如，1968年11月，苏联的国家元首勃列日涅夫阐述了共产主义国家有限主权的学说，提出社会主义共同体的最高利益限制着个别国家的自决权。

2 在这方面，从冷战开始，现代也有相似之处。奥地利和匈牙利的关系受到铁幕影响，但仍然延续。

3 Shanske (2012)，页200；还有 Price (2001)，页275—276。

通过这些冲突，他能够阐明对战争爆发至关重要的法律问题。

（b）和约的规定也影响到联盟后依然存在的城邦间宗教纽带。[1] 这种联系确保各个节日（奥林匹亚、德尔斐）基于"对所有人有效的规则"不受任何干扰，例如针对伯里克利的基伦（Cylonian）渎神事件、针对黑劳士的泰纳鲁（Tainaron）渎神事件、针对鲍桑尼阿斯（Pausanias）的雅典娜神庙（Chalkioikos）渎神事件。这些宗教联系对于保护乞援人很重要（如地米斯托克利，1.136）。此外，贵族家庭和友谊（如伯里克利和阿奇达姆斯，2.13.1）一般都超越城邦从属于这个宗教复合体。同样，代理人体制也超越联盟和协定的约束，例如雅典的亚西比德家族就是斯巴达的代理人。

（c）最后是部落联系。在公元前5世纪，多利安人和爱奥尼亚人的内部分化日益增加。[2] 这一分化大致与联盟的划分相同，但并不完全等同，如斯巴达和米洛斯、科林斯和波提狄亚。这里不必详细介绍，但公元前446年至前445年和约的条款中确实有部落因素。

第三，另一个干扰和约的复杂因素是习惯法。修昔底德在文本中称之为 agraphoi nomoi, para/kata to kathestēkon, ta pantōn tōn anthrōpōn nomima。提洛同盟和伯罗奔尼撒同盟都与这些原则相冲突，双方都精心挑选对自己有利的法律解释。[3] 例如，在普拉提亚审判中，这些问题一再被提出（3.52-68）。底比斯人和普拉提亚人诉诸相同的规则，然后做出不同的解释。这些问题就在这一语境中浮现出来。

1　关于誓言，比较 2.71-74；Sheets（1994），页60。

2　比较修昔底德 7.5，作为多利安人的代表，吉利浦斯贬低爱奥尼亚人。

3　比较修昔底德 3.30-34，根据雅典的法律解释，雅典人和斯巴达人在密提列涅冲突期间的行为都是非法的，但他们都利用法律的微妙模糊来为自己辩护。

第四，执法不力对国际关系产生了消极影响。缺少一个级别更高的权威有足够权力来强制执行国际法。和约规定的禁令对于国际法的执行至关重要，但这不是和约存在的先决条件。重要的是要注意到，希腊人认为没有禁令的契约也有约束力。见证誓言的诸神一直注视着他们是否遵守和约。因此，我们必须同意布里尔利（James L. Brierly）的观点。他说："国内法和国际法之间在这方面的真正区别不是一方受到禁止，另一方不受禁止，而是禁令在国内法中以一个系统程序来实施，而在国际法中则是悬而未决的。"[1] 禁令在国际法中得到认可并被视为合法的，修昔底德在密提列涅辩论中明确提出这一论点。在迪奥多图斯看来，密提列涅人承认这一禁令。[2] 雅典人有权进行惩罚，因为国际法允许他们这样做，但迪奥多图斯说这不符合雅典人的利益（3.44-45）。当然，在"横向"（horizontal）的法律体系中，人们很难维护自己的权利。对于法律会有不同的解释，但在修昔底德看来，解释的差异可以弥补这些实质性差异。[3]

因此，正如修昔底德所说，战争是执行法律的一种手段。这是这位雅典史学家对科林斯向科基拉宣战的描述方式（1.29）。实际上，关于伯罗奔尼撒战争推进的全部讨论都关乎这一手段。需要强调这一点是因为修昔底德的分析关注法律的维护，而非其他利益或战略目标。[4]

在后面几卷对战争的分析中（战争完全颠倒扭曲了所有价

---

1 在 1932 年关于禁止的文章中，James L. Brierly 引用了 Sheets（1994，页 63）的论述。

2 修昔底德 3.9：根据"希腊人现存的礼法"，人们认为背叛以前的朋友（即叛离者）"比较差劲"。

3 比较 3.10，奥林匹亚的密提列涅人。

4 参见 Sheets（1994），页 67。

值观念），修昔底德清楚表明，战前的法律问题是多么重要。这场战争某种程度上导致了国际法的解体。在卷七中，修昔底德谈到雅典盟友是根据何种标准组织起来加入对叙拉古的攻击："他们（即民众）来征服或拯救叙拉古不是基于正义的理由或血缘的忠诚，而是基于纯粹的利益或必然性。"(7.57.1)

这一表述表明：由法律关系构成的各方正在进行重组。秩序已然不在。我们能够看到，交战国参战的理由既不是（a）契约协议或执行法律，也不是（b）家族关系（即爱奥尼亚人联合起来对抗多利安人）。相反，他们这样做是采取（a）一种碰运气的方式（xuntuchia），（b）基于实用主义考量（kata to xumpheron）或（c）必然性（ananke）。这些显然是新引进的社会秩序标准。战争引起范式的转变，这也会波及国际法。尼西亚斯从西西里致信雅典求助，突出了这种范式转变的后果：没人坚守自己的承诺；每个人都在寻求自己的利益；每当遇到困难，人们就认为盟友在撤退（7.13）。法律秩序的腐败导致无政府状态，所有国家在法律上都趋同，强者和弱者只考虑自己的利益。尼西亚斯认为，雅典人自己应对事态的发展负责。他称自己的无能为力是"因为你们的本性桀骜不驯"（7.14.2）。修昔底德将稽古中的"古史"解释为一种持续的进步，这不仅仅是由于经济和军事的进步，还由于世界在向一个共同体推进。

结论：作为国际法理论家的修昔底德

我们可以得出如下结论：第一，如果修昔底德反对战争（鉴于"战争的病理学"，不可能得出其他的主张），从他的分析中得出的结论必然是，一个有效的国际秩序是各国和平欢乐的先决条件。但是，考虑到方方面面的利益，使这一秩序运转也是一项艰巨的任务。第二，如果想利用修昔底德"垂诸久远的财富"，政治家就必须了解法律，就像欧里庇得斯所说的那样（ta dikaia exeidenai）。[1] 了解法律使政治家能评估冲突各方的论证。这是底比斯人对斯巴达人明确阐述的内容。只有基于这些理由，他们才能做出决定（3.671）。了解法律还使政治家能充分考虑自己行为的后果。使用清晰的术语需要有精确度，而精确度反过来又成为某种知识的基础。[2] 这些就是真正的政治家从《战争史》学到的教训。

---

1 欧里庇得斯，《海伦》922—923。比较欧里庇得斯，《腓尼基少女》469—585：Eteocles 和 Polyneices 与"调解人"Jocaste 的谈话。

2 相反的例子是克勒翁的演说辞（3.40）。这个演说辞完全混淆了相关的法律术语：oiktos、eleos、prosēkon、eikos、epieikeia 和 orthōs。克勒翁甚至没能说使人高兴的话（hēdonē logōn），因为他面对的是持相反意见的演说者，而非他自己。

修昔底德和秩序

莱伯（Richard Ned Lebow）

无序类似于一个龙虾陷阱，进去容易，出来极其困难。人们对于地位和财富的竞争很容易失控，这会引起一些参与者对于自身福利（如果不是生存的话）的恐惧。恐惧又促使他们对构成威胁者采取预防措施。如此一来，轮番升级迅速消解束缚性的纽带，导致内乱发生。重建秩序非常困难，因为民众或政治单位必须得到激励才能保持克制，然后以各种方式建立起信任。随着时间推移，维持秩序的标准和规则以及遵守这些规范的习惯，才会具备落地生根的潜力。

与龙虾类似，人类因欲望而落入陷阱。与节肢动物不同的是，人类能反思自己的经历并摆脱陷阱。两次世界大战差点儿摧毁欧洲文明，欧洲事业的核心是对此做出深思熟虑的回应。一些学者和外交政策分析家认为，对中国崛起成为大国来说，和平谈判也是核心。政治单位正尝试着走出龙虾陷阱，或者在

21

22

不进入陷阱的情况下成功捕食。对此而言，这是近期的两个历史案例。集体反思有助于形成积极的战略，提出能够供政治行动方学习的精深理论。政治技艺和运气必须以智慧为伴。

修昔底德是第一位反思秩序和无序的思想家。他所谓的"稽古"（Archaeology）描述的是言辞和行动如何相互促进从而创造出了希腊文明。通过描述伯罗奔尼撒战争的起源和过程，修昔底德表明言辞与行动之间的负反馈环（negative feedback loop）对内部及地区秩序的破坏，对文明本身的威胁。修昔底德认为，秩序的产生、昌盛和衰落是一个循环过程，往往受到他所描述的那些动态因素的支配。修昔底德认为其文本是垂诸久远的财富，其依据在于，它能让人们意识到这一过程及其在这个舞台上演出的脚本。通过反思其行为可能产生的后果，人们有可能会以不同的方式来演出，以减少对内对外破坏性战争的可能性。[1] 关于如何重建秩序，修昔底德也提出了他的想法，本文关注的正是其著作的这个方面。

秩序崩溃的原因有很多，多种动态因素支配着这一过程。修昔底德处理的是一个特殊的问题：秩序崩溃。造成秩序崩溃的根本原因是一个破坏传统规范的现代化进程，精英们受到鼓励将传统规范视为随意制订的习俗。对于公元前5世纪古希腊的现代化与现代欧洲的现代化、修昔底德对秩序崩溃的回应以及克劳塞维茨和摩根索对此的回应，我曾在此前出版的书中做过比较。[2] 我的目的是重新汲取一些古典现实主义的智慧。在这里，我想把修昔底德纳入一种更广泛的讨论，关于秩序的建构解构及其与当代问题的相关性。

在政治词典中，秩序是一个飘忽不定、含混不清的概念。

1　Lebow（2003）。

2　前揭。

由于所有定义都是为了帮助形象地呈现特定的分析框架，我也会提供一个与本文相关的分析框架。这一框架旨在论证秩序和稳定不是一回事，经常用于定义秩序和稳定的均势概念其实对两者都有害。在实践中，政治秩序无法与经济、社会秩序分离，但为了分析，我们不得不这样做。要解释秩序或其衰落就不能限于政治领域的事态进展或某个分析层面（即国内、地区或国际），因为这些领域彼此有着重要的互动。

我的问题是，为什么政治秩序会持久不衰。所有政治秩序都是等级制，等级制又造成财富和地位的不平等并为之辩护。为什么处于不利地位的大多数人都支持这些秩序并且经常成为最忠诚的维护者？修昔底德和亚里士多德对这一难题提出了自己的见识，这些都可用来批判现实主义和自由主义对秩序的解释。最后，我处理的是秩序的崩溃和重建问题。在分析崩溃时，修昔底德和亚里士多德对我来说同样重要，因为后者的理论和理解在修昔底德那里并没有得到明确的表述。关于重建的问题，我着重谈的是修昔底德和埃斯库罗斯，因为他们似乎在做平行论证，如果不能说论点相似的话。

什么是秩序？

在政治世界中，无序意味着无法无天和行为的不可预测性。这两个条件不需要成对出现。霍布斯的自然状态是无法无天和暴力，但很容易预测。复杂的法律体系高度有序，但其反应在多个领域往往无法预测。把和平定义为政治秩序的特征同样存在问题。以战士为基础的社会高度有序，但非常暴力。荷马的《伊利亚特》提供了希腊和特洛伊青铜时代的文学范例，还有历史世界中的维京人、毛利人、阿兹特克人（Aztecs）和18世纪的欧洲。人们有一个根深蒂固的假设，即系统的结构越好，它就越有可能实现和平和可预测性，至少在其内部关系中

24

是如此。相反的情况其实也真实无误，因为政府崩溃几乎总会导致无序和无法无天。

许多社会科学文献将秩序等同于稳定。有秩序的体系处于均衡状态或缓慢发展。如果迅速变革，它们在结构和功能上将不再如此有序或可预测。许多理论家将均衡作为建立秩序的机制，正如权力论理论家所奉行的平衡一样。许多物理体系具有实现均衡的自然倾向，但在社会世界中，我们没有看到这种现象的证据。均衡只不过是一个理论假设，而且是个不恰当的假设。在近期对权力平衡的全面研究中，考夫曼（Kaufman）、利特尔（Little）和沃尔福思（Wohlforth）利用不同文化不同时代的证据，发现权力分配的平衡和不平衡在频率上相等。军事扩张是一种"近乎普遍的行为"，但"寻求眼前利益"的人往往容忍此类扩张，他们追求狭隘的短期利益而不是系统维护。[1] 正如摩根索所理解的那样，权力在国际关系中的影响在很大程度上取决于参与者对于权力的设想及使用。权力平衡未能阻止20世纪的两次世界大战，在历史上与东亚的国际关系上也格格不入。权力是一种文化产物，其重要性、后果和规范因文化和时代而异。市场也是如此。

对均衡还有一种更强烈的反对意见。新的压力和适应性改变了政治体系的运作方式和奖赏对象。随着时间推进，这一进程使体系的特点出现重大变化。一些最为"稳定"的政治体系（以其时限和不出现重大暴力来衡量）近些年来发生了重大变革。以至于比较相隔一百年的两个体系，我们会发现这一体系表现出完全不同的面貌。比较一下乔治时代的英格兰与维多利亚晚期的英国或者维多利亚时代的英国与现代英国。管理国家的体制或多或少没有变化，但政治文化的性质、权力跨阶层的

---

1 Kaufman、Little 和 Wohlforth（2007），页 229—250。

分配、国家的人口以及许多关键的社会和政治价值观，这些对乔治时代和维多利亚时代的人来说完全陌生。体制运作的方式和它们在社会中发挥的作用出现渐进式的转型。这种现象产生了一个悖论，即稳定体系是演变最快的体系。相反，苏联不复存在，这主要是由于它无法随着经济和政治环境的变化而演变。朝鲜可以说是寿命最长、最僵硬的政权，也被认为是最不稳定的政权。

我们必须把稳定和变革分开。最稳定的秩序会随着不同选区的形势和要求的变化逐渐演进。我们可以将其与地质断层线相比较。反复受到较小震动影响的断层线会允许相邻的板块逐渐移动，降低更剧烈、突然的板块运动引起强烈地震的可能性。

第二个问题是将政治秩序与其他形式的秩序区分开来。一个秩序（政治、经济、社会或宗教）的发展或变革往往对其他秩序产生严重影响。例如，股市的剧烈波动通常可归因于恐怖主义和政治决策等非经济事件。经济和社会变化反过来也会影响到政治。影响 2012 年美国总统大选的重要因素是失业率和保守人士对快速的社会变革感到不满，特别是对妇女和同性恋的权利。我们应尽全力确定对各类秩序至关重要的一整套活动，如市场之于经济。这些活动最容易受到其领域内部外部其他条件和发展态势的影响。当我们任何这些领域从中心活动转向外围活动，相对的比例也会更多地向外部发展的方向转变。

所有政治、经济秩序都植根于社会，不会独立存在。[1] 各类结构性理论家认为，政治秩序可以从社会中抽离出来，并基于抽象的普遍规则进行分析。无论从概念还是从经验来说，这都是一个错误。对于任何水平的集合体来说，其特征、稳健程

1　Lebow (2008)。

度、价值观和实践都受到其所处的社会影响，并有所反映。基于这个原因，秩序之间存在着重大变异，创建跨越不同社会的国家、地区或国际秩序的尝试也会遇到巨大困难。

尽管世界具有开放性，但我们仍重点关注政治秩序。当然，这说起来容易做起来难，因为政治和其他秩序之间没有明确的标记。在传统社会中，政治的、经济的和社会的秩序在很大程度上彼此相连。古希腊青铜时代家族（oikos）中的秩序依然存在于亚马孙和新几内亚岛的某些社会中。随着现代性的发展，这些领域变得截然不同，第一次使人能区分社会秩序、政治秩序和经济秩序。人类学、经济学、社会学和政治学，这些学科的出现确实基于能对这些领域进行独立研究的构想。各领域的区别虽然有用，但在概念上和经验上都属于人为创造，因为这些"秩序"密切相关，根本无法在相互作用中隔离彼此。[1]

为什么秩序会持久？

在社会中，秩序也指民众、群体或机构之间的某种安排或等级。[2] 一些参与者由于社会地位、财富、关系或出人头地的意愿一直得到比其他人更好的待遇。不平等往往自我强化，财富使人得到更好的教育机会，进而拥有更好的社会关系、更好的工作和更高的地位。当他们赋予的优势传承给后代时，不平等也得到自我维系。鉴于所有社会秩序都不平等，都会产生排外、限制和强制，一个值得注意的事实就是，大部分社会的大多数人都遵守既定的做法和规则。

他们这样做既有实质性的原因，也有情感方面的原因。多数人认为，生活在现有秩序中要比没有这一秩序更加安全和富

---

1 Lebow（2014），3—4章。
2 Weber（1994），页311。

裕。即使他们认识到，自己的影响力、财富和地位不如其他某些社会成员。秩序中的融合也给人以身份，提高自我价值，促进社会关系和亲密程度。精英们通常都很精明，大力宣传以使其从中得利的秩序合法化。这些宣传运用大棒和胡萝卜，前者渲染在秩序得不到维系的情况下外敌造成混乱的前景，后者强调归属感所带来的物质利益和心理安慰。这些话语颇为吸引人，同时强化了人们业已习惯的实践（如服兵役），但也牵涉到巨大损失的可能性。

大部分秩序能存在是因为它们至少部分兑现了承诺，或者让人们相信它们兑现了承诺。对不确定性和变革的普遍恐惧也使它们从中受益。"我们了解的魔鬼要比不了解的魔鬼更好"，这是一种悠久且普遍的表述，把握住了人类内在的保守主义。这类宣传话语引发这种恐惧并满足民众或集体参与者（如企业和国家）的心理需要，并允许理论与实践存在巨大的差距。当秩序无法满足人们的需求时，民众或其所属的集体单位将对现状越来越不满，更愿意支持温和的甚至激进的变革。至于这为什么会发生、何时发生，我们知之甚少。

不确定性的一个原因是不满的性质属于心理和主观层面。关于物质产品的分配，我们能以抽象的方式评估正义的共同构想。在美元拍卖（dollar auction）的游戏中，A 和 B 的任务是在他们之间分配一笔货币。A 可以向 B 提供这些钱的任意百分比，B 可以接受也可以拒绝，但不允许讨价还价。如果 B 接受 A 的报价，玩家只能收钱。研究者从多种文化中发现，当 A 试图保留货币总额的 65％以上时，拒绝曲线会急剧攀升。有些经济学家不明白为什么人会拒绝这些不拿白不拿的钱，但对我们来说，这并不神秘。人们有强烈的正义感和自尊，不想被人敲诈或被当成傻瓜。

将从游戏和实验中得出的结论推广到复杂得多的社会，这将非常困难，如果不能说是危险的话。导致 B 拒绝单方提议的原因同样会促使美国工人和中产阶级成员普遍反对罗姆尼（Mitt Romney）及其政党。共和党的税收、医保、医疗补助和社会保障政策都是在劫贫（包括中产阶级）济富。但是，在2012 年总统大选中，几乎一半美国人投票给罗姆尼和共和党。很显然，还有其他因素在起作用。民意调查显示，许多选民担心社会出现变革，不喜欢大政府、移民和奥巴马总统。他们希望使美国更强大，在国际上更受尊重。这些关切显然胜过了物质方面的考虑，还表明保守派、新自由主义和福音派话语及相关媒体宣传上的成功。更重要的是，与美元拍卖相比，投票有其历史、政治和社会背景。

关于服从，哲人和社会学家提出四类解释：恐惧、兴趣、荣誉和习惯。文明伊始（如果不是更早的话），恐惧的力量不言而喻，也可能是大多数社会秩序的组成部分。僭政是最为依赖恐惧的政制。修昔底德、柏拉图和亚里士多德都认为，只有拥有使臣民屈服的权力和意志，或者拥有将自身转型为更具协商性（consensual）的政制，它们才能生存。[1]

亚里士多德将恐惧定义为："一种由于想象到未来某种毁灭性或令人痛苦的恶行而产生的痛苦或不安。"造成恐惧的是"我们所能感觉到的、能以给人造成巨大痛苦的方式毁灭或伤害我们的强大力量"。恐惧是信心的反面，与危险相关，是针对可怕事物的逼近。产生恐惧的是对某一事件的预期而非事实，恐惧会引发一种深思熟虑的反应。一个参与者滥用权力往往导致恐惧，但恐惧会威胁到社会秩序，而不仅仅是个人。[2]

---

1 柏拉图，《理想国》571c8 - 9 和 579d9 - 10；亚里士多德，《政治学》1315b11；修昔底德，《战争史》全书，尤其是米洛斯对话。

2 亚里士多德，《修辞学》1382a21 - 33，1382b28 - 35。Konstan (2006)，页129—155。

霍布斯对利益的解释绝对是现代社会科学的核心。霍布斯的解释假定，人们愿意接受相对较低的地位和利益，以换取更大的绝对回报，使自己所属的社会保护他们的人身安全和物质财产。[1] 物质性的福利被假定为现代人的一个主导性目标。但正如我们所看到的，当人们似乎更喜欢其他目标时，社会学家会感到困惑。当人们这样做时，他们通常被描述为非理性的。

荣誉指的是在同辈中脱颖而出的普遍欲望，人们往往通过遵守社会规范（大公无私，有时甚至是牺牲自我）来获得荣誉。关于荣誉，荷马可能是第一个理论家。在《伊利亚特》中，荷马对荣誉的理解无与伦比，即视荣誉为核心价值的社会的动机及其（有益的和破坏性的）后果。在现代，霍布斯和斯密把对地位和尊重的需要称为"名利"，卢梭把它看作"自恋"（amour propre）的核心。

习惯的重要性至少可以追溯到亚里士多德，他观察到儿童模仿成人的行为，老师教导他们如何行事，达到何种目标。他们适应社会，接受某种行为方式，最终不需要预先思考就能做到如此行事。[2] 习惯最终可以追溯到其他三种解释中的一种或多种。儿童模仿成年人是因为他们害怕不这样做的后果，或者出于对爱抚、赞赏或物质奖励的期望。潜在的体制会对这些习惯进行鼓励或强迫，这些体制以羞耻（丧失荣誉的一种形式）为基础形成规则和规范。孟德斯鸠、涂尔干还有晚近的戈夫曼（Erving Goffman）对这些非正式的社会控制机制提出了很有洞察力的看法。[3]

同修昔底德一样，我论证的前提是，社会政治秩序运转的

1　霍布斯（1996），I. 11.9。

2　亚里士多德，《政治学》1336a – 1338b8。

3　孟德斯鸠（1989）；涂尔干（1984）、（2001）；Goffman（1959）。

思想社会背景是其稳定的一个关键决定因素。这种关系在两个强化的层面发挥作用。它决定着构建稳定秩序的难易程度，以及最可能保持稳定的秩序类别。在严重分裂和充斥暴力的社会中，维持稳定显然更加困难，因为秩序已经崩溃，或者说已地方化和碎片化。修昔底德举的事例是科基拉，现代事例是索马里、墨西哥和缅甸北部边界。关于破坏性冲突后重建秩序问题，研究的文献有很多并且日益增加。区域一体化是秩序构建的另一变体，这方面的文献也有很多。但这是一个不同类型的问题，因为成功的区域秩序是基于各政治单位的高度稳定。

人们接受什么，不接受什么，哪些会兴盛，哪些又会失败，关于意识形态和文化形成这些期望的方式，相关的思考和研究要少得多。由于这些看法影响着人们的行为，它们能塑造用于构建维护秩序的参数。美国是一个引人注目的当代范例。据美国国会预算办公室统计，1979 年至 2007 年间，美国前 1％的富人收入平均增长 275％。同一时期，60％收入中等水平的美国人收入增长 40％。自 1979 年以来，90％贫困家庭的税前平均收入减少 900 美元，而前 1％富人的税前平均收入增加 70 多万美元，联邦税收因此增长缓慢。1992 年至 2007 年，美国 400 名最高收入者的收入增长 392％，他们的平均税率降低 37％。[1] 自经济衰退以来，这一差异变得更为明显。在 2012 年的总统大选中，共和党候选人和作为众议院多数党的共和党要求给公司和富人减税，削减扶助穷人的计划。在经济上受此类法律损害最为严重的群体中，白人工人阶层中的非工会成员普遍支持共和党。富人扶植或支持各种宣传话语，为其所得利益来辩护。这包括新自由主义、仇恨政府（视其为人民公敌）、让人们相信对富人和公司减税有利于增加就业、富人凭借智慧

32

---

1 Gison 和 Perot（2011），其依据是美国国会预算办公室的调查报告。

和辛苦工作来赚钱。这些话语成功地使大部分人无可奈何地接受日益增加的不平等，容忍拥有特权的少数人明目张胆地炫富。

在古代世界，公平是公认的正义原则，这些话语颂扬的是贵族相对于普通人、男人相对于女人的才智、品格和勇敢。神义论对人类苦难（最突出的是普通人的苦难）做出解释并为之辩护。最明显的例子是《创世纪》（2-3）中的伊甸园神话和赫昔俄德的《劳作与时日》。

在古代世界，人们认为民主制非常不稳定，因为民主制被视为民众窃取富人财富的手段。这一期望很容易变为现实。在公元前5世纪的希腊，贵族与民众屡屡发生冲突，因为民众不愿对富人做出让步。在现代世界，民主制被认为是最稳定的政治制度，但这仅限于发达的社会。宣传话语又一次与不同类别政制的影响密不可分。话语并不能摆脱历史处境的一般特征。

这些关系在国际层面同样有明显的表现。18世纪是权力平衡的顶点，因为权力平衡已成为一种话语，欧洲领导人用它来维持国家体系的稳定。但当某些领袖和国家致力于通过战争和领土扩张来维护、获取荣誉时，权力平衡一败涂地。地区稳定在1945年后得以恢复，因为欧洲被两个超级大国所掌控。在冷战后的欧洲，国家间战争日益难以想象，其原因与权力平衡毫无关联。外交政策几乎总是政治单位互动的一种社会反映。沃尔兹（Waltz）和米尔斯海默（Mearsheimer）等结构性理论家认为，国际体系的极化（polarity）对秩序具有普遍意义，但结构理论的问题过于简单化。

经济学中的结构理论也是如此。自由派坚持认为，市场是一种决定性的结构，迫使企业和国家为了生存繁荣采取某种行为方式。之所以有这种效果是由于选择和适应的结合。沃尔兹在其国际政治理论中提出类似的主张，但事实证明，选择在国

34

际关系中不起作用。低效甚至战败的国家生存下来，国家行为体的数量逐步增加而非减少。市场也是如此。如果规模足够大，具有强大的政治影响力，或者政府担心其衰落所造成的经济政治后果，那些效率低下的公司就会得以存活。在许多地方，低效大公司都能存活，因为政府拥有公司的全部或部分股权。现实千差万别。在房地产市场中，一些国家推行普遍上市，另一些国家通过代理商实施垄断，或者像伦敦那样将两者结合。我们还有其他许多例子来证明，市场的结构和运作方式既是政治社会文化的产物，也有所谓的经济逻辑。

关于秩序，现实主义者和自由派讲述了一个吸引人但令人信服的故事。市场和权力平衡源于公司和国家的行为；它们是应急资产。一旦形成，它们就能通过选择和适应来塑造公司和国家的行为。由此产生的秩序通过均衡机制来维持。正如我们所看到的，这一叙述的每一步都存在问题。

现实主义和自由派的叙事还在同义反复中徘徊，因为效率属于经济学范畴，国际关系通常与现有惯例相关。自由派声称，自由放任的资本主义是最高效的现代经济体系，美国政府、世界银行和国际货币基金组织提供激励措施，他们经常迫使各国政府向这一方向推进。相对于一种政府更有控制力的企业变体，自由派英美资本主义所取得的优势可能只不过是历史的怪癖（quirk）和二战同盟国胜利的结果。如果轴心国取得胜利，德国和日本将提供另一种供他人效仿的资本主义模式。[1]

秩序为什么会崩溃？

有效运行的秩序必须包含足够的理由来约束欲望和精神，并将其引入生产渠道。它们必须通过结合理性、兴趣、恐惧和

---

[1] Lebow (2010)，1章。

习惯来约束参与者，尤其是强大的参与者。自我约束始终很难，因为它需要的是匮乏，而匮乏在现代世界明显过时，即时满足和自我放纵日益成为现代人的规则。实验得到的证据表明，大约三分之一的美国人将个人物质利益置于共同规范之上。除了良心外，他们不会受到其他任何约束。要想有效约束这种行为，只能通过高度的规范共识、对其他参与者的资源依赖以及这些参与者和一个更广泛共同体的紧密联系。[1]

　　以精神和欲望为基础的世界本质上都不稳定。这样的世界竞争激烈，鼓励参与者违反获取荣誉或财富的规则。当足够多的参与者这样做时，继续遵守规则的人可能会受到严重的伤害。这为所有参与者背离规则提供了强有力的激励，除了那些最坚定的参与者。这一困境在以精神为基础的世界中最为严重，因为荣誉、地位的性质使之成为零和游戏，除非有多种荣誉、地位的等级框架。以欲望为基础的世界不一定是以这种方式，但参与者通常将获取财富设计成赢家通吃的竞争，即使合作对双方都有利。在这一世界中，缺乏自我约束也会鼓励其他人追求财富。因此，无视规则表现为两种形式：身居高位者不履行职责（包括自我约束）；地位较低的参与者不尊重身居高位参与者及其相关特权。这两种不服从的形式可能会自我强化，并削弱等级结构及其所具体呈现的秩序。

　　在亚里士多德之后，我认为秩序崩溃的主要原因是行动者（个人、党派或政治单位）对其狭隘目标不受限制地追求。他们的行为导致其他参与者对满足自己精神和欲望的能力甚至自己的生存产生担心。内心恐惧的参与者可能会琢磨预防措施并采取行动，从夜间插门、争取盟友到获取更多更好的武器。与

36

1　Berger 和 Zelditch（1998）；Johnson、Dowd 和 Ridgeway（2006）；Tyler（2006）。

这种升级相对应的始终是威胁评估的变化。有些参与者最初被视为朋友、同事或盟友，每个人都能唤起富有细微差别的印象。但他们最终都成为更简单、更肤浅的刻板模型，变成对手乃至敌人。这种转变以及认知复杂性相应地降低削弱了人与人之间的信任，鼓励人们将对方的动机、行为和未来举措做最坏的分析。行为和框架的相互强化缓缓启动，但在某个节点会突然加速，产生相变（phase transition）。当出现这种情况时，参与者就陷入以恐惧为基础的世界。

修昔底德、柏拉图和亚里士多德认为，内乱是由于缺乏自我克制（尤其对于地位高的参与者而言），是心理失衡的结果。[1] 对于柏拉图来说，寡头制的民众和政权受精神支配，民主制的民众和政权受欲望支配。人们很难满足这种精神或欲望，也很难有效区分相互竞争的各种欲望。这迟早会推动两种政制的民众和政权堕落到僭政的道路上。[2] 僭政最初具有吸引力是因为僭主不受法律约束。在现实中，僭主是一个真正的奴隶（tōi onti doulos），因为他受激情支配，不是自己的主人。[3] 修昔底德讲过一个类似的故事，伯罗奔尼撒战争中的两位主角，斯巴达方面是理性失去对精神的控制，雅典方面是理性失去对精神和欲望的控制。

基于他们的理解，我们可以提出一些命题，即心理的平衡与失衡以及动态因素形成秩序或无序的原因和方式。我的出发点是关于正义和等级制的不同原则，这些与以精神、利益为基础的世界密切相关。以精神为基础的传统世界基于公平原则，而他们的等级制奉行庇护主义（clientelist）。等级制中的每一

1　亚里士多德，《政治学》1302b34 - 1303a - 21。亚里士多德还把阶层之间的人口平衡作为失序的一个原因。

2　前揭，以及柏拉图，《理想国》439d1 - 2，553d4 - 7。

3　柏拉图，《理想国》571c8 - 9，579d9 - 10。

阶层，除最底层的人外，都对地位较低的人承担责任，并有权向更高阶层的人寻求支持。作为从较高阶层得到好处的回报，人们给予这些人荣誉并为他们服务。不同阶层的统治责任要求具备不同类型的自我约束，越靠近等级制的顶点，约束的范围越广泛。荣誉不仅取决于等级，还取决于地位较高的参与者和机构履行职责的表现。庇护主义等级制的设计初衷是约束自私及其产生的后果，其手段是将拥有资源的参与者纳入社会秩序中，要求他们保护支持那些地位较低的人。这些参与者如果不承担职责就会感到羞耻。当庇护主义的秩序健康运转时，它们就会满足身居高位者的精神需求以及地位较低者的安全和欲望需要。在以欲望为基础的世界中，等级制会使参与者在积累财富方面取得不同程度的成功。当以欲望为基础的社会健康运转时，奖励大致与德性成正比，因为每个参与者都有一个相对平等的竞争机会。

在这两种秩序中，最常见也最具破坏性的失衡发生在精英层面。当身居高位的参与者（无论是个人还是政治单位）不再克制自己的精神或欲望，他们就会颠覆与等级制密切相关的正义原则。不受约束的精神会加剧对荣誉的争夺，可能会在统治精英内部产生激烈的破坏性冲突。这会对社会产生更广泛的影响，因为它加剧冲突，往往导致暴力，减少（即使不是完全否定）庇护主义等级制为非精英社会成员本应提供的物质和安全利益。不受约束的欲望还会削弱精英的合法性，引起其他参与者的怨恨和嫉妒。当其他参与者模仿精英的自我放纵并藐视限制损人利己式追求财富的规范时，这将促使整个社会出现更加分散的不平衡。失去对精神的控制是对古代世界和早期现代欧洲的秩序的一个持续威胁，也是导致其内战和国家间战争的主要原因。失去对强烈欲望的控制在希腊并非从未发生，这最初与僭主和寡头密切有关。在我们的世界中，各种政权及其精英都存在对欲望失控的现象，这使贪婪成为各个秩序层面出现冲突的主要根源。

以精神为基础的社会容易受到其他不平衡的影响。在大部分历史里，以精神为基础的社会也是战士社会，与之相关的竞争和侵略会对外转向反抗共同敌人的战争。在战斗和保卫家园中表现出的技艺反过来使战士精英有理由获得荣誉、地位和政治权威。[1] 当战争模式出现变化、需要社会下层的参与和技能时，精英的地位和权威就会受到威胁。在雅典，海军不断发展日益重要，其成员主要是不富裕的公民，这为社会更广泛的民主化铺平了道路。[2] 如果外部威胁减弱，战士阶层就有兴趣激发新的冲突以维持其权威，避免竞争和侵略向内转向造成破坏。外部和平与内部精英克制的缺乏，两者的结合将产生限制其权威的强大压力。因此，战士社会有经常发动战争的动机，但又必须限制、规范此类冲突，使其不会破坏社会或为之投入大量资源。他们还设计其他形式的竞争。最初的奥林匹亚赛会可能就是为了达到这一目的，现代奥运会的设计初衷至少有一部分是将其作为战争的替代品。现代奥运会的比赛最初仅限于所谓的绅士运动员，这绝非偶然。

对于修昔底德、柏拉图和亚里士多德来说，精英失衡导致出现同样的病理行为：身居高位的参与者违反作为其精英地位根基的原则。他们没有恪守前辈所奉行的审慎和自我克制。修昔底德和柏拉图认为，知识分子削弱了鼓励精英阶层为公众服务、勇于牺牲和自我约束的价值观，从而加速了这种腐败过程。人们此前接受社会秩序并将之作为自然惯例，知识分子却使社会秩序成为问题。擅长修辞技艺的政客是腐败的另一源

---

1 Schumpeter (1951)。

2 亚里士多德，《政治学》1297b16ff, 1305a18；Raaflaub (1996)。

头。在雅典，修昔底德观察到，政客们"发言装着争取公益，实际上努力为在斗争中赢得优势不择手段"（3.82.8）。他们对语言进行歪曲解构，给出与传统语言相反的含义，利用这些语词为自己不符合传统习俗和价值观的行为辩护。到公元前5世纪后期，修昔底德和柏拉图所推崇的"古朴"（euēthes）准则不仅仅是在衰落，而且"由于被嘲笑而彻底消失"（3.83）。亚里士多德指出，精英腐败刺激了贫困者的欲望，使他们想得到更多的财富，对此做出承诺的政客会得到更多的支持。修昔底德判别出的这一进程似乎正发生在美国。普通员工和首席执行官日益增加的薪酬鸿沟助长了精英的贪婪和炫耀，这反过来又促使富人采取各种形式的逃税行为。这一态势不只限于富裕社会。关于革命的官僚阶层及其迅速腐败的速度，毛泽东提出过一个相似的论点。[1] 近期传出的丑闻证实了毛泽东的担心：中国一些高级干部非法搜刮、积累了大量财富。

通过对伯罗奔尼撒战争期间雅典政治的记叙，修昔底德表明，精英内部的竞争刺激整个社会出现更广泛的不平衡。意欲提升其政治地位的精英阶层成员动员非精英参与者予以支持。蛊惑人心者煽动民众，鼓励他们将自己的利益置于共同体之上。沙特施奈德（E. E. Schattschneider）描述了一个类似的美国政治进程：在政治斗争中失利的个人或群体寻求将斗争扩大到新的竞争领域，期望借此能够增加成功的机会。[2]

对修昔底德和亚里士多德来说，共同体崩溃的决定性时刻是，参与的个人或党派出于党派目的抢占国家机构。公民大会和法院不再是用来规范限制人们对财富荣誉的争夺，而是加剧了竞争，使一个党派能提升自己的地位或通过牺牲他人的利益

1　Young（1986）。

2　Schattschneider（1960）。

来发财。掌权者可以利用这些机构驱逐、惩罚或杀死对手。在国际层面，这种行为的表现形式往往是试图提高自己的战略地位，最终使其他国家的挑战变得几乎不可能。亚里士多德看到，当冲突变得足够尖锐时，某个领袖、党派或国家感觉到需要先发制人，便准备在成为受害者之前实施打击。一旦暴力和复仇的循环启动，就很难停下来。修昔底德对科基拉内乱（3.69-85）的描述令人毛骨悚然，告诉人们失控的内部紧张在科基拉如何升级为一场毁灭性的内战（stasis）。亚里士多德列举的例子有罗得岛、底比斯、麦加拉和叙拉古（《政治学》1302b22-34）。

修昔底德描述了这一过程中的一个重要的认知语言学现象。《战争史》最著名的段落（3.82）描述的是言辞（logoi）和行动（erga）之间的反馈循环。随着内涵不断延展，言辞不仅丧失原来的含义，而且还吸纳新的含义来证明甚至鼓励与传统习俗相悖的行为。关于言辞与行动的关系，修昔底德的深刻分析可以在经验上追溯到走向（或离开）恐惧世界的过渡进程。

对于列宁和一些投身革命的学者来说，当经济持续增长之后出现急剧萧条时，最有可能发生内部骚乱和革命。[1] 希腊人对阶级冲突也很敏感，但他们认为，通过对共同体普遍承担的整体性承诺，话语能对不同阶层进行调和，但当这种话语整体丧失权威时，阶级冲突将最为尖锐。在这种情况下，富人和权贵变得更加贪婪，民众也不再接受其低下的经济地位和政治地位。修昔底德和柏拉图明白，学会过富裕的生活与安贫乐道一样困难。柏拉图将两种极端描述为不稳定因素，因为财富导致奢侈和懒散，贫困导致卑鄙和低贱（《理想国》421e4-422a3）。

1　Lenin（1917）。

他们的洞察表明，造成不稳定和革命的不是财富和贫困本身，而是同情心和自我约束的缺失。黑格尔提出过类似的论点。[1]

总之，秩序崩溃是不平衡的结果。理性失去了对精神或欲望的控制。最具损害性的不平衡是精英阶层的不平衡。当精英群体的理性失去对精神的控制时，就会引发精英内部的破坏性冲突。当理性失去对欲望的控制时，精英的过度放纵会引发他人的嫉妒、怨恨和模仿。精英在精神上的不平衡会促使人出于狭隘的目的颠覆现行制度，鼓励那些受到威胁的人进行反制，甚至是先发制人。精英在欲望上的不平衡会导致伤风败俗，某些精英为壮大自我寻求其他参与者的支持会加剧这一进程。在极端的情况下，"看谁出价高"的竞争不仅会威胁到精英阶层的其他成员，还会激化精英与民众的对立关系，鼓励受到威胁的参与者先发制人。当外部力量介入时，他们会通过各种手段制造或加剧社会的不平衡。例如采用不同的手法、不同的介入程度来影响各类社会阶层，或者通过外向型的精英对荣誉、地位的竞争来消除其执政基础或改变其品质。

这些不平衡的形式会发生在个人、国内、地区和国际层面。其后果或多或少都相同，一旦超出个人层面，这些动态因素就会对秩序产生破坏作用。我们看到，不平衡还有很大的污染效应，任何层面的不平衡都会威胁到邻近层面的平衡。任一层面的平衡也可以推动其他层面的平衡，但效果较弱。这是秩序更有可能解散而非维持强化的另一个原因。关于当前的做法以及对其至关重要的利益最大化的论述，希腊人对秩序的理解提供了一个批判性的视角。西方经济学理论认可追求最大的目标，不只是经济，其他领域也是如此。这些理论基于对欲望的更宽泛、更现代的评估。这种评估看好甚至鼓励参与者追求满

1　Hegel (1991)，页 195、239、244、253、266、271—272。

足的极限。唯一需要考虑的自我克制也不过是策略性的。相反，希腊的平衡观念强调自我克制的更深层原因，是因为自我克制往往使他人有可能实现其目标。这样做有助于维系对满足欲望和精神来说至关重要的共同体。

我必须要提到一个最终的、复杂的告诫。如果秩序有赖于稳健的等级制，当进入精英阶层受到限制并日益困难时，精英阶层对等级制的维护可能会导致无序。当社会中的动机分配（distribution of motives）发生改变时，对等级制的维护也会产生这种影响，削弱等级制所依据原则的合法性。因此，在不同的具体形势下，捍卫等级制及其相关价值的努力可能会对秩序产生不同的影响。

如何重组秩序？

一个持续存在的政治问题是秩序在崩溃之后的重组。当理性失去对精英参与者精神或欲望的控制时，其他人会担心满足需求的能力或者自己的生命安全。保护行为及其产生的反应会产生相变，向以恐惧为基础的体系过渡。从历史上看，所有秩序的命运都是衰落，至少有些是在靠近霍布斯所说的自然状态。

秩序通常（至少最初是）通过运用暴力来重组。在或长或短的时期内，强大的代理人在一片领土及其民众中成功建立权威。惩罚的威胁具有强迫的能力。不过，以此为基础的秩序很难维持，因为民众即便最初欢迎强权者，最终也会挺身反对，除非他们得到奖赏或彻底屈服。强权者几乎不可能长期使民众屈服。最成功的案例是蒙古人通过恐怖使俄罗斯人臣服纳贡达数百年之久。在现代，这项任务近乎不可能实现。即便纳粹愿意用任何手段镇压反对派，也几乎在所有地方都会激起抵抗运动。

以强力为基础的治理需要规则以及执行规则的能力，而后者需要对规则的严格遵守才能变得可行。反之，规则的强制执行取决于对违法者或潜在违法者的了解，以及允许和禁止是否广为人知。前者依靠的是支持政权和相关法律的公民。基于这些原因，多伊奇（Karl Deutsch）估计说，民主社会的成功执法需要90％多的自愿遵守。[1] 在美国，禁止吸食大麻几乎不可能，这就是一个反面证据。因为没有任何法律，尤其是禁令，能得到民众的全力支持。只有在有法律秩序和执法威胁的情况下，规范和规则的非正式执行（涂尔干式的社会控制）才能取得最佳效果，尤其是在规模庞大的社会中。在健全的秩序中，这两种形式会相互强化，在激烈冲突的秩序中则会龃龉不断。

在僭政或威权社会，高压政治可能更为可行，因为当局能够采用大规模逮捕和其他集体性惩罚、恐吓的形式。即便如此，如果要人们忍受其统治，他们最终也必须建立某种自愿支持的基础。由于这个原因，重组秩序就类似于以恐惧为基础的政权在努力争取少许合法性。如果目标是重组秩序，第一步就是使用武力恢复表面的秩序。

交战各方还有可能通过休战或和解来重组秩序，但这种情况要少得多。雅典是第一个试图通过和解协议恢复民主的政治单位。雅典民众同意，对于伯罗奔尼撒战争失败后在僭政期间犯下的罪行以及反对僭政的行为，不会予以追究。和解取得了显著成功，因为民主制一直撑到公元前 338 年喀罗尼亚（Chaeronea）战役其被马其顿征服。近期的史学研究提供了大量试图通过和解重建秩序的事例，或成或败。

在本文的开头，我认为修昔底德撰写了一个具体案例：在崩溃的根本原因出现的情况下恢复秩序是现代化的过程。在公

---

1 1963 年 9 月，康涅狄格州纽黑文市耶鲁大学研究生研讨班。

元前 8 世纪后期，城邦取代家族（oikos）成为政治生活和经济生活的单位。修昔底德将这种转变归因于征服，但这肯定也是一种回应，即对于小共同体扩张为大共同体所带来的经济安全利益的回应。早期城邦的政治结构抄袭了家族建制，这并不奇怪。早期城邦是等级制的，权力集中于国王，然后依次是臣属、仆人和奴隶。到公元前 700 年，大部分王国都让位于贵族统治。这是一次重大转型，因为统治阶层虽然规模小却是一个平等的群体。此后，正如雅典发生的情况，政治权利扩大到更多的甚至是所有的公民，这只是程度上的变化，而非类型的变化。

个人逐渐取代大家族成为基本的经济单位，生产和交换的目标逐渐变成追求财富。经济与家族分离，开始以契约为基础。对经济交换的评估更有可能独立于过去的交换以及建立、维持经济交换的关系。货币的使用促进了这种观念的改变，人们认为货币出现于公元前 7 世纪 70 年代左右。货币经济加速了传统社会关系及其所依赖价值观的衰落。[1] 在金钱出现以前，礼物往往没有精确的等价物，只有精确的等价物才能使人们产生出对未来交换和持久关系的期望。货币使交换对等，并允许一次性交易。[2] 在传统经济中，建立给予者和接受者关系的是与交易对象相关的故事。在现代经济中，交易对象是没有生命的货物。[3] "个体"逐渐成为一种身份，获取成为其目的，

利润（kerdos）就是实现这一目的的手段。

如果金钱成为经济交换的货币，那么修昔底德使我们明白，权力现已成为政治的货币。情感纽带及其所鼓励的公益承

1　Howgego（1995）。

2　Herman（1987）。

3　Mauss（1990）；Sahlins（1972），页 204—210。

诺让位于个人增加自我利益的目标。政客们利用一切可能的手段来获取权力，就像不择手段的个人获得财富一样。对于阿里斯托芬（也许还有修昔底德）来说，经济和政治汇集在克勒翁身上。这个皮革商的儿子在公民大会上公开利用其财富来收买投票。

修昔底德的语言容易使读者做一种类比，雅典追求权力类似于个人追求财富。帝国的根基在于金钱的力量（chrēmatōn dunamis）。帝国创造贡赋（chrēmaton prosodoi）以建立和维持希腊最大的海军。相对于其他城邦，雅典是如此强大以至于它可以通过武力来统治（allōn archē）。像僭主一样，雅典不再需要使其统治合法化，或者提供好处将联盟或城邦团结在一起。希罗多德和修昔底德都认为，财富鼓励了雅典的"东方化"（orientalization）。财富导致雅典的价值观发生深刻转变，明显表现为越来越依赖武力。这种行为模式是目标正在改变的反映。荣誉（timē）的目标日益让位于获取的目标。霸权（Hēgemonia）接着演变为帝国（archē）。

与柏拉图和大多数剧作家相比，人们更难引用修昔底德对现代性的回应。修昔底德没有写像《理想国》或《法义》这样的文本。与柏拉图不同，修昔底德感兴趣的不是某种理论层面的而是在实践中有可能实现的东西。修昔底德模仿的对象很可能是埃斯库罗斯。两人对问题的诊断和反应非常相似。

《奥瑞斯忒娅》（Oresteia）涉及的是正义及其如何抑制撕裂家庭、城邦的激情。正义传统上以复仇的形式出现，往往由家人或朋友进行。阿波罗鼓励年轻的奥瑞斯忒斯（Orestes）为他的父亲阿伽门农复仇，他的母亲克吕泰涅斯特拉（Clytemnestra）谋杀了阿伽门农。对于杀害克吕泰涅斯特拉及其同伙，奥瑞斯忒斯还有其他的动机：恢复其公民身份、族盟（phratry）成员资格，以及父亲的王位和遗产。三者赋予其身份，没有这种身份，奥瑞斯忒斯就会过一种毫无意义的流亡生活。为恢复自己的身份，奥瑞斯忒斯必须违背人法与神法，将对阿特柔斯（Atreus）家族的诅咒传给子孙后代。在三联剧的最后一部《复仇女神》（Eumenides）中，奥瑞斯忒斯被复仇女神（Furies 或 Erinyes）追杀。她们属于希腊最古老的神明，是人类最原始本能的化身。通过在阿勒奥帕格斯（Areopagus）创建公民法庭进行审判，雅典娜进行干预以结束谋杀、复仇的循环。陪审团陷入僵局，雅典娜投了对奥瑞斯忒斯有利的决定性一票。奥瑞斯忒斯现在可以自由地回到阿尔戈斯，不再会受到骚扰。当雅典娜在城邦中给予复仇女神一个受人尊敬的位置时，这些愤怒的复仇女神只好接受判决。在一次神圣的游行中，公民们护送现更名为"欧门尼得斯"或"祝福者"的复仇女神到她们的新家，城邦下面的一个神龛。她们在那里永远提醒着人们，如果不凭借公民文化来压制或适当引导，人类会有一股毁灭性的本能。《奥瑞斯忒亚》展示的是如何在旧的、传承的体制基础上建立新的、创造性的体制。通过将原始冲动的破坏性后果写成戏剧，埃斯库罗斯鼓励人们尊重古老传统和新的体制安排。只要这些安排能驯服冲动的欲望、侵略和有死者的傲慢，进而能利用这些情绪来促进平等和正义。

像埃斯库罗斯一样，修昔底德希望读者能意识到混合秩序的必要性。这种秩序将结合新旧秩序的优点，尽可能避免它们所隐含的危险。新秩序的优点是其平等精神（isonomia），及其为全部公民所提供的服务城邦的机会。旧秩序的长处是它强调卓越和美德（aretē），这鼓励精英阶层克制他们对财富、权力的欲望，甚至是生存本能，以追求勇敢、出色的判断力和**献身公益**。修昔底德提供了一个理想化的视角，把伯里克利治下的雅典作为他所设想的混合秩序的范例。那时的雅典是混合政府（xunkrasis）的典范，使有统治才能的人和民众都以有意义的方式参与治理。它成功缓解贫与富、出身与才干之间的紧张关系，并与公元前 5 世纪末阶层关系极度紧张、濒临内乱的雅典形成鲜明对比。

修昔底德可能希望，城邦间的关系可以在类似基础上进行重组。城邦之间的不平等类似于城邦内部的不平等。如果僭主的权力让位于贵族制和混合民主制，对权力、财富的追逐就会受到重建共同体的制约，城邦间的关系也可做同样处理。强大的城邦会再次看到它们有兴趣在霸权的基础上发挥影响。权力失衡可以通过比例原则（to analogon）实现"平等化"。强大城邦会根据其提供给弱小城邦的好处获得相应的荣誉（timē）。埃斯库罗斯按照这一思路在《普罗米修斯》中指出了一个解决方案。"僭主"宙斯强大且令人讨厌，他考虑毁灭人类并惩罚他们的恩人普罗米修斯。但宙斯意识到，只有用权力来和普罗米修斯交换恩惠（charis），他才能使两者之间的冲突得到解决。这一结果为人类带来了正义。我相信，修昔底德赞成类似的平衡或平等（isonomy）。他的历史旨在教育富人和强者，使他们看到在个人或国家层面上像僭主一样行事所产生的危害，以及保持政治领域中互惠这一古老形式的表象（如果不是实质的话）所产生的实际利益。

修昔底德是严厉的怀疑论者和理性主义者但支持宗教，因为他认为宗教是道德和习俗的主要支柱。在修昔底德看来，激进的智术师主张习俗（nomos）是人为构建，以便为各种形式的不平等辩护，这给雅典造成了伤害。对不可能接受习俗为诸神所赐的思想精英来说，修昔底德就是为他们写的这本书。面对他们，修昔底德为习俗做了更为精深的辩护，提出习俗并不需要立足于自然（phusis）。通过展示 nomos 及其所支撑的习俗一旦崩溃所产生的毁灭性后果，修昔底德提出了两个问题：出现这种局面的必然性以及（相信习俗源自自然并以此行事的）权威人士的智慧。对修昔底德来说，语言和习俗属于人为构建但必不可少。同悲剧一样，修昔底德的历史为精英们提供了一个"内部努力"的任务，恢复对正义和秩序有用（如果不能说至关重要的话）的东西。

修昔底德将国内项目扩展到外交政策层面，这符合希腊的惯例。城邦之间的关系以及在此之前家族之间的关系，传统上都被视为内部关系的延伸。"泛希腊"共同体有一种强烈的意识，这至少可以追溯到公元前 7 世纪阿奇洛库斯（Archilochus）的诗歌。一个世纪后，希罗多德告诉我们，雅典人抵抗波斯人的名义是"我们希腊人有着共同的兄弟情谊，有着共同的语言、祭坛和献祭仪式"（8.144）。在伯罗奔尼撒战争后，这种情感依然非常活跃。[1] 柏拉图把希腊人之间的自然关系描述为一种亲属关系（《理想国》469b – 47lc）。

希腊政治理论提出的期望很丰富，但取得的成果很贫乏。政治家要遵守很高的标准，但很少能做到。伯里克利的战争和死亡揭示出这一承诺的脆弱性，以及某个有才华的领袖能在多大程度上展现出其美德。在一个市场经济主导的世界，在一个自我利益的概念如此强烈的世界，我们是否真的有可能恢复强烈的共同体意识？在文本的所有历史人物中，赫摩克拉特（Hermocrates）可能最接近于修昔底德的代言人。赫摩克拉特在革拉（Gela）的演说辞表明了其谨慎乐观的态度（4.59 – 64）。叙拉古与雅典极其相似，也是一个庞大、繁华的民主城邦，（在赫摩克拉特看来）还保留有许多传统的价值。但叙拉古不得不学会过成功的生活，还有可能追随波斯、雅典的脚

---

1 伊索克拉底，4.3.15 – 17；阿里斯托芬，《吕西斯特拉特》；欧里庇得斯，《伊菲革涅亚在奥利斯》。这些作品表现出泛希腊的情感以及为希腊牺牲的精神。

步，重复傲慢（hubris）、狂妄（atē）、罪过（hamartia）和义愤（nemesis）的循环。

修昔底德有充分理由对叙拉古的未来充满希望。与柏拉图一样，修昔底德认识到，他们所钦佩的"古朴"（ancient simplicity）再也不能重现于日常生活中。一旦出现替代方案，古老的方式就不再自然。语法学习就说明了这一点，将之与人对词语的迷恋类比非常贴切。儿童无意识地通过模仿重复学习说话，但成年人必须要有意识地学习新语言，并且常常发现，从语法提供的概念框架开始学习很有帮助或者说很有必要。修昔底德将其对伯罗奔尼撒战争的记叙当作一种语法，以帮助人们重构政治语言。

52

结论

大部分众所周知的话语倾向于支持现有的秩序并为其不平等辩护。在几乎所有各式各样的表述中，西方自由主义和现实主义的主流话语都在这样做。他们说服许多不那么富裕的公民接受现状，相信富人拥有他们的财富是正当的，他们凭借技艺和机运也可能发财。这些话语对精英也产生影响，尽管这不是其主要目的。这些宣传话语使贪婪合法化，不知不觉地鼓励精英违反规范。修昔底德和亚里士多德将之视为秩序崩溃的主要内因。美国和英国，此类宣传话语最为明显的西方国家，充分证明了贫富之间的财富差距。两者也是部分人口拥有财富份额最高的国家。

267

反之，精英们持续、明显地违背"游戏规则"，削弱了这些长期存在的话语的合法性。英美以及其他西方国家的媒体几乎每天都会爆料，报道富裕权贵极为明目张胆的腐败和逃税行为。修昔底德和亚里士多德让我们相信，曝光这类故事会使其他人对现有秩序失去幻想，进行模仿。当足够多的人违反规范

53

时，规范就无法得以执行。意识到这一局面后，人们会采取更多的不服从行为，即便是那些坚定致力于遵守规范的人。如果有足够多的人欺骗，而你却不这样做，你就会处于非常不利的位置，很可能被别人视为笨蛋。在这种形势中，恐惧和自利会产生强有力的刺激，导致出现相变的恶性循环。这预示着，秩序即使不崩溃，也会出现一种无法无天的、残忍的、令人不悦的文化。在这种文化中，几乎每个人都很难实现或维持其财富和安全。

在现代，最大的一个讽刺就是，西方学者和记者成为这一进程的不知情的同谋。他们使用自由主义的、现实主义的话语来分析合作和秩序等问题，这是在鼓励贪婪和"事不关己，高高挂起"（autarky）。使用这些概念的人没有认识到，他们才是问题的根源而非找到解决方案的手段。实际上，我们需要从这些有关世界及其运作方式的定见后退一步，达到这一目的的方法是学习其他文化，如希腊人的文化，从而在不同背景下理解我们所面临的问题。

无可替代的民主

——修昔底德、斯巴达和雅典

威尔（Wolfgang Will）

修昔底德的著作依然是断简残章。早在卷二第 65 小节，修昔底德就总结了他对这场战争的看法。我们可以将之作为修昔底德的定论，但不要认为所有悬而未决的问题都因此得以解决。[1] 分析性的问题早已解决，大多数人都承认，我们现在看到的文本真实无误。任何希望如此的人都可以采取这种"单边主义"立场。但事实是，流传到我们手中的文本并非总能折射出这位史学家在战争结束前的思想，或者说他想与同代人乃至后人交流的想法。被翻阅最多的两卷都没有写完，即卷五和卷

---

1 Gomme、Andrewes 和 Dover（1945—1981），卷 1，页 178—199；Hornblower（1991—2008），卷 1，页 340—409；Will（2003），页 213—222；Spahn（2005）。

对所有人来说仍是开放性的。[1]

　　因此，构建修昔底德自己的观点并非易事。到战争结束时，他的许多观点已与战争之初的看法大有不同。这导致文本前后不一。修昔底德撰写的演说辞经常引发争议，因为在后来撰写的演说辞中，修昔底德不一定会受写早期演说辞时那些设想的束缚（1.22.1）。[2] 当然，修昔底德竭尽全力隐瞒自己的观点，例如在米洛斯对话中。只在为数不多的几处地方，修昔底德才阐明自己的想法。[3] 演说辞中所说的并非修昔底德自己的观点，除少数地方外，修昔底德在记叙过程中对事件不做评论。

　　我们首先必须坚持这一事实，即在战争的几十年中，修昔底德的政治思想及其对同时代政治的看法发生了变化。对于某种国家形式的质量及其在这场战争中的有效性，修昔底德的评判越来越多。对于公元前 6 世纪波斯的政制形式，希罗多德不得不将其讨论置于历史处境之中，以便能解释独裁统治的概念（3.80 - 3）。[4] 在修昔底德著作（如"稽古"）中，僭政只是一种历史现象（6.54 - 59）；[5] 僭政是一种统治王朝掌握绝对权力的体制[6]，但这已经成为过去，已被摧毁或被消灭。当伯里克利或克勒翁谈论僭政和雅典的起源时，僭政唯一的含义就是绝对权力（2.63.2 和 3.37.2）。Monarchos 只用作 turannos 的变

1　关于修昔底德的问题，参见 Ullrich（1846），页 1 及其后；Schwartz（1919），页1及其后；Patzer（1937），页3及其后。

2　关于这一点，参见 Vossing（2005）；Schubert（2009），页 392—393；Wiemer（2008），页 68—69。

3　例如 2.65、3.82、6.15。

4　Meister（1997），页 220—233。

5　关于修昔底德著作中的僭政，参见 Martin Dreher 在《秩序的概念》中的文章。

6　参见修昔底德，1.17。

体，这两个词在贬义上实际被看作同义词（1. 122. 3）。对修昔底德而言，重要的是民主制和寡头制，也就是这场战争中两大城邦的政制。这场战争因而可以被看作两种制度的战争。[1]

作为雅典的公职人员，修昔底德亲自参与了两种体制间的意识形态斗争。我们可以从其生平中来合理地推断出修昔底德的政治思想。这当然非常困难，因为我们现有的资料实在太少。我们对修昔底德的了解主要来自他本人的记叙。修昔底德在 4. 104. 4 介绍了自己的姓氏和职位，作为唯一有价值的解释，波西格特斯（Polemon Periegetes）为我们提供一个大致的轮廓。[2]

他父亲奥洛鲁斯（Olorus）的姓名源自色雷斯，但已经希腊化。我们从资料中发现只有一位部族国王名叫奥洛鲁斯，定居在色雷斯，是米太亚德（Miltiades）的岳父、客蒙（Cimon）的祖父。我们还从独立的材料中获悉，修昔底德的墓葬在客蒙家族墓地（Kimōnia mnēmata）附近[3]，他肯定继承了其在色雷斯的采矿权以及在那里的政治影响力，所有这些都表明他属于菲利阿得斯（Philiades）家族；修昔底德与梅雷西亚斯（Melesias）之子同名，我们不排除两人有血缘关系。

因此，修昔底德属于雅典保守的贵族阶层，对民主派伯里克利的支持表明修昔底德改变了政治阵营，不可再归为古典寡头制的拥趸。在阿奇达姆斯战争期间，修昔底德当选为雅典将军（stratēgos）。这意味着修昔底德不会与斯巴达有任何亲密

---

1 关于修昔底德对不同政治制度的评价，参见 Raaflaub（2006）。

2 修昔底德提及自己的地方：1. 1、1. 21 - 22、2. 47. 2 - 48. 3、4. 102 - 108、5. 25 - 26。

3 马塞林努斯，《修昔底德的生平》17。关于其他传记资料，参见 Will（2003），页 223—227。

的关系。但一些现代研究将他归到拉克代蒙阵营[1]，而且确实有些迹象表明这一点。在"稽古"的段落中，修昔底德称赞斯巴达是第一个实现法律和秩序的社会，一直没有出现过僭政（1.18.1）。当然，这话只出现一次。修昔底德还积极评价斯巴达人的代表，尤其是阿奇达姆斯（Archidamus）和伯拉西达（Brasidas）。前者被描述为一个明智、审慎的人（1.79.2）。[2] 这种性格刻画加上阿奇达姆斯的三场演说辞，使其几乎成为与伯里克利旗鼓相当的对手。而伯拉西达也有相匹敌的对手，那就是将军修昔底德。如果希望有可信度，史学家修昔底德就要预先避免对伯拉西达的负面评价。实际上，修昔底德给予对手外交和军事技艺上的称颂远远超出必要的最低限度。对于伯拉西达的歌颂通常只有地米斯托克利或伯里克利才配享有。在异国他乡，人们认为伯拉西达是一位完美的绅士（4.81）。修昔底德在斯巴达人集体的演说辞中说，他们在斯法克特里亚（Sphacteria）事件后表现出了审慎的判断力和明智（4.17-20）。[3] 这是积极的一面，但也有相反的一面。

从修昔底德在"稽古"中对斯巴达政制的赞扬中，我们确实可以得出一个推论。现代史学家据此说，这一政制使其城邦国家较为稳定，使斯巴达人倾向于干涉其他城邦的事务，具体来说就是建立寡头政制。在颂辞的第二部分，伯拉西达被视作一道美丽的前景，其背后隐藏的是吕山德（Lysander）和斯巴达军事将领。因此，在公元前404年后完成的作品中，修昔底德增添了文风简洁的一句话："因此，伯拉西达留下一个美好的希望，即其他斯巴达人也是如此。"（4.81.3）其他斯巴达人

1　参见 Ollier（1933—1943）。

2　参见 Wassermann（1953）；Bloedow（1981、1983）。

3　关于伯拉西达和斯巴达人，参见 Westlake（1968），页 122—134、148—165、277—289。Cartledge 和 Debnar（2006）；另见 Gribble（2006）。

并非如此，但修昔底德没有必要提到这一点。

修昔底德写的不仅仅是个人，还有斯巴达的政制。斯巴达秘不示人，排斥异乡人，这与雅典的开放社会形成鲜明的对比（2.39.1；比较 1.44.2）。伯里克利的葬礼演说（epitaphios）突出强调了这一区别。[1] 修昔底德还提供了一个斯巴达人背信弃义的案例，令人难以反驳。黑劳士（helot）为斯巴达人作战时表现出色，斯巴达人承诺给予他们自由，然后却秘密杀害了这些人（4.80.3-4）。修昔底德用真相破译出斯巴达的处世之道：他们对自由的承诺空洞无力，从雅典同盟中获得解放不会使希腊人自治自由（eleutheroi with autonomia），他们要面对的是斯巴达人的军事殖民（harmosts）。在斯巴达封闭体制的背后，隐藏的是谎言和含糊其词。

在古代世界中，没人像修昔底德如此消极地评价斯巴达。在米洛斯对话中，修昔底德让雅典人说出自己对斯巴达严厉的评判。由于修昔底德认同伯里克利坚定的反斯巴达政策，这毫无疑问是他自己的评判。对于米洛斯人寄希望于斯巴达人的援助，修昔底德批评说这是孩子般的迷信："关于对斯巴达人的期望，你们相信他们出于荣誉感会来帮助你们。我们祝福你们的天真，但不忌妒你们的愚蠢。"（5.105.3-4）这只是开始。修昔底德接着说："事关自己的事务或城邦的法律，斯巴达人具有最伟大的德性。但涉及别人，简而言之，在我们的经历中，斯巴达人最显著的性格是把高兴做的事视为高尚，把合乎利益的事视为正义。"[2] 对于修昔底德来说，斯巴达政治的首

---

1 参见 Kakridis（1961），页 23、28、31、35、38 及其后、45、53、57—58。

2 我同意 Baltrusch（2011）的观点，他认为修昔底德不希望透露"自己"对斯巴达的印象，尽管有明显迹象表明他在作品中对斯巴达不满。随着战争的推进，这种厌恶似有所增加，因为这些迹象主要出现在后面的章节中。

要因素是其秘密性。这不是修昔底德可以接受的模式[1]，因为他批评过两次，一次是直接批评（5.68），一次是在葬礼演说中的间接批评。

关于民主制，修昔底德在著作中有过许多论述。在记叙事件时，民主制的运转是一个主要问题。而在演说辞中，修昔底德界定了民主制的可能性。他很少谈到民主制的实际体制，因为雅典人对民主制的机制非常清楚，修昔底德毕竟是写给雅典人看，不必一一阐明。

在演说辞中，我们听到了修昔底德对民主的赞美，但这很快就与对战争现实的描述相抵触。人们认为，伯里克利在战争第一年（公元前431年至前430年）的冬天发表葬礼演说，但这实际上是修昔底德创作出来的。葬礼演说是关于民主制的第一份伟大文献，并且是民主制的有力辩护（2.35-46）。[2] 伯里克利解释说，他们生活所依照的民主政制不同于其他任何政制，没有任何先例，照顾的不仅仅是少数公民而是多数人。在私人事务中，每个人都拥有相同的权利。在公共领域，每个公民都可以凭借才干和行动赢得名声。与斯巴达不同，贫穷不是阻碍，不会阻止任何人通过为城邦服务实现自己的目标。在城邦内，公民彼此和平相处，**个人得到尽可能大的自我发展**。[3] 修昔底德将雅典公私领域的自由与斯巴达的唯唯诺诺进行鲜明的对比。雅典人对他人提供无私的援助，斯巴达人只出于自利进行冷酷的算计。雅典民众经过一般辩论后做出决定，斯巴达

1　参见 Will（2009）。

2　有说服力的论述参见 Kakridis（1961），页5—6；Pouncey（1969），页1及其后。Turasiewicz（1995，页34—35）认为最低限度的共识是，"战争结束时的演说辞要比开篇重述伯里克利的话时更能反映修昔底德的观点"。Lehmann（2008，页234及其后）尝试对这篇演说辞进行"抢救"，作为记载伯里克利观点的一份文献。

3　参见修昔底德1.37。

则是由监察官（Ephors）独自拍板决定。

除了赞扬民主制外，修昔底德还对民主的优势做了冷静的评估（6.39），但这种**彻头彻尾的积极**评价并非没有毒素。修昔底德提到叙拉古的平民领袖雅典纳格拉斯（Athenagoras），但添加了修饰语"能说会道的"（pithanōtatos）。这个形容词通常只用于民粹主义者克勒翁和《伊利亚特》中的特尔西特斯（Thersites）（6.35.2；参见 3.36.6）。但我们要注意到，伯里克利的演说辞和雅典纳格拉斯的演说辞都独立存在，没有反驳性的演说辞来平衡他们的判断。

关于寡头制，修昔底德就没有说过可以相提并论的积极评价。相反，在雅典敌人出现的地方，在预计会对雅典体制进行攻击的地方，我们什么也找不到。鼓动对雅典人开战的科林斯人对盟友斯巴达提出批评，把雅典人作为他们的一面镜子：拉克代蒙人一直关心维持现状，无法设想新事物；他们不相信明智的思考能转危为安；他们故土难离，不能全力以赴，担心会失去已经拥有的东西。[1]

另一方面，由于其政治制度（正如伯里克利在葬礼演说中所强调的），雅典人成为改革者。他们满怀激情地制定新计划，一旦确信无疑就准备竭尽全力来实现。他们随时准备面对危险，受到威胁时坚决果断。他们为远征做好准备，胜利时会扩大成果，失败时则毫不退缩。[2]

修昔底德对雅典民众的批评更为隐晦，除 2.65 外，修昔底德只是在叙述基本事实。当然，修昔底德面临的风险是被贴上"民主的敌人"的标签。在描述一个完全无法预知的事件时，修昔底德展示出民众的反复无常。公元前 430 年，瘟疫爆

1　参见修昔底德 1.70.2 – 4。
2　参见修昔底德 1.70.1 – 8。

发，雅典人立即表现出对战争的厌倦，即便是他们自己团结一致发动了这场战争。为发泄愤怒，民众和权贵把伯里克利赶下了台（2.65.3）。

按照其处理史实的原则，修昔底德在密提列涅辩论中表明，民众统治会妨碍做出理智的决定，因为民众缺少必要的深思熟虑（eubolulia）和判断力（gnōmē）。这一片段众所周知：在群情激愤的集会上，公民们决定处死密提列涅所有男人，把妇女和儿童卖作奴隶，以惩罚密提列涅人的不忠（3.36-49）。

狂怒（hupo orgēs）再次裹挟了民众，促使他们采取如此残酷的（最终是自我毁灭的）举措（3.36.2）。[1] 当然，史学家已经为此准备好借口：密提列涅人长期以来就准备投靠斯巴达人，这激怒了雅典人；况且次日的大会立即取消了这一决议（即使是以微弱多数）。[2]

这并没有软化公元前 416 年冬和前 415 年春的两项决议，两者不是临时联系在一起的，修昔底德也没有做出说明。在虚假和平（phony peace）期间，公民大会（ekklēsia）决定入侵米洛斯岛，处死所有米洛斯人，以对其拒绝投降做出惩罚。[3] 成功征服米洛斯岛促使公民大会接着决定入侵西西里岛。对修昔底德而言，这一决议（psēphisma）比犯罪还恶劣。正如耶格尔（Werner Jaeger）所说，这是一个政治错误，或者说是一连串政治失败的开始。[4]

修昔底德为此写了三篇演说辞，篇篇都属于最好的演说

---

1 关于愤怒的动机，参见 Mann（2007），页 88—90。

2 关于这场辩论，参见 Andrewes（1962）；Kagan（1975）；Wassermann（1956）；Ebener（1955/6）。

3 关于这一点，参见 Will（2006），页 25 及其后。参见 Meister（2011）。

4 参见 W. Jaeger（1934），页 505。

辞。[1] 尼西亚斯发表的两次演说辞代表着伯里克利式的审慎：置身危机时，最好保持镇定，不要进行新的征服，保住业已获得的东西，不要冒险（6.9.3，6.10.5）。亚西比德代表的是年轻和不理智（neotēs kai anoia）（6.17.1）。但是，这些段落的真正主题是民众。他们情绪上不稳定，不了解情况，抱有愚蠢的希望，做出的决策导致了无法控制的后果：

> 所有人都对这次远征充满了爱欲。年长者认为，他们要么征服所到之地，要么不会遭受灾难，毕竟军队如此强大。年轻人渴望去看远方的风景，对平安归来信心满满。大部分普通士兵不仅现在能从中领取军饷，还能获取一片土地，一个未来取之不尽的财源。（6.6.1）（译注：应为6.24.3）

63

公民大会变成一伙暴民，倾向于理智处理的人都不得不保持沉默："任何有不同想法的人都担心，如果投票反对会被看作不忠，因而一声不吭。"（6.24.4）当恐惧加上对战争的狂热时，当侮辱赫尔墨斯神像和渎神的秘仪导致歇斯底里和阴谋论时，民众迅速改变了想法，再次受到狂怒（修昔底德称之为orgizomenos）的驱使。这种狂怒曾促使他们驱逐伯里克利，破坏自己的全部战争计划，迫使刚任命的全权指挥官（stratēgos autokratōr）亚西比德辞职，然后缺席将其判处死刑。对于雅典人愤怒之下所做出的决定，人们可以继续列出很长的一份清单。修昔底德停笔于公元前410年夏，虽亲身经历但没有写阿吉纽西（Arginusae）战役后对将军们的审判。

我们现在来看修昔底德的直接陈述。公元前410年夏，权

---

1 Kohl（1977）。

（未完成）第 97 小节中，修昔底德毫无预警地发表了自己的看法：在我的生命中，雅典人似乎第一次享有良好的治理（8.97.1，译注：应为 8.97.2）。由于他在这里描述了寡头派和民主派（少数人和多数人）之间的妥协，人们常常假定修昔底德偏爱混合政制。

这种观点可能有些过时，因为上面的引文同整个演说辞一样提出了相同的问题。实际上，修昔底德只是说，在五千人政权初期（prōton），政务管理做得最好（至少在这位史学家的一生中是如此）。因为在这一关键时期，寡头派和民主派找到一种妥协的方法。这是安德鲁斯（Andrewes）经过严密分析在笺注中得出的结论。[1] 修昔底德这里说的是内乱中的妥协，而不是混合政制，莱平（Leppin）在其关于修昔底德的书中反复提到这一点。[2]

卷八第 97 小节属于修昔底德著作的一部分，但不包含公元前 404 年后的重大调整。这些调整是在战败后根据新的伯里克利式民主来实施的。尽管统一论学者做出各种努力[3]，这一点仍无法与混合政制的想法协调起来。

公元前 404 年后，修昔底德的全部努力是研究雅典人失败的原因，而非导致斯巴达人获胜的原因。修昔底德仍是真正的雅典公民，他一开篇就阐明了这一点。对修昔底德来说，这是双重失败，既是个人的失败，也是自己城邦的失败。

开始写作时，修昔底德确信雅典会胜利。毫无疑问，对伯

1　Andrewes、Gomme、Andrewes 和 Dover（1945—1981），卷 5，页 331—339。

2　Leppin（1999），页 180—183。

3　前揭。

里克利的描绘使我们对此毫不怀疑。[1] 我们不知道修昔底德何时明白雅典会战败。这发生在公元前 405 年埃格斯波塔莫（Aegospotamoi）战役时。修昔底德在最终修订版中关于这件事的论述相当重要，因为这就是原因。我们需要分析后期的演说辞，分析修昔底德自己在 2.65.7 - 12 和 6.15.3 - 4 中关于雅典帝国失败的话。这里汇集着修昔底德对雅典及其政治制度的评价。政治失败连续出现，领导者的失败（修昔底德没有称他们为"平民领袖"，而是称民众保护人，tou dēmou prostatai）和民众的失败。精英们怀有个人野心（2.65.7），对财富的欲望近乎疯狂；民众则受到激情、愤怒或恐惧的驱使；情绪波动支配着民众的决策。两派人碰到一起产生了致命的后果——纷争和瘫痪。

对修昔底德来说，真正的错误不是入侵西西里岛的决定，而是没有全面落实这一决定。他的意思不是说本土没有提供适当的支持，而是说主要的问题在于召回亚西比德。以客蒙（Cimon）之子为首的寡头派在公元前 415 年酝酿出一个反民众的阴谋故事，启动对亚西比德的审判和控告（普鲁塔克，《亚西比德》19，22）。

实际上，正如我指出的那样，修昔底德经常为民众犯的重大错误找借口，但并没有忽视这些错误背后的体制缺陷。修昔底德当然看到，所有这些事件都发生在战时。修昔底德也知道，老寡头在《雅典政制》（2）中明确说，雅典在波斯战争后的崛起是民主的结果。[2]

修昔底德写道（2.65.5），雅典在和平时期也很伟大。他在这里提到伯里克利的影响。但修昔底德赞扬了民众保护人地

---

1 参见 Will（2003），页 159—241；Meier（2006）。
2 关于这一点，参见 Weber（2010），页 70—71。

米斯托克利（亚里士多德，《雅典政制》23.3），这表明修昔底德知道雅典崛起有其更深的原因。民主制在和平时期运转良好，但战争会揭示出民主制的弱点（修昔底德在概括内乱现象时称战争为"暴力的老师"，"其往往会激发出与我们的形势相称的激情"（3.82.2）。但是，什么样的体制能拥有民主制所提供的全部特性同时又可以满足大战的需要？（修昔底德在葬礼演说和科林斯人的演说辞中赞扬了民主制的这些特性。）但他从没有提及这种可能性，即寡头制有助于斯巴达人取得胜利。相反，正是由于雅典人亚西比德的建议，斯巴达才赢得胜利。[1]

当时仍在流亡中的修昔底德将四百人政权描述为一个恐怖政权，尽管他对少数寡头有所称赞（参见 8.69-70）。当他返回故土时，三十人统治的血腥恐怖已近尾声。民主制业已恢复，但有所改变，并在亚历山大帝国结束前一直保持稳定。寡头制作为国家模式在雅典声名狼藉，以至于在雅典残存的演说辞中，只有当需要攻击政治对手时，这个词才会出现。斯巴达人并没有给希腊人带来他们经常承诺的自由。

他们在众多的城邦中设立军事统治者，修昔底德对这些人只会是鄙视。斯巴达人的崛起和发展并不能表明寡头制是一种模范的国家形式。

混合政制的问题仍然存在。在卷八第 97 小节中，修昔底德称赞寡头派和民主派之间的妥协，使五千人的短暂统治得以实现。但这一政权维系的时间很短，因此修昔底德对它的赞扬也是短暂的。五千人统治是如何熬过这段时间的呢？对，严格的年龄审查制度可能有所帮助，有趣的是，在西西里辩论中，他否认过于年轻的人能在政治上成熟。唯一现实的方法是削减投票公民的人数，将最低阶层泰提斯（Thetes）排除在政治进

---

1 Baltrusch (2011)，页 143—145。

程之外。我们从修昔底德著作中找不到此类建议。他回到雅典时，民主制已经很快恢复，尽管有种种激进倾向，但占上风的仍是和睦（homonoia）和大赦（amnestia）。贵族的反对被粉碎，民主派取得统治地位。战争期间，人们常常匆忙同意对法律的修订。与之相反，新的体制将法律与法令分开。立法事务不再由公民大会负责，而是交由立法会（Nomothetes）。[1] 我们可以假定，修昔底德肯定欢迎这一变化。

泰提斯在雅典的重要性使民主制成为无可替代的模式，无论在和平时期还是在战时，雅典实力都有赖于舰队。修昔底德对伯里克利的继任者（hoi husteron）进行报复，但亚西比德除外。民众把修昔底德放逐了，但他似乎原谅了民众。修昔底德不仅看到了民众的政治失误，而且看到了民众取得的军事胜利以及为之遭受的苦难。修昔底德突出强调雅典战胜数量占优势的敌人的意志。起初，修昔底德将其对雅典反抗力量的自豪隐含在整个希腊世界的惊讶之中：

> 但使雅典人压力最大的是同时进行两场战争。如果没看到事实只是听说，人们不会相信他们会争强好胜到如此程度。即便伯罗奔尼撒人修筑要塞进行围困，他们也不从西西里撤军，反而以相同的方式围攻叙拉古，一个本身不比雅典小的城邦。他们的实力和勇敢出乎希腊人的预料。战争之初，有些人认为，如果伯罗奔尼撒人入侵其领土，雅典人可以撑一年，还有些人认为可以撑两年，但没人认为会超过三年。现在离第一次入侵已有17个年头。尽管在战争中遭受千辛万苦，雅典人依然能派兵到西西里进行另一场战争，其规模不亚于与伯罗奔尼撒人

68

1　参见 Leppin（1999），页 197—198。

的战争。(7. 28. 3)[1]

我们可以再添加几行修昔底德最后的评述，既有批评，也有敬佩：

> 尽管在西西里惨败，丧失大部分的舰队和其他军力，城邦发生内乱，雅典人还是又坚持了八年对抗原先的敌人，西西里人后来加入敌人行列，大部分盟友都叛离。波斯王子居鲁士后来加入，提供金钱给伯罗奔尼撒人资助海军。雅典人一直没有屈服，直到他们因个人不和而失败。(2. 65. 12)

舰队上的战士们是民主制最忠实的支持者。将他们排除在外或者违背他们的利益，这样的政府体系不可能成立。记叙公元前411年夏的萨摩斯岛事件时，修昔底德自己也表明了这一点(8. 86)。

雅典除了民主制别无选择，其原因有许多。自公元前403年起，修昔底德就生活在这一体制下，他写作本书主要是为了该体制的支持者。在后半部分，修昔底德对这一国家形式的赞美并非偶然。当然，这是一种理想，并不意味着修昔底德放弃对民主制的所有批评。在书中的其他地方，修昔底德表明了自己偏爱的国家形式。即使摆在我们面前，这种偏好也隐藏得严严实实：卷二第65小节以高度压缩的形式所描述的伯里克利式民主制。实际上，它描述的不是战前雅典的民主制及其第一政治家。[2]

1　参见 Will (2006)。

2　关于伯里克利的偶像化，参见 Stein-Holkeskamp (2000)，页79—80，以及 Sonnabend (2004)，页74—76。

这显然与修昔底德的记叙和其他材料来源（尤其是喜剧）相矛盾。如果从虚拟假设的角度来读，修昔底德关于民主制第一人权力的著名论述就不再自相矛盾。[1]

修昔底德反对雅典人和民主制，这种指责可追溯到古代。现代研究不断重复这种论调，一些最新的科学研究依然如此。其中一个原因就是，修昔底德批评雅典民众做出的各种决定。另一个原因是修昔底德亲拉克代蒙人的立场。这位史学家对斯巴达的认可一直掺有毒素。对伯拉西达的敬意包含着对其继任者的批评。称赞斯巴达政制的过去只是为了反衬其现在。斯巴达人的行为不断地、间接地受到谴责。在米洛斯对话中，我们发现斯巴达是整个古代受到谴责最严厉的城邦。在间或出现的赞美背后，修昔底德隐含着一种对斯巴达深深的反感。

修昔底德的生平表明，他从寡头派家族转变为一名民主派将军。修昔底德在三个演说辞（1. 68 - 71、2. 35 - 46、6. 39）中将民主制描绘为成功的模式，但没有任何演说辞称赞寡头制。史学家的作品揭示出民主制在战时的弱点。在远征西西里之前和期间，民众情绪亢奋，忽而热情忽而愤怒，最终导致做出错误的决定。修昔底德在下文进一步谴责伯里克利的继任者，并对雅典的军事胜利给予应有的赞扬。

修昔底德知道，雅典在和平时期的崛起从一开始就与民主制密切相关。他看到，寡头制政治或任何混合政制都无法替代民主制。因此，修昔底德勾勒出自己的理想。其著作的主要对象是雅典的衰落，其次才是雅典与斯巴达的战争。在对伯里克利的描绘中，我们发现一种叙事和虚拟的混合。修昔底德写的既是史实性报道，也是政治性纠偏（political corrective）。

修昔底德记叙的伯里克利式民主没有任何历史基础。这是

70　283

1　关于这句话及其解释，参见 Peter Spahn 在《秩序的概念》中的文章。

他最后修订著作时心中的理想，旨在表明如何避免失败。在卷二第 65 小节中，修昔底德设想，最好的国家模式（至少在战时）是由一位开明政治家领导的民主制。[1]

---

1 我要感谢会上其他发言人以及 Uwe Walter、Bielefeld 提出的批评和建议，感谢 Ernst Baltrusch、Christian Thauer 和 Christian Wendt 的盛情邀请和接待。

第二部分

作为政治秩序史学家（或理论家）
　　　　典范的修昔底德

施特劳斯的修昔底德与政治的意义

基都斯（Liisi Keedus）

　　修昔底德在现代有许多崇拜者，但可能很少有人像利奥·施特劳斯（1899—1973）那样对政治思想研究中的历史方法提出激烈批评。作为德国犹太人，施特劳斯在一战后师从纳托普（Paul Natorp）和卡西尔（Ernst Cassirer）学习哲学，两人都是德国当时最杰出的新康德主义者。同两次世界大战之间的许多年轻哲人一样，施特劳斯一方面为新康德主义的衰落欢呼，另一方面又为胡塞尔（Edmund Husserl）和海德格尔影响力不断增加喝彩。他拥抱了海德格尔对现代性哲学批判的一些关键要素，尤其是对笛卡尔哲学理性的反对以及对古代思想家直言不讳的、反历史主义式的回归。20 世纪 30 年代早期，当关注点日益对准政治哲学时，年轻的施特劳斯被迫离开纳粹德国。他起初在巴黎、伦敦继续工作，最终在美国安顿下来。1949 年，施特劳斯 50 岁时第一次获得长期的学术职位。在关于斯宾诺莎、霍布斯、迈蒙尼德和色诺芬的诸多书籍得到出版且反应良好后，施特劳斯成为芝加哥大学政治哲学教授。他在那里一直教书教到退休，主要关注的是西方古典思想家和古今之争的重建。在这场争论中，施特劳斯挑衅性地支持古人。

作为恢复政治哲学应有地位的复兴者，施特劳斯用政治哲学来检验这一历史主义信条的真实性："哲学问题和历史问题的根本区别在最后的分析中无法维持。"[1] 施特劳斯坚持认为，政治哲学是对"普遍有效标准"的追求，人类思想在政治哲学中寻求保持一定距离并对某一特定秩序及其根本原则提出质疑。政治哲学寻求摆脱对某一特定历史处境的依恋。相反，历史主义否认人能感知到某一具体历史处境所构建的"无形之墙"，更不用说克服它们了。[2] 各个版本的历史主义对最根本的信条都坚信不疑，其中之一就是认为所有人类价值和观念都以其历史背景为条件并容易改变。[3]

因此，施特劳斯对修昔底德表现出浓厚兴趣并不令人惊讶，这位史学家是有史以来最杰出的政治思想家之一。关于这位古代史学家，施特劳斯撰写过数篇论文（这些论文今天成为解释经典的一部分）[4]，提出修昔底德与现代史学家截然相反。不仅如此，施特劳斯的修昔底德挑战了现代历史书写的核心原则以及作为更宽泛哲学范式的历史主义。《战争史》指的不仅

---

1 施特劳斯，《什么是政治哲学》（1959），页 57。

2 前揭。

3 施特劳斯在著作中多次讨论过历史决定论，包括《霍布斯的政治哲学》（1936），页 79—107；《论柏拉图政治哲学新说之一种》（1946a）；《里茨勒》（1956）；《致赫尔姆特·库恩的信》（1978）；《迫害与写作艺术》（1952），页 158—60。

4 这些文章是《论修昔底德伯罗奔尼撒人与雅典人的战争》（1964）、《修昔底德：政治史学的意义》（1989）和《对修昔底德著作中诸神的初步考察》（1974）。

仅是一部详细的战争编年史，无论这场战争多么伟大，影响多么深远，它都不只是对其原因的穷尽性记叙。它首先是，用修昔底德自己的话说，"垂诸久远的财富"（1.22.4），这是衡量其是否完成最终任务的标准。与所谓的价值中立、非政治性的现代历史书写形成鲜明对比的是，修昔底德寻求把关于人、政治和战争的真理教授给那些有意愿和能力的人。与现代相对主义者不同，修昔底德做出判断并声称，其判断的真实性不会随时间流逝而消退。同样重要的是，与现代史学家"坐在伟大政治家脚下"[1]不同，修昔底德把自己置于他们之上，政治家坐在他的脚下。修昔底德认为，他是"比伯里克利更好的政治事务的评判者。当修昔底德撰写伯里克利演说辞时，这是一份比演讲者本人所说的还要好的演说辞"[2]。这也意味着他的历史观念违背现代史学的客观性概念：修昔底德对演说辞的重构始终被认为比逐字逐句地记述演讲者的话更真实、更具启发性。

首先探讨施特劳斯的史学反思是因为，它们澄清了施特劳斯对修昔底德作品中政治问题的解释。我主要依赖的是施特劳斯1972年至1973年的修昔底德讲座录音，而非其书面作品。这有两个原因。首先，这些讲座录音近期才向公众开放。由于包含着对修昔底德最终政治哲学意图的非正统探索，它们有希望得到施特劳斯和修昔底德的读者更多的关注。其次，关于施特劳斯为什么是**政治**哲学而不是哲学的倡导者，关于他为什么相信修昔底德的历史见识通过对政治进行哲学处理的方式来实

78

---

1 施特劳斯，第一讲《修昔底德》，音频文件，1972/3，安纳波利斯圣约翰学院，1 小时 12 分钟。
   http：//leostrausscenter. uchicago. edu/course/thucydides-1972-73-st-john%e2%80%99s College-annapolis
   登陆日期：2013 年 2 月 16 日。
2 前揭。

现，这些讲座录音披露出大量的信息。尽管施特劳斯竭力证明修昔底德不仅仅是一位史学家，他仍认为，《战争史》是对政治作为人类生活不可化约领域的最全面记叙。

历史与"写作的技艺"

就像他的其他解读一样，施特劳斯对修昔底德的阅读和教授从来不是非历史的或过时的复古主义，而是有意识的反历史主义。这揭示出他在思想上受惠于德国解释学传统。对施特劳斯来说，致力于对过去文本的解释，更不用说前现代文本，需要对读者和文本来源之间的历史鸿沟采取一个解释学立场。[1] 在描述其解释方法时，施特劳斯诉诸兰克著名的格言，尽管有争议："思想史学家的目标就是，'像过去那样'理解过去的思想。"[2] 在其时代语境中，对于施特劳斯来说，这意味着首先要强调，我们不应该相信甚至希望能够比作者更好地理解这些文本，而是尽可能地理解它们，"尽可能像作者那样去理解"。其目的是理解"过去的非历史主义思想…按照它自己的方式，而不是它在历史主义视野中呈现出来的方式"[3]。

相反，施特劳斯的历史主义"在历史主义假设的基础上去贴近过去的思想，历史主义假设对过去的思想来说完全陌生"[4]。出现这种错误至少有两个原因。首先，每种"历史主义"都必然会相信思想进步，并以这种方式假定自己的视角优

修昔底德与政治秩序

---

1 参见施特劳斯《论柏拉图政治哲学新说之一种》(1946a)；《政治哲学与历史》(1959)，页 57、63—68、70—77。关于施特劳斯对守旧复古派解读的批评，参见《评奥勒斯吉的〈科学家马基雅维利〉》(1946b)，页 122；《评沃恩的〈卢梭前后政治哲学史研究〉》(1941)，页 391；《评高夫的〈洛克的政治哲学〉》(1950)。

2 施特劳斯，《论僭政》(1949)，页 25。

3 前揭。

4 前揭。比较《迫害与写作艺术》(1952)，页 156—160。

于其研究对象的视角。对于历史主义读者而言，历史视角的缺失使过去的思想在"反思性"方面低于现代思想。在历史主义者看来，前现代思想家缺乏关于真理的最重要远见，即思想是主观性的一种表达。因此，通过其旨在表达普遍真理的主张，历史主义读者被迫试图"比作者本人更好地"去理解过去的思想。但自相矛盾的是，历史主义解释的真理或者说其具有合理地位的能力，有赖于含蓄地拒绝作为绝对立场的历史主义。最终，没有一种立场比另一种立场更接近真理，因为没有永恒真理这样的东西。其次，施特劳斯坚持认为，现代人的信念与古代作家的确信之间存在着一条解释学上的裂缝。现代人相信，所有时代都不存在真理这样的东西；过去各个时代的作家都确定，必须要寻求这样的真理。对施特劳斯来说，读者跟随所研究的作者，不再是历史主义者，也就是说，仍然相信自己的阅读绝对优于其他人的阅读。只有在这种情况下，他才能进行真正的历史性理解。[1]

施特劳斯非常明白，任何非历史的解释必然会带来严重的理论难题。他承认，所有过去的文本确实都嵌在其语境中。《迫害和写作艺术》（1952）是明确解决方法论问题的一个论文集，但施特劳斯认为，解释的关键问题是哪些语境是相关的，文本论证以何种方式形成。他承认，史学家可能确实认为他们已经展示出哲学思想在时代处境中的条件性，有时他们的历史发现正确无误。施特劳斯继续争论说，我们只是触及哲学作品写作和阅读的一个相关语境。我们今天感受不到的是，哲人在过去如明确提出核心教诲就有可能置身危险，这些教诲多数情

---

1 一个很好的例子就是施特劳斯对科林伍德历史哲学的评论，《论科林伍德的历史哲学》（1951/2），特别是页 580—581。比较《论柏拉图政治哲学新说之一种》（1946a），页 330—331；《迫害与写作艺术》（1952），页 155—157。

况下都违背当时的社会、政治、（尤其重要的是）宗教习俗。因此，施特劳斯研究的哲人，从古代到现代早期，从柏拉图到斯宾诺莎，都对各类观众进行区分，给不同的读者传递他们想传达的讯息。因此，他们的文本具有相应的不同层面。最重要的是，每个文本面向广泛的观众都有显白的层面，还有面向其他哲人的隐微层面。提出这一区别使施特劳斯能够承认，过去的文本确实有其历史处境，但这一事实只与理解文本的显白形式和意图有关。施特劳斯相应地既承认具有历史意识读者的历史视角，也认为这样读无法全面地理解文本，历史主义读者错过了隐微的哲学层面。[1] 施特劳斯承认，哲人可能根据当时形势的需要塑造了其论证的形式和内容，但仍保留着纯粹的哲学视角，有人更愿意将之称为永恒的视角。施特劳斯对《战争史》的阅读采用了与其揭示"写作艺术"相同的方法。他认为，（1）修昔底德撰写其著作时考虑到多类观众，包括最有哲学头脑的人；（2）因此，就像哲人的情况一样，修昔底德著作中没有随意之笔（或者说近乎没有），每一章节、段落、事件、演说辞、角色，每一行，有时甚至是一个词都是精心编织整体的一部分，在多个层面向多种观众传达他的智慧；（3）修昔底德传授永恒智慧的哲学层面不应与历史层面相等同、混淆，前者言说的是比后者更多、更重要的东西。[2]

应用这些解释学原则意味着，施特劳斯特别关注哲学文本的**结构**和**文风**，将其作为理解内容的钥匙。例如，施特劳斯不是把包含明显矛盾的论据看作人为错误，而是坚持认为，具有哲学头脑的作者有意识地把这些错误插入到文本中，它们具有

---

1 施特劳斯，《迫害与写作艺术》（1952），尤其是页 158—162。比较《政治哲学与历史》（1959 年）。

2 参见第三讲。

特定的目的并传达着特定的讯息，读者的任务就是破译这些错误。对于《战争史》，施特劳斯同样强调显而易见的矛盾、含混和紧张的作用，认为这些是修昔底德教诲的关键。此外，施特劳斯的修昔底德将其政治教诲建构为一个对抗的历史，这样做是为了表明，政治只能通过冲突、模糊、紧张和矛盾来理解、把握和界定。修昔底德相信（通过对这一点的强调，施特劳斯似乎对此并不反对），在理论言辞中，捕捉政治的含义不是通过哲学范畴，而是通过把记叙和演说辞作为政治的杰出媒介，也就是通过展现敌对和对抗的历史案例来间接地揭示政治的真理。

雅典和斯巴达

施特劳斯为其主题做的第一个例证是对《战争史》第一批演说辞的解释：科基拉人（Corcyreans）和科林斯人（Corinthians）在爱皮丹努斯（Epidamnus）的演说辞。施特劳斯认为，对于如何阅读这些演说辞以及这些演说辞所蕴含的政治讯息，修昔底德的导读是每个演说辞的第一个词。施特劳斯向其观众指出，科基拉人的演说辞以"正义"（dikaion）开篇，科林斯人演说辞的第一个词是"必然性"（anagkaion）。施特劳斯在第一次课上提出，"正义与必然性的关系是什么？权利与强迫的关系又是什么？……正义与必然性这一复杂的主题将整部作品黏合在一起"。在政治领域中，人由对正义的思考所引导，同时还受到必然性的约束。多数情况下，两者并非和谐共存，人不得不要么加以权衡，要么做出选择。后者反过来意味着，政治充满了必须要做决定并采取行动的形势和困境。这些处境无助于意图的正当性，也没有普遍性的答案，要么拒绝正义的要求，要么拒绝必然性的要求。[1]

1　关于政治的正义和必然性，参见第一讲和第十四讲。

一方面，施特劳斯的修昔底德不是一个道德主义者：他见证过正义者遭受巨大的不幸，尼西亚斯在西西里远征的灾难中耻辱地战败死亡，那只不过是最明显的一个例子。正义不是胜利的担保人，甚至也不是荣誉的担保人。在政治中对正义的考虑优先于对必然性的考虑，这很容易造成非常严重的后果，无论在和平时期，还是在战争时期。当雅典人决定从西西里召回亚西比德时，他们这样做主要是因为他一直不虔敬，而非怀疑他作为指挥官的能力。在处理这一问题时，雅典人未能充分考虑到必然性，即召回亚西比德是否有可能葬送此次任务。另一方面，修昔底德也不是冷血的"现实主义者"，他只是认为，关于人道和道德的考虑没有相关性。施特劳斯举了几个同情的例子来强调这一点，修昔底德记叙战争中一些最残酷的杀戮，其中包括对米卡列苏斯（Mycalessus）儿童的大屠杀。施特劳斯认为，修昔底德的第一批演说辞意在给读者一条线索，告诉人们如何分享修昔底德将要传授的智慧。[1]

与之类似，修昔底德叙事的核心冲突（雅典与斯巴达的冲突）本身不单单是一个历史事件。施特劳斯坚持认为，它还是政治史中关于战争原因的一个寓言，这一模式会永恒地自我重复。用施特劳斯的话说，这一点在修昔底德对战争"公开宣称的原因"与"更深刻的史前史"的区分中变得一清二楚。[2] 施特劳斯没有从现代史学术语的角度使用"原因"一词，而是将其作为政治生活的方式，只有通过全面的、由哲学指导的反思，人们才能恰当地理解政治生活的方式：

---

1 施特劳斯在第一讲和第十四讲给出这些例子，比较《论修昔底德伯罗奔尼撒人与雅典人的战争》（1964），页145。

2 第一讲，4分钟。

> 对修昔底德来说，最重要的原因是，一边是斯巴达的特点，另一边是雅典的特点……修昔底德不是把这种原因作为理解形势条件的产物……而是最全面"原因"（即运动和静止）的具体阐述。对于修昔底德来说，战争的进程就是斯巴达和雅典的自我揭示，而非某种战略的结果。[1]

对施特劳斯的修昔底德来说，"运动"和"静止"二分法代表的不仅是对立的原则，还有辩证关系中的原则。一方面，雅典的原则"运动"代表着进步，与之相对的斯巴达原则"静止"以类似的方式代表着衰落。然而，即便进步本身是运动，进步（在希腊意义上而非现代意义上）主要在静止时即和平时期才有可能。雅典最惊人的成就因静止才有可能，其本身就是静止的最高形式。因为在远古时代，雅典相对贫瘠，没人想侵略那里。雅典人"最早放弃携带武器，过安逸的生活，接着又变得更为奢华"。（1.6）但是，雅典的大胆和多样性使其作为一个不断扩张的帝国可能取得进一步的成就。因此，运动和静止之间特定的互动创造了雅典的财富、实力和内部成就。[2] 与此同时，这种互动具有施特劳斯所说的"悲剧性"特征。施特劳斯这样说的意思是，修昔底德使雅典能否保持静止变得极其可疑，也就是说，如果不扩张帝国，它是否能生存下来。一旦帝国建立，雅典不进一步扩张就很难保存自己。事实证明，没有能力限制扩张的驱动力对雅典来说是致命的，使扩张成为自我毁灭的军事行动。[3]

---

1 施特劳斯，《论修昔底德伯罗奔尼撒人与雅典人的战争》（1964），页218。

2 前揭，页160。

3 第十四讲。

修昔底德的雅典和斯巴达代表了两种对待政治截然不同的方式，甚至是两种截然不同的、对立的政治德性与缺陷的结合体。施特劳斯解释说："因此，不能只从政策的聪明、愚蠢来理解这两个城邦，还必须要考虑他们的形式、特点和理想。"[1]修昔底德在卷一更为详细地阐述了这个二分法。在斯巴达的演说辞中，科林斯人对把他们关于斯巴达人与雅典人的看法做了一个著名的对比（1.68–9）。雅典人擅于创新、迅捷、勇敢、有进取心，但同时贪婪。他们始终主动，一直在运动，无法静止，他们的生活处于不断的动荡之中。"他们认为走得越远，得到的越多。"[2] 成功时，他们将成功看作下一个成就的台阶。相反，斯巴达人"安于现状"。[3] 他们被动（至少在被激怒前是这样）、性情保守、动作迟缓谨慎，往往不相信自己的判断。雅典人的大胆和冒险性格有时接近疯狂，而斯巴达则是政治节制的典范，有时节制得近乎软弱。

修昔底德表现雅典-斯巴达二分法各个面相的最终目的是，或者说像施特劳斯认为的那样，表明极端的雅典和斯巴达在政治上都不可行。因此，他偏向雅典还是斯巴达实际上仍模糊不清。尽管修昔底德称赞雅典是文明的巅峰，但人们不应急于相信，雅典对修昔底德来说代表着政治美德的理想。人们还是应遵循结构性的线索。例如，伯里克利的葬礼演说是雅典民主的终极颂歌，但紧随其后的是瘟疫。紧接着米洛斯对话的是西西里灾难，施特劳斯认为米洛斯对话并没有表现出修昔底德自己的观点。[4] 修昔底德欣赏而且没有低估这样一个事实：斯巴达承载着共和德性、虔敬，享有秩序和自由长

---

1 第五讲。

2 第二讲，20分钟。

3 第二讲，20分钟。

4 施特劳斯，《论修昔底德伯罗奔尼撒人与雅典人的战争》（1964），页146。

达 400 年；与雅典不同的是，它在繁荣时依然节制。同样重要的是，也并非凭运气，正如施特劳斯所说，斯巴达人赢得了战争。[1]

修昔底德是否认为雅典人或斯巴达人的生活方式在政治上更可行，一旦读者意识到城邦或者它们所代表的"精神"反过来体现在具体的个体身上，这个问题就变得更加模糊。施特劳斯告诉学生，对修昔底德的读者来说，重要的是要查明修昔底德对笔下人物的确切判断。施特劳斯本人用很长篇幅阐述修昔底德对两个对手的精心描述和评判：尼西亚斯和亚西比德。

尼西阿斯是西西里灾难期间雅典军队的指挥官，修昔底德对他表现出很大的尊重和同情。尼西亚斯代表着（或者说施特劳斯所论证的）"斯巴达"美德。他是个谨慎的人，满足于当下拥有的荣誉、地位和财富，由于西西里远征太危险试图说服雅典人放弃行动。尼西亚斯愿意与斯巴达和平共处，而不是继续战争。最重要的是，尼西亚斯是一个虔敬的、公正的和节制的人。尽管节制会引向明智的政策，施特劳斯的修昔底德也指出了节制的局限性。[2]

施特劳斯承认，修昔底德从未明确批评过尼西亚斯，但在很多情况下，他显然不愿称赞尼西亚斯是一个真正优秀的人。第一，尼西亚斯试图说服雅典人放弃西西里远征，结果事与愿违，同胞对远征更热情。修昔底德借此暗示尼西亚斯判断的局限性。第二，尼西亚斯不愿进行远征并希望很快结束远征的部分原因是，他担心战争带来的巨大成本，这会影响到他，一

87

---

1 前揭。

2 在第十二讲 35 分钟和第十七讲 25 分钟，施特劳斯详细讨论了修昔底德对尼西亚斯的评判及其在西西里远征中的作用。

个富有的公民。相反，施特劳斯的修昔底德从未优先考虑过这种顾虑，也不会同意这种想法。第三，在尼西亚斯的指挥下，雅典人遭遇灾难性的失败。这在很大程度上是因为尼西亚斯拒绝撤退，他这样做不是出于对战士或城邦的关切，而是担心在如此不利处境下返回雅典后自己的声誉和安全。第四，尽管形势日益令人绝望，尼西亚斯命令军队留在叙拉古，因为他"被（机运会改变的）希望所愚弄"。不仅其尘世的希望、对神助的希望是徒劳的，而且在这种特殊形势下，其虔诚也产生了不利影响。雅典人讨论撤退时，日食发生并导致最终的灾难。由于虔敬，雅典人不可能立即撤离。因此，施特劳斯认为，尼西亚斯是一个正派的人，但并不杰出。尽管尼西亚斯拥有德性，雅典依然在其指挥下遭受可怕的损失，他自己也被获胜的敌人处决。在施特劳斯的修昔底德看来，雅典人遭受如此毁灭性的失败恰恰是由于尼西亚斯的虔敬和怯弱。[1]

相反，亚西比德是一个叛徒，其恶行至少有不虔敬、急躁和不节制。但他在政治上非常有天赋：无论在战争中还是在国内政治中，亚西比德能说会道，有活力，是一位伟大的战略家，代表着"雅典的"政治德性类型。施特劳斯认为，从道德的角度来看，修昔底德根本不赞许亚西比德，但他没有鄙视甚至也没有谴责亚西比德。相反，施特劳斯认为，从政治的角度来看，亚西比德作为一个角色及其在雅典衰落中发挥的作用都存在相当大的模糊性。雅典人让亚西比德与尼西亚斯共同负责西西里远征，正是为了把两个人相反的德性结合起来。后来，他们对亚西比德失去信任，也由于亚西比德的一些过错。相反，亚西比德的不虔敬有着雅典内部权力斗争的大背景。在施

1　前揭。

特劳斯看来，亚西比德的背叛几乎不可避免。他有什么理由返回雅典面对数不清的指控？基于其妄自尊大、傲慢、天生的敏锐以及干大事的雄心，亚西比德叛逃到斯巴达。叛徒要比正义者经受更糟的命运吗？相反，叛徒没有受到惩罚。不仅如此，施特劳斯的修昔底德认为，只有亚西比德才能拯救雅典军队，如果他继续指挥的话，这会改变西西里远征的结局。因此，与亚西比德背叛所造成的伤害相比，那些拒绝听从亚西比德的雅典领导者对雅典的伤害很可能更大。[1]

结论：施特劳斯对修昔底德的解读

与我前面提到的这些相比，施特劳斯对修昔底德的解读包含着更多值得注意的建议和观察。但我的选择首先基于这一解读中的关键要素，即最能说明如何解读或者说如何不曲解施特劳斯本人的要素。

首先并且最重要的是，施特劳斯与修昔底德的相遇是与其时代问题的相遇（至少是并行）。施特劳斯的哲学解读及其"回归古人"绝不像其追随者或批评者所说的那样是非历史性的，而是论辩中的反历史主义。[2] 施特劳斯在两次世界大战期间德国反历史主义者背景下学识趋于成熟，这一点至关重要。同他那一代的许多反历史主义者一样，施特劳斯不是简单地去除历史主义的遗产，而是努力设计一种新的解释学来克服历史

---

1 特别是第十四讲。
2 关于怀旧派和复古派的指责，见皮平《存在、时间与政治：施特劳斯与科耶夫的辩论》(1997)，页141。关于施特劳斯与历史问题的关系，有一种相反的理解，见塔科夫《哲学与历史：施特劳斯著作中的传统与解释》(1983)。塔科夫正确地指出，没有这样的见识，施特劳斯对传统历史的解读是不可能的，即所有的知识和思想总是预设一个地平线，这正是施特劳斯经常谴责的激进历史主义所形成的见识（页8）。

主义。[1] 这绝不是对过去或传统的简单回归，施特劳斯的方法表明了这一点。它承认文本的语境限定，但又增加另一个哲学的隐微层面。在这一背景下，修昔底德成为施特劳斯在这场论战中的完美武器：施特劳斯的修昔底德记叙具体性，但没有否认普遍性，而是传授关于普遍性的教诲。此外，修昔底德的史书代表着历史主义的反面。施特劳斯的历史主义只承认具体并坚持认为历史吞没了哲学，但修昔底德认为，普遍通过具体变得深明著切。第一史学家并没有不承认哲学。

其次，与其他许多现代性的批评者不同，施特劳斯把政治的问题而不是宗教、技术、伦理或文化的问题作为解决现时代困境的核心要害。但施特劳斯认为，政治的问题在当代理论方式中正被系统性地曲解。同时，由于政治在现代比以往任何时候都更具意识形态色彩，二战后还倾向于通过科学来找到解决的模式，理论困境比以前获得了大得多的政治意义。因此，人们迫切需要一个更充分的、关于政治的理论视角。在修昔底德对具体和普遍、事实和规范、实践和理论的谨慎平衡中，施特劳斯找到了这一视角。

当时，在美国的政治学院系中，施特劳斯的许多同事通过新的定量分析方法来发现人类头脑和社会世界的机制，使用与揭示大自然秘密相同的方法。随着政治知识变得日益"严格"，声称在道德政治领域中发现必要的因果关系并否认处境的条件关系，人们没有理由认为这种知识不能为未来的政治提供普遍的准则。因此，在这一框架内，政治行动本身（治国才能和公民的品行）的作用变得多余。当理论家发现普遍有效且实用的

---

1 在施特劳斯与以前同事的通信中，这表现得尤其明显，尤其是 1961 年与伽达默尔的通信，出版于伽达默尔和施特劳斯的《关于〈真理与方法〉的通信》（1978）。

准则时，人们没有真正的理由来说明公民或政治家不应遵循这些准则。政治家或公民不再需要政治判断，面对理论家精确而全面的知识，他们的审慎逐渐消退。政治人物不得不遵循理论家设定的普遍有效的准则。因此，所有对源于实践（praxis）的实践哲学的批评都变得多余和没有必要。[1] 因为哪个公民能与科学设计的"未来完美国家"的典范相竞争？[2] 哪个公民又能阻挡科学"消除实现完美的物理、技术障碍"的伟大尝试？[3]

相反，施特劳斯否认"技术性"解决政治问题的可能性。更重要的是，他不仅拒绝主张，而且质疑哲学思想在政治和社会中的直接效用，质疑这种互动的可取性。因此，阅读修昔底德的著作有助于施特劳斯强有力地提出他的确信，"思想家能充分理解政治生活，但不能指导政治生活"。[4] 不存在普遍适用的解决方案，"政治智慧"的呈现只能通过叙述展现政治部分的、不完整的、对立的和不可预测的特点。就像对柏拉图《理想国》的解释一样，施特劳斯关于修昔底德的评注和讲座是对政治理想主义的批判。施特劳斯解读的柏拉图《理想国》是西方思想史上最有力的反乌托邦作品之一。同样，施特劳斯的修昔底德抓住了政治的具体性，政治是一个有自己专属权的领域，既有人类的卓越也有人类的苦难，既有纯粹的机运也有人类的行动，既有权威也有无政府状态。对于施特劳斯来说，就像对修昔底德一样，政治领域既不能被削减并入其他类别，也不能被消除。施特劳斯认为，其同时代的政治观，如自由主义和社会主义，或者像行为主义这样的理论方式，却正在试图

---

1 施特劳斯，《霍布斯的政治哲学》（1936），页 101、102、134。比较《斯宾诺莎的宗教批判》（1965），页 226—229。

2 参见施特劳斯《霍布斯的政治哲学》（1936），页 106 和第 8 章。

3 Gunnell，《政治理论的下降：一个美国使命的谱系》（1993），页 143。

4 施特劳斯，《修昔底德：政治史学的意义》（1989），页 99。

这样做。

在对当代政治思想的批判中，施特劳斯转向了过去本身，反历史主义的"源头"。其特点是，这股反历史主义思潮的思想根基于两次世界大战期间的争论。传统的史学者试图通过设定连续性来熟悉其主题，通过现在的棱镜来解释过去。施特劳斯强调，对过去的不熟悉恰恰是打开全新视角的一种潜质，同时过去也可作为衡量现在的一把标尺。与施特劳斯同时代的史学家不同，施特劳斯的修昔底德告诉我们，过去绝不仅仅是过去。

权力与政治的本体论

克莉丝汀（Christine Lee）

95

引言

修昔底德的读者带着不同的关注点和目的来读《战争史》。尽管有种种分歧，现代读者仍有一个共同的看法，即修昔底德提供了至关重要的本体论远见。这一文本是所有时代的财富，这些关于人性和政治本质的、普遍有效的真理正是这一论断的依据。这些永恒的真理对当代关于好、正确和有用的判断产生了深远影响，这可以说明为什么说这本书是我们这个时代的财富。

修昔底德当然不会反对发挥这样的效用，正如他的作品成为翻译的典范。事实上，《战争史》到处都是关于人性和性格倾向（tendency）的洞见，更不用说修昔底德的确信：恰恰由于人之所是，过去的注定会再次发生。[1] 因此，不管源于什么样的学科和时代背景，读者通常都会求助于修昔底德，将其作为本体论权威。不过，我想指出的是，这样做会带来严重的问题，不仅会导致对《战争史》的误读，更重要的是，还会对其维持的政治道德结论产生不利影响。如果修昔底德密谋独占这些跨历史的不变真理，那么他就为毫无戒备的读者设下了陷阱。

在本章中，通过研究当代政治和国际关系理论的一些解读范式，我尝试说明为什么会这样。在这一研究中，我认真分析现实主义者和施特劳斯学派与修昔底德的相遇。我的核心论点是双重的。最初，这些解读明里暗里说，修昔底德就人类存在的本质和政治的本质提出了本体论论断。换句话说，修昔底德给了我们推定的真理，在此基础上为政治生活建立秩序并进行治理。尽管这些修昔底德式真理的质量不证自明，但这些解读的内在张力表明，在本体论论断的基础上利用《战争史》来演绎和推理具有风险，而且人们低估了这种风险。我接着会处理两组问题。首先，现实主义者和施特劳斯学派从修昔底德作品中推断出的本体论是什么？这些本体论假设在各自的解读传统中发挥着什么作用？从这些假设又可能得出何种具有说服力的推论，解决了什么问题？其次，从假设的本体论来解读《战争史》，这会产生什么样的思想、政治和道德问题？

我想先说一下自己对本体论的理解以及如何对这些政治思想传统进行概念化。我对本体论一词及其衍生词的使用大多符合怀特（Stephen White）提出的"强大本体论"概念，即"声

---

1 修昔底德用自己口吻说话的几处文本可以说是对人性普遍可靠的解释：1.22、1.76、3.82-4、4.41、4.108、7.57。关于修昔底德对人性的复杂理解，里夫（C. Reeve）做了敏锐的批判性解释，参见 "Thucydides on Human Nature"（*Political Theory*，27.4，1999，pp. 435-436）。

称向我们展示'世界的方式'，上帝的存在如何呈现给人类，或人性是什么"[1]。我研究的大多数作者都没有使用本体论这个词，尽管他们经常使用一个与之相关的词——自然。我认为，他们关于自然的言论是本体论而非经验主义的，因为他们的主张都是跨历史的、跨文化的，简而言之，都由关于人类和政治生活永恒的、根本的特征组成。这些描述都是理论前提，而不是从属于系统性、经验性裁决的假设。[2] 我的论点是，研究中的所有读者都从《战争史》中提取本体论论断并加以利用，他们并不是这些论断真诚的信徒。在并不真正相信真值（truth-value）的情况下，人们出于修辞或政治的目的诉诸自然并做出本体论论断。

至于本章介绍的两组思想家，我重点介绍其各自关于修昔底德有代表性的一些解读。我的目的不是解释这些解读全部的复杂性，而是考虑到它们的一致性，以便为我们解读修昔底德乃至文本、政治的方式勾勒出一些突出的含义。为此，基于主导性的议题和政治承诺，我对这些解读加以区分，判断其是希望阐述一种政治现实主义理论，还是协调正义与必然性之间的动态张力。尽管可以基于实质性主张和解释策略来区分现实主义者和施特劳斯学派对《战争史》的解读，但两者的界限也具有渗透性，争议颇多。正如本章所言，施特劳斯学派的解读提供了一种比现实主义更为复杂的理解，尽管同样问题很多。

---

1 S. K. White, *Sustaining Affirmation*: *The Strength of Weak Ontology in Political Theory*, NJ: Princeton University Press, 2000, p. 6.

2 在一些读者提出的论断中，所有矛盾的证据都可以重新表述为肯定的证据，他们这时会不知不觉地诉诸本体论。例如，有人声称，所有人类行为都关注自我利益，利他主义等不一致的现象被简单地重新表述为对自我利益不明显的主张。我认为，这种无限重新表述的能力反映的是本体论承诺，而不是对经验性主张的临时承诺。

现实主义的理想：理性审慎

　　长期以来，修昔底德一直被认为是现实主义的阐述者和鼻祖。用克莱恩（Gregory Crane）的话说，修昔底德是"国际关系中第一位'现实主义'思想家"。现代现实主义者仍把《战争史》视为"第一部严肃的国际关系文本和古典现实主义的奠基之作"。[1] 在现实主义者看来，修昔底德揭示出两点。首先，他揭示出人类行为的基本真理，即追求通常从安全和权力的角度来界定的自身利益。吉尔平（Robert Gilpin）认为修昔底德宣扬人性的普遍观点，他是此类本体论解读的典范。吉尔平的主要论点是，修昔底德是阐明霸权战争理论的第一人，该理论将冲突的原因定位于"国家间实力增长的不平衡"。除了结构性的关注点外，吉尔平认为，修昔底德的霸权战争理论植根于一种不变的人性观，驱动因素是雅典使节在斯巴达提出的"三种根本性的激情——利益、傲慢和（更为重要的）恐惧"。这些冷酷的人类激情使历史重演，很大程度上也在确保国家间政治关系的普遍动态和"不可改变的性质"。[2]

　　人类激情能发挥这种力量是因为无政府的消极状态，这是修昔底德披露的第二个重要真理。现实主义者认为，《战争史》展示出无政府主义世界的后果。这样一个世界没有任何中央权威来改善利己主义者之间的战争自然状态。道尔（Michael Doyle）认为，现实主义者"通过关于现实的一整套观点联合起来"，把无政府状态作为现实主义的一个核心前提。因此，

1　G. Crane, *Thucydides and the Ancient Simplicity*: *The Limits of Political Realism*, Berkeley: University of California Press, 1998, p. 23.

2　R. Gilpin, *The Theory of Hegemonic War*, in R. I. Rotberg and T. K. Rabb (eds.), *The Origin and Prevention of Major Wars*, Cambridge: Cambridge University Press, 1988, pp. 15, 17.

現实主义对政治的见识源于两项本体论论断：人性的永恒和无政府状态的延续。道尔尊崇修昔底德的"复杂现实主义"，却将现实主义关于人和政治本性的根本前提归于修昔底德。他写道："修昔底德属于现实主义者，他们也属于他。"[1]

作为蕴含现实主义真知灼见的第一部重要典籍，修昔底德的《战争史》为现代现实主义者提供了至关重要的教诲。他们从修昔底德的本体论真理可以迅速转向道德、政治结论；无政府状态和人性自私自利的史实决定性地塑造出政治预期和规范性判断。通过削弱和平合作的前景，这些本体论真理转化为一种由可靠价值和德性指导的政治。这种政治具有天真的乌托邦性质，如果不是自杀性的话。因此，现实主义本体论限制了政治和伦理的可能性。尽管坚持认为修昔底德的现实主义并未排除道德，道尔承认，无政府状态使人们承担着道德规范的弱点和有原则行为的危险。假定国家生存是一种价值，无政府状态就是在对理性的战略行动发号施令。像道尔这样的现实主义者认为，修昔底德勾勒出一种政治伦理：国家应基于物质力量而非道德愿望做出判断。持久的治国术原则是清醒的审慎，而非对正义的承诺。修昔底德表明，"理性的单边行动是在一个无

---

1 M. Doyle, *Ways of War and Peace*：*Realism*, *Liberalism and Socialism*, New York：W. W. Norton & Company, 1997, pp. 45, 53, 81, 91.

现实主义者及其批评者都确认，修昔底德的现实主义可信性及其现实主义见识从根本上属于本体论。如果说吉尔平和道尔在修昔底德作品中找到一种值得称道的现实主义，克莱恩则从中找到一种暴露自身限度的现实主义。克莱恩对现实主义特点的概括与我前面说的相吻合。他认为，政治现实主义者强调"人性和社会的常态"（页295），而修昔底德体现的是现实主义假定有普遍法则支配着政治和人类行为。在克莱恩看来，"整个《战争史》贯穿着一种对稳定的、超越的人性的信仰"（页297）；"修昔底德将人类描述为坚硬的、物质的产物"，这股力量迫使人们追求自己的利益（页145—146）。这种"基本的人性"（页13）使修昔底德的文本成为垂诸久远的财富（页300）。

政府状态世界中得以生存的目标和关键"。鉴于无政府状态和人性的恒久不变，这对所有地方的政治家来说都是一个经久不衰的教训。[1]

基于有关无政府状态、人性或拟人国家（anthropomorphic states）性质的主张，传统现实主义对修昔底德的解读试图建立一种治国术的科学或伦理。但这种本体论现实主义很快搁浅。我只简单分析人们对本体论现实主义理解的主要缺陷和不一致，不再穷尽性地说明现实主义的所有错误。这些不一致也揭示出，现实主义是一个失败的规范构想。

当然，如果只依靠吉尔平对修昔底德的叙述，我们绝不会声称，现实主义能解释一切，至少无法使因果解释符合严格的科学标准。如果修昔底德提供了一种现实主义的战争观，吉尔平承认，从其可容纳的现象以及所能做的具体预测来说，这一理解都会受到很深的限制。更成问题的是，修昔底德的现实主义必然是事后分析，无法伪造。简单地说，它总是一个事后讲述的故事，永远得不到反证。但吉尔平仍把修昔底德的现实主义作为一种有助于理解的理论。[2] 他坚称，从修昔底德到当代国际关系学者，现实主义者尽管存在差异但都渴望得到一种像法律一样的解释，即便它不符合科学的标准。吉尔平说现实主义者追求"普遍化"，有"科学目标"。[3] 基于这种精神，修昔底德提供了"经验性的教训"。[4] 现实主义者通常以类似的方

1　道尔，前揭，页 51、75、92。

2　见吉尔平，前揭，页 29："霸权战争理论是一种有限的、不完整的理论。它无法轻松处理对行为有影响的认知，不能预测谁将发动霸权战争。它也无法预测霸权战争会何时发生，后果如何。与生物进化论一样，霸权战争理论有助于人们理解和解释已经发生的事情。但两种理论都不能做出有待检验的预测，从而满足严格的、科学的证伪标准。"

3　道尔，前揭，页 43。

4　前揭，页 50。

式说话，关于现实主义解释的性质、特点和意图，道尔比吉尔平更具代表性。为了不使现实主义者自己对科学限度的供认使评估者们松懈自满，我们应注意到，现实主义者仍声称要解释政治生活的基本特征。

那么，这种原科学现实主义如何站得住脚呢？道尔的强调很正确，他说现实主义并非铁板一块，但通过努力对现实主义的无数表述做一个统一的解释，道尔无意间透露出三个关键问题。首先是概念松散的问题。无论在自己的解释中还是在道尔的元解释（meta-account）中，现实主义者常常逃避前提与结论、本体论和经验性论断、经验推理和规范推理之间的区别。分析逻辑上的松滑现象（analytical slippage）非常严重，人们经常无法判断现实主义者的话是理论假设、描述性推论、经验性命题还是规范性判断。第二个是现实主义的解释不断漂移，用外行人的话说，现实主义到底想解释什么。各种现实主义试图解释不同的结果，就此而言，道尔的漂移只是在记录这一事实。不过，即便在对修昔底德现实主义的叙述中，道尔也表现出这种因变量（dependent variable）的不稳定。实际上，我们能提炼出三个待解释变量（explananda）：（Y1）为什么战争持续存在，或者为什么国际关系必然是一种"互不信任，关注实力均衡"的战争状态：（Y2）为什么会发生一场特定的战争，例如伯罗奔尼撒战争；（Y3）为什么一个国家会有某种行为方式，或者为什么会出现特定的结果，例如雅典为什么战败。[1]如果现实主义解释的是一个移动目标，那么解释对所有人都开放。道尔清楚阐明了第三个问题，在复杂的现实主义中，一切都算作潜在的待解释变量。与吉尔平相反，道尔认为修昔底德的现实主义没有限定，包含着各个分析层面的待解释变量：人

1　前揭，页81。

性、内政和国际框架。[1] 道尔没有说明的是，什么是一个具体的、独立的、解释性的、可变的现实主义者。

我们应该注意到现实主义的不精确和混乱，这并非出于微不足道的理由或者说过分挑剔。关键是现实主义基本的一致性和含义。道尔的元叙述（meta-narrative）及其对修昔底德复杂现实主义的解释无意间表明，"现实主义的解释"也令人怀疑。但我们应质问这些根本缺陷意味着什么，而不是立即抛弃或修正现实主义。在传授重要的教训方面，现实主义是否失败？我想说，确实如此。现实主义的不精确和不一致背离了揭示其基本规范的有效模式。也就是说，现实主义处于一项政治伦理、教育改革构想的根基，尽管其依据的本体论真理最终无法维持该构想。通过研究理性在道尔的修昔底德现实主义中的作用和意义，我们可以对这种规范性定位做出最佳的揭示。

读修昔底德时，道尔将两种不同的立场分离开来。第一种是国家按照其理性的战略利益行事："除了亚西比德是个惊人的例外，在整场伯罗奔尼撒战争中，单个领导人都按照公共利益的名义行事，并通过他们对国家资源的控制来实施。"[2] 第二种是国家（或政治家）大部分时间都做事不理性、轻率，后伯里克利时期的雅典证明了这一点。对道尔来说，修昔底德的现实主义说明，为什么国家多数时候在战略上是理性的，为什么有时不理性。用我们前面的术语说，修昔底德的现实主义解释了 Y1 和 Y3。[3]

1　前揭，页 43、45、48、52、53。

2　前揭，页 66。

3　按照现实主义者设定的框架，Y1 和 Y3 相互矛盾。Y1 包括为什么国家在战略上关注权力平衡，Y3 包括为什么某个特定国家没对权力平衡进行战略考量。比较道尔，前揭，页 48、81。这一论断要么是一个有争议的主张，要根据经验做出裁决，要么是一个有待解释的真实现象。它无法同时成为一个有争议的论断和一个有待解释的真实现象。

如果仔细分析，我们就会发现，道尔显然只为 Y1 提供了一种现实主义解释，含蓄地将 Y1 解释为具有最佳规范性的理性行为。为解释雅典的不审慎和最终的失败（Y3），道尔转向非现实主义的解释。由于现实主义本体论的规范性限制，他不得不这样做。道尔描述的修昔底德现实主义最多只能解释，为什么精心算计的战略行动无处不在。现实主义关于人性和无政府状态的本体论假设说明，为什么国家专注于相关的权力并往往发现选择战争有其合理性。严格来说，本体论现实主义会产生不可知的后果；它只是提出了一种期望，即人性和无政府状态共同创造出一个环境，产生从谨慎防御到帝国扩张等大量行为。暴力冲突是始终存在的可能性，但某一具体的政策、行动或战争是否最合乎理性无关紧要。

但这不是道尔的叙述，也不是传统现实主义的。道尔对雅典失败的理解根本不是现实主义的。当然有可能基于修昔底德提供的一个版本，假定人们不关注现实主义是否是一种道德伦理。人们有可能声称，无政府状态下恐惧、荣誉和利益的混合可以解释雅典的成功和失败。这无疑太过模糊，没什么帮助，但其优点是连贯一致。尽管使用的是"复杂现实主义"，道尔实际上对雅典的失败提出了许多非现实主义的原因，其中多数与民主政治相关。道尔不得不这样做，因为他把理性与最佳混为一谈。对政治生活和经典文本的现实主义解读有一种典型模式，这种含蓄的规范性判断可以对此进行说明。现实主义解释是为了说明好的结果，即国家表现得像是战略的、审慎的单位；非现实主义解释旨在说明对理性战略谋划的病态偏离。对于现实主义者来说，理性既是规范性的也是描述性的。需要恢复对非理性行为的非现实主义解释表明，现实主义解释在何种程度上服务于规范性目的。

现实主义者没有意识到，其本体论前提无法维持对理性的规范性承诺。在对修昔底德的现实主义解读中，这个问题表现得很明显。根据吉尔平的说法，修昔底德认为人类的非理性非常顽固。人性是"不变的"，受不变的激情驱动：人类"一直在寻求增加财富和实力，直到其他人在激情的驱使下努力进行阻止"。知识不能"改变人类行为或国际关系的根本性质"。[1]道尔也承认非理性，这就提出了一个问题：现实主义者凭什么期望他们能就此类理性行为提供建议？如果修昔底德的角色诠释了对人类激情破坏性的约束，那么《战争史》当然会让人怀疑政治审慎所需的心理资源。基于修昔底德本体论前提的现实主义既无法维护对理性行为的描述性推论，也无法维持一种理性的规范性政治。

现实主义者可能想确立一种节制的伦理，但低估了本体论对这一目标的破坏程度。正如阿伦斯多夫（Peter Ahrensdorf）所言，无政府状态主张的实际上是一种国家之上没有更高权威的"自然状态"，即**迄今为止**不存在"有效的世界政府"。这不是对政治状态的**偶然**观察，而是"关于人类境况乃至世界本质的一个影响深远的理论主张"。阿伦斯多夫说，这"等于声称，人类之中没有带牙的道德法则……没有执行道德法则统治人类的诸神或上帝"[2]。稍微解释一下，无政府主义的假设需要一个重大的本体论承诺。现实是由无政府状态构成的，这一主张暗指否认存在道德、神圣权威的形而上学。现实主义本体论的内核是否认道德对于人类意志和行为的权力。

福德（Steven Forde）以类似的方式质疑当代现实主义的信念，即其本体论前提能够容纳而非败坏节制的伦理。从福德

---

1 吉尔平，前揭，页17—18。

2 P. Ahrensdorf, "Thucydides' Realist Critique of Realism", *Polity*, 30. 2, 1997, p. 238. 强调符由作者添加。

的话，我们可以推论说，关于本性的论证一直密谋着免责（exoneration），而必然性的范畴威胁着伦理判断的可能性，必然性的力量来自于关于人类和政治的本体论论断。福德认为，修昔底德和马基雅维利的古典现实主义凸显出，诉诸强迫和必然性在多大程度上颠覆了道德约束。福德对古典现实主义的解释不仅在提醒人们注意人性调停无政府状态的影响、意义和反应，也让我们关注那些关于人性的、含蓄的假设。这一解释还暗示，对于追求什么样的好（包括国家利益的内涵），还有"和平稳定或秩序的前景"[1]，人性一定程度上构成了我们的价值观和实质性判断。福德的暗示在某些方面颇具挑衅性："如果只是野兽，人类没有理由不按丛林法则生活。"[2] 他借此阐明施特劳斯学派关于援引自然强迫全部含义的一个共同观点，即强迫的现实是免责的，无论这源于无政府状态、人性，还是源于两者的结合。福德在解释卡马林纳的欧菲姆斯时说，"理由正当或免责，是现实主义争论的主要目的"[3]。

对于现实主义的修辞维度，道尔并非视而不见。在其关于修昔底德的叙述中，道尔强调斯巴达的恐惧不仅是雅典实力的产物，还源于斯森涅莱达斯（Sthenalaidas）的修辞策略及其对荣誉感的召唤。[4] 不过，道尔似乎遗漏了这一观察的结局，即诸如恐惧、利益和荣誉被通过政治来调停，其战略必然性一直嵌在修辞、政治竞赛的背景中。修昔底德的演说辞非常辛辣地阐明了此类比赛，戳穿了自然和必然性不证自明的野蛮品质。

---

1 S. Forde, "International Realism and the Science of Politics: Thucydides, Machiavelli and Neorealism", *International Studies Quarterly*, 39. 2, 1995, p. 148.

2 前揭，页146。

3 前揭，页149。

4 道尔，前揭，页73。

在回避修辞、猜想和政治时，道尔似乎没有意识到，必然性这些本质上主观性、主体间性（intersubjective）的方面可能会动摇其关于西西里远征和米洛斯事件的道德判断。首先，道尔似乎回避了整体的道德判断，警告不要从西西里远征的结果来推断其道德状态。我们不能说西西里远征"不道德，因为这在战略上事与愿违"，也不能对米洛斯事件进行道德评判，因为在修昔底德的叙述中，紧接着米洛斯事件的是西西里灾难。此类判断嵌在解释性现实主义的架构中，道尔基于这一事实立即做出其要求读者反对的判断。他这样做时打着必然性的旗号。与伯里克利温和的消耗策略相反，"西西里远征纯粹是浪费资源，是一次掠夺性远征，做出这一选择的公民大会四分五裂，争吵不休，自私自利"。同样，雅典对米洛斯人的残酷屠杀"没有明确的必然性……对于修昔底德来说，在有战略价值的征服中，必要的暴力情有可原，但西西里和米洛斯都不属于这种情况"。道尔认为，修昔底德表明"真正的安全如何免于道德指责"，仿佛真正的安全和战略必然性是客观事实，而非有争议的政治道德判断。[1] 福德提醒我们注意，任何对必然性（其根源是有关自然的论证）的修辞性或政治性运用，同时都是道德辩解性的论断。无论多么有利，每一次对必然性的援引都有可能侵蚀整个道德判断的根基。现实主义本体论对道德伦理构成了根本性的挑战，而不是维持节制。

事实证明，民主的问题也不少。尽管现实主义者主要关注国家间关系，其代价是忽视国内政治，但他们对前者的判断也会影响到后者。道尔的现实主义假定，人们可以从本体论真理推断出有关正确行为的判断。关于自然的知识对政治知识至关重要，因为审慎的行动取决于对人类行为动机和政治生活境况

1　前揭，页88—90。

诸因素的洞察力。这种知识来之不易，只能通过刻苦学习、冷静观察和笃实的经历才能获得。就此而言，只有政治精英或杰出的哲人兼政治思想家才能获得这种知识。

理性的政治行动应从现实主义的本体论真理中推断而来，只有伟大政治家敏锐的头脑才能掌握这些真理。这一观念与民主原则和民主政治有着深刻的张力。道尔声称，《战争史》教导政治家要维护安全，这意味着其理性统一行动的修昔底德式理想只能由伯里克利这样的人来实现。换句话说，只有在第一公民的统治下，在有名无实的民主制中（2.65），良好的政治判断和行动才能实现。实际上，道尔承认，"国家如采取理性的整体行动，国际体系不是其可靠条件"，国家这种团体必然需要"杰出的领导"和"不同寻常的民族团结"。伯里克利统治的雅典或赫摩克拉特（Hermocrates）统治的叙拉古就具有这样的特点。[1] 现实主义论述中的统一国家根本不会预示着民主共识的时刻。对于能压制民主分裂的政治领袖来说，统一国家是民主的反义词。

在现实主义的叙述中，要维持最佳的理性国家行为，就要有强有力的政治领导。从相反的一面来说，民主是威胁到理性审慎的各种因素的根源。尤其是民主助长了帮派主义和扩张倾向，两者会颠覆代表着国家安全和完整的统一行动。在对雅典政治的评价中，道尔对民主做出了自己的判断。道尔认为，民主显然是国家权力的源泉。不过，民主制中摇摆不定的多数人不断塑造和重塑"公共的目标和愿景"，产生出不计其数的帝国冲动，以配合对荣耀、冒险、商业扩张和文化主导的追求。从这个意义上说，西西里远征是"民主悲剧"的典范。这么说的原因不是西西里远征展示出健康民主制的病态，而是它表明

108

---

1 前揭，页 92，另见页 64、75。

民主进程是一种体制化的不稳定，与审慎行为背道而驰。[1] 现实主义的规范性理想是"理性的、国家的战略谋划"，这一理想取决于"国内国际形势"。就此而言，道尔的修昔底德解读强调，这些形势包含且约束着民主内在的恶习，以及那些使自我扩张成为永恒现实的因素。[2] 总之，现实主义假定，民主制是麻烦的源泉；其实践和程序只会阻碍而绝不会促成良好的政治判断和审慎的行动。

现实主义者对修昔底德的运用基于有关人性和无政府状态的本体论论断。事实证明，这种解读会遇到一些关键的局限。除了含混和不精确外，现实主义对病态行为的非现实主义解释的转向超出了现实主义本体论前提所能承受的程度。这一转向的必然性暗示着一个双重真理。现实主义的本体论前提无法支撑其道德政治的规划。现实主义的道德政治规划是教诲理性行动，但现实主义时而又声称，理性行动受到自然的强烈欲望或更强大激情的压制。这些本体论论断的自相矛盾和相关背景表明，关于自然表面上的事实并不是对世界的不偏不倚的解释。因为对人类激情的严格描述，正如施特劳斯学派所说的那样，实际上已经预先排除了理性政治的可能性。本体论论证旨在帮助界定政治生活的参数和行为适度的内涵，其中包括理性审慎的构成要素。换句话说，本体论论述为分配性权威和有序政治的问题提供了一个解决方案。[3] 政治现实主义者的错误在于，他

---

1 前揭，页78—80。

2 前揭，页75。

3 我们可以说，当代对修昔底德本体论的援引仿照的是霍布斯含蓄的教育构想。和霍布斯一样，当代现实主义者希望激起人们对暴死的恐惧，打开希望和荣誉对人类想象力的禁锢。这种一心保证国内和睦和政治秩序的尝试产生了深远的影响，其中之一就是抛弃某些问题，包括政治哲学中的核心问题——最佳政制。参见阿伦多夫对霍布斯和修昔底德斯的比较分析，其中包含对霍布斯教育构想非常有思想性的处理。(P. Ahrensdorf，（转下页）

们未能认识到这些本体论论证的全部含义，尤其是其对道德节制和政治节制的腐蚀。

超越、强迫[1] 和施特劳斯疗法

关于人类生活和政治生活本质的理论前提是施特劳斯解读修昔底德的核心。这可以视为对现实主义见识的修正而非否定。施特劳斯的《城邦与人》对修昔底德的解读产生了巨大的影响，其主要特点是自然范畴。施特劳斯把伯罗奔尼撒战争的单一性看作普遍智慧的源泉，涵盖"所有人类事物的本质"和"所有人类事物的限度"。[2] 这种修昔底德式的智慧正是使《战争史》经久不衰的原因。[3] 修昔底德的远见不会过时是因为人类生活的特点始终相同，关于自然（包括人的自然）的真理永恒不变。施特劳斯写道："修昔底德将人性视为其所有影响的稳定根基——战争与和平、野蛮性和希腊性、内部和谐与纷争、海权和陆权、少数人和多数人。"[4] 换一种说法就是，人性是社会生活轮廓的基础，产生了构成政治的现象和类别。

110

（接上页）"The Fear of Death and the Longing for Immortality: Hobbes and Thucydides on Human Nature and the Problem of Anarchy", *American Political Science Review*, 94.3, pp. 581, 583, 586）

1　强迫（Compulsion）在文中具有多重含义，对应的是修昔底德文本中的"必然性"（Anagkh）一词，既指自然对人的限制，也指人性对于人的限制。与之相关的语词有自然强迫（natural compulsion）、非理性强迫（irrational compulsion）、人类强迫（human compulsion）。超越（transgression）则指人对自然强迫的突破和挑战。——译者

2　施特劳斯，前揭，1964，页157。

3　前揭，页159。施特劳斯认为，修昔底德"永恒的财富"涉及的是"所有时代都存在的"事情，也就是说，这些事情是人类生活的永久特征。

4　施特劳斯，前揭，1964，页159。在下文中，施特劳斯重复了这一论断："修昔底德将关于其作品的论断建立这一事实的基础上，即它揭示出人类永恒、普遍的本性，并将之作为它所记叙的行动、演说辞和思想的基础。"（页228）

如果施特劳斯对《战争史》的解读是把自然及其施加的政治限度置于前景，受施特劳斯影响的后期解读则有一个相同判断，即自然界定了政治的范围和任务。例如，欧文指出，对修昔底德来说：

> 政治最严峻的问题是……证明**自然**在人类生活中的力量，及其对习俗力量的反抗和压制。滋生内乱的是人类身体的自然脆弱性和人类灵魂的自然野心和仇恨；这可以解释为什么内乱是一种永恒的可能性……因此，政治的任务仍是压制自然（一定程度上通过征调自然的权力）。[1]

欧文的论证是一个范例，证明了自然在施特劳斯对修昔底德的解读中所处的核心位置。[2] 自然是决定政治特征和目的的主驱动力。因此，《战争史》的一个主要见识是，强者统治的自然如何限定国家间关系中可能出现的道德政治因素。对于内部群体的凝聚力来说，自然这一令人不适的事实也构成了一个反复出现的问题。第一种主张听起来像是现实主义，第二种主张象征着一个背离点。正如阿伦斯多夫所说，修昔底德接受理论现实主义，即对无政府状态和关注自身利益的传统描述，但

1　C. Orwin, *The Humanity of Thucydides*, NJ: Princeton University Press, 1994, p. 177, n. 10. 强调为原作者所加。

2　比较施特劳斯关于人性及其与政治的关系的论述。在《城邦与人》中，施特劳斯认为，修昔底德呈现出一种不变的人性，这"给城邦的合理尝试设定了限度"（1964，页 228—229）。欧文声称，伯罗奔尼撒战争的范式品质及其对"政治生活限度"的展示取决于修昔底德对"永恒人性"叙述的准确性（前揭，页 5）。帕尔默（Michael Palmer）也写道："重要的是要意识到，面对人性限度施加给政治生活的限制，修昔底德无可奈何。"（*Love of Glory and the Common Good*, Lanham: Rowman & Littlefield, 1992, p. 116）

拒绝政治现实主义，一种扎根于理性追求自身利益的政治。[1]

施特劳斯对修昔底德的解读揭示出两个原因。首先，《战争史》对人性做了描述，对权力和自身利益的追求只是其中一个方面。修昔底德可能把政治呈现为强者统治并揭示正义的弱点。自相矛盾的是，他也展示人性如何抗拒这一真理，非理性地与自然的限制进行斗争。在《战争史》的页面中，道德和宗教激情的力量、人性的顽固性都没有被完全否认。[2] 修昔底德揭示出人类对超越的渴望，从消极的角度来说，超越的普遍法则根植于超越既定界限的自然冲动。尽管非常真实，但最狭隘的简化论现实主义仍然坚持一种删节版的人类动机论，看不到在最坚决的、精心算计的权力意志的表面下涌动着虔敬的希望和高贵的奋斗。非理性的恐惧和充满一厢情愿的相互推拉，煽动起一种过分的、自我毁灭的政治。由于低估了这种希望的影响，这种现实主义进而大大低估了人性中的非理性。

尽管认为修昔底德对人类动机的现实主义理解问题颇多，删减严重，施特劳斯学派并没有挑战自然扩张的真理。不过，他们认为，修昔底德通过叙述这一真理的病态后果揭示出了政治现实主义的限度。现实主义者对于自然和强迫的理解使强者

---

1 阿伦斯多夫："修昔底德确实同意传统现实主义和新现实主义的两个基本原则，即国家的自私自利和国际政治的无政府结构。"（前揭，1997，页233）比较欧文，前揭，页195。20 年前，在施特劳斯的指导下，萨克森豪斯提供了一种修昔底德解读（A. Saxonhouse, Nature & Convention in Thucydides' History, *Polity*, 10. 4, 1978, pp. 461 – 487）。她声称，修昔底德接受了智术师的人性观、城邦间的无政府状态，但对习俗（nomoi）的必要性非常敏感。习俗植根于自然权威和神圣权威，是政治共同体的根基。也就是说，修昔底德接受现实主义本体论前提的真实性，但将其看作糟糕的政治状态。

2 阿伦斯多夫，前揭，1997，页 262、265。从技术上讲，这是对现实主义的修正而非拒绝，因为它不否认自我利益的首要性。它申明，城邦（和个人）追求自己的善，但否认他们有能力理性娴熟地完成这一任务。

统治免责，损害了共同的善。卷一第 76 小节所表现的雅典议题威胁到外交、内政的完整性。[1] 政治现实主义本应控制自然的真理，意识到自然释放出的力量会摧毁正义、公民权、共同的善以及维系政治共同体的习俗，但它知道这一点时为时已晚。简而言之，政治现实主义颠覆了自己关于统一国家的理想。自然扩张真理的病态后果，加上对人性更为包容的视野（承认非理性强迫的不可超越性），这些导致施特劳斯学派认为，修昔底德建议的是虔敬政治而非理性现实主义的坦率政治（frank politics）。

施特劳斯学派采取的立场是，修昔底德是一名理论现实主义者，认为无政府状态和人类强迫的基本事实至关重要。福德对他们提出了批评，说他们的本体论承诺与道德伦理背道而驰。实际上，诉诸必然性和强迫有其正当性，正是因为意识到这一点，施特劳斯学派才会对雅典议题（或至少是其宣言）感到棘手。这就是为什么施特劳斯学派排斥政治现实主义。雅典议题催生出骄傲自负、自我毁灭的野心；关于强迫的主张既基于雅典帝国主义，也基于亚西比德的权力意志。施特劳斯的解读暗示，不与帝国僭政的永久性达成协议，人们就无法接受雅典议题及其关于自然强迫的主张。

尽管如此，施特劳斯学派对他们的政治希望更为乐观。他

---

1 在对赫摩克拉特的批判性解释中，施特劳斯指出，政治现实主义在外交上的作用适得其反。赫摩克拉特未能看到，诉诸自然扩张的呼吁如何使西西里人有理由不信任叙拉古。参见施特劳斯，前揭，1964，页 167—168。同样，政治现实主义对内部信任的影响令人不安，施特劳斯对此保持着一贯的克制。欧文把亚西比德和欧菲姆斯作为雅典议题像病毒一样传播的尖锐辛辣的标记（前揭，页 132—133）。两个人象征着自然扩张的残酷逻辑对政治机体（body politics）造成的破坏。正如福德一样，帕尔默认为，"以其他城邦为代价赤裸裸地追求私利和权力……最终会感染、损害城邦内的共同体"（前揭，页 154）。两人都把亚西比德解读为雅典议题的逻辑顶点。

们把对人类超越的记叙看作与节制政治的和谐共存。[1] 现实主义者对人类激情的记叙和对理性审慎政治的承诺之间存在张力，施特劳斯学派的看法与这种张力类似。这一立场似乎很可信，因为《战争史》向我们表明，本体论论证支撑着多种情感和实质性的政治立场。关于人和国家相似的主张代表着超越的帝国政治和自我克制。精明的迪奥多图斯和赫摩克拉特拨动的和弦要比在斯巴达或米洛斯的雅典使节发出的声调更为温和。两者的差别表明，在实践中，强迫的事实在道德上和政治上具有不确定性。实际上，对于施特劳斯学派来说，迪奥多图斯表明，关于人类强迫的真理（包括对希望非理性的渴望）如何赋予自身与仁慈相似的东西。迪奥多图斯的演说辞是一个修辞的雷区，但他援引人类强迫显然是为了确保对密提列涅人采取更加人道、温和的政策，施特劳斯学派认为这反映出修昔底德本人的观点。

113

321

迪奥多图斯的成功也付出了代价，他违反了自己所说的：对人类激情的不妥协以及不变的超越的定律。他这样做时让人们注意到其关于人性叙述的修辞性和政治性。迪奥多图斯无意中诠释了一个事实，只有通过偷偷摸摸诉诸其否认或严重边缘化的理性，（承认强迫有限定范围的）人性叙述才能支持一种节制的政治。玛拉（Gerald Mara）指出了迪奥多图斯演说辞中的表演性矛盾。迪奥多图斯真正描述的是人性具有非理性的强迫，但其表演性实践给出的假设恰恰相反，这两者之间存在张力。迪奥多图斯通过辩论确立了一种理性的、反思的政治。[2]

---

1 布鲁尔的论述是一个典范："雅典议题实际上与一种非凡的绅士风度并存，某种程度上促成了这种绅士风度。"（C. Bruell, "Thucydides' View of Athenian Imperialism", *The American Political Science Review*, 68.1, 1974, p. 16）

2 G. Mara, "Thucydides and Political Thought", in S. Salkever (ed.), *The Cambridge Companion to Ancient Greek Political Thought*, Cambridge University Press, 2009, p. 118; *The Civic Conversations of Thuc-*（转下页）

基于玛拉的观察，我们可以说，迪奥多图斯的本体论策略旨在通过逻辑推理发挥一定的作用。推理过程是这样的：X（超越）是普遍的本性；Y（同情）是适度的激情；Z（节制）是适度的行动。迪奥多图斯诉诸人类超越的必然性是为了证明温和政治伦理的正当性，使复仇式政治失去合法性。他的所作所为切断了非理性的顽固不妥协。[1] 我们可以通过两条解读路径中的一条来解读迪奥多图斯。我们可以说，迪奥多图斯违背了自己的实质性本体论论断。这并不奇怪，因为他告诉听众说他们期望被欺骗了。我们或者可以这样解读迪奥多图斯，认为他坚持了一种关于自然的辩证法。因为迪奥多图斯含蓄地假定，对自然的理性反思可以改良激情。[2] 关于人性是什么的思考看起来能改变人性。本体论论断是自我否定的而非自我实现的预言。无论把强迫还是把超越解读为人性的核心，任何一种方式如果不废除自我就无法支持一种审慎温和的政治。

施特劳斯学派可能承认，这是真的但只是暂时的。迪奥多图斯小心翼翼地扯开激情的藤蔓，让理性的一小束光飞走。投票一结束，藤蔓就迅速恢复原样。理性超越激情的机会之窗再次关闭，迪奥多图斯的胜利很短暂。人类强迫的事实重新证明了自身，正如自然始终如此。[3] 不过，与这个故事所承认的相

114

（接上页）*ydides and Plato：Classical Political Philosophy and the Limits of Democracy*，Albany：State University of New York Press, 2008, pp. 19，100.

1 思考欧文解读中隐含的逻辑推理：迪奥多图斯"让我们把（超越）的后果""作为人类基本事实"来反思（前揭，页156）。

2 对于这一立场的有力说明，参见 Riley。Riley 认为："迪奥多图斯演说辞的结果表明，这些激情可以通过理性得到遏制。"（J. Riley, "Freedom and Empire：The Politics of Athenian Imperialism", in L. Gustafson (ed.), *Thucydides' Theory of International Relations：A Lasting Possession*, Louisiana State University Press, 2000, p. 147）

3 科比（P. Coby）似乎对迪奥多图斯做出这样的解读："人们的生活一般由情感支配，但情绪有时是平衡的，人能够听到理性的声音。"科比（转下页）

比，理性和判断的作用要更大。因为如果我们听取迪奥多图斯的论证，有一点会模糊不清，即为什么同情或愤怒是对强迫的事实的适当反应。为什么超越的现实使道德的包容成为必需？迪奥多图斯的政治可以被解释为情感操纵，但他的修辞炫技也有一种理性的、规范的暗流。即使把迪奥多图斯的政治简化为对听众非理性倾向的人为操纵，人们仍然要面对这样一个事实，施特劳斯学派对于修昔底德政治基础的解释完全是理性的，并且假定某些善的存在。

我们或许可以说，施特劳斯学派的政治利用迪奥多图斯、修昔底德的智慧来照亮一条通往节制的道路，一条利用自然虔敬来平息自然超越的道路。但需要注意的不是迪奥多图斯用一种激情去反对另一种激情，而是他似乎代表着理性的统治，旨在为了善而安抚某些成问题的激情。[1] 迪奥多图斯的智慧不仅仅想暂时中止这些激情；其目的是给我们接种疫苗，预防这些激情的毒性，减轻其病态影响。欧文称，迪奥多图斯的演说辞是对虚伪愤慨的治疗，即别人会蔑视我们的善而追求自己的

115

（接上页）认为，迪奥多图斯用主要的激情（怜悯）来对抗另一种主要的激情（愤怒）"以便产生出一种有利于理性的情绪"。(P. Coby, "Enlightened Self-interest in the Peloponnesian War: Thucydidean Speakers on the Right of the Stronger and Inter-State Peace", *Canadian Journal of Political Science*, 24.1, 1991, p. 84)

1 思考科比的建议，迪奥多图斯说了一个高贵的谎言，以便向雅典人灌输平等主义精神，使他们成为更好的现实主义者："现在可以确定的是，当强者、弱者和旗鼓相当者彼此了解时，国家间的关系就可以预测，战争的原因也会很少。但是，当强者变疲倦，弱者变大胆，平等者渴望取得优势时，形势就很危险。"（前揭，页89）科比推测，迪奥多图斯的欺骗取决于对普遍超越的解释，欺骗不仅仅是为了在政治的紧急关头教育雅典人，让他们知道自己的位置。精明、有远见的政治家只专注于权力的转移，以及使这种政治成为可能的主体性和政制，这些都是柏拉图正义灵魂的政治等价物。平衡的权力、宪政和良序的精神，这些因素的特征都是理性统治，科比认为迪奥多图斯坚持这一柏拉图式的理想。

善。同样，通过表明城邦容易因狂暴激情而陷入骚乱，迪奥多图斯剥去了城邦的诱惑力。与伯里克利对民主雅典的爱欲化相反，"迪奥多图斯呈现的城邦不再要求我们毕恭毕敬"[1]。迪奥多图斯演说辞的效果是缓和使政治行动者对权力现实盲目的一厢情愿，安抚常常会滋长报复性、破坏性正义的道德义愤。施特劳斯学派对迪奥多图斯的偏爱结果也变成一种充满一厢情愿的政治。因为迪奥多图斯的言辞行动旨在削弱这种强迫的倾向，而他又声称这一倾向是自然的和顽固的。[2]

我们应该聚焦于施特劳斯学派关于迪奥多图斯的两个专注点。首先，迪奥多图斯的演说辞表明，超越的一般法则不对自身提出质疑就无法成为温和政治的根基。第二是这一事实的规范性意义，即把关于超越不可避免的论断作为旨在缓解超越的理性审慎政治的一部分。施特劳斯学派的迪奥多图斯解释深深植根于理性的规范性理想。迪奥多图斯的演说辞旨在治疗不变的政治激情。从最深刻的意义上讲，该演说辞是一个处方。

和现实主义者一样，施特劳斯学派也投入了一个缓和政治激情的教学构想。这一构想可以说明他们在做共同的努力来区分两者，一边是理性的、真正的强迫和必然性，另一边是非理性的和假的必然性。施特劳斯是第一个意识到为什么要做这种

1　欧文，前揭，页157、204。

2　前揭，页205。欧文认为，修昔底德的作品也许有助于治愈一些同道患上的"高贵政治病"。施特劳斯也用医学语言来描述政治哲学有益健康的功效（L. Strauss, "What Can We Learn from Political Theory?", *The Review of Politics*, 69. 4, 2007, pp. 515–529）。施特劳斯说，政治哲学能使我们对"虚幻的梦想具有免疫力"（页527），声称"由政治哲学调理的医药"（页521）应接种到我们身上抵御乌托邦思想，"提醒我们意识到所有人类希望和愿望所面临的限度"（页520）。这一观点本身似乎就是一厢情愿，具有顽固希望的病症。

区分的人。施特劳斯意识到，雅典使节所阐述的强迫的真理为无限扩张提供了理由，但紧接着又坚称"强迫有不同的类型"。[1] 欧文看到雅典议题的大部分论点都很成问题，试图描述这些差异。欧文区分了清晰的和假定的强迫，"理性的必然性和夸大其词"。[2] 福德也做了类似的区分，指出雅典最终未能满足"真正的现实主义理性标准"。他说，对修昔底德而言，"真正的现实主义审慎将服从于国际政治那些不可避免的、真正的现实主义需要"。[3]

不过，在真假必然性之间，分界线会很随意，除非我们假定理性和激情冲动之间有一个规范性的等级，假定政治共同体的价值最终根植于对人类需要和人类之善的解释。也就是说，对"真实"理性和必然性的援引隐然依靠于一系列形而上学承诺，这些承诺超出了人类强迫和超越的可怕事实。福德关注的是，面对现实主义的压力，维护"文明共同体的国内政治所代表的真正的道德成就"。[4] 人们会赞同福德的说法，同时意识到他回避了正题。福德没有解释我们为什么要重视政治共同体，我们凭什么可以给某样东西贴上标签，即真正的道德成就或真正的必然性。福德敏锐地看到，基于其逻辑结论，现实主义不仅给不道德找借口，而且还看出"甚至没有理由为这种情况哀叹"。[5] 这一无懈可击的逻辑同样与施特劳斯的政治密切相关。它会使我们提出一些表面的承诺，把虔敬作为服务的内容，激励人们充满希望地抵御关于超越的自然法则在政治中的表现，并为此进行辩护。

---

1 施特劳斯，前揭，1964，页210。

2 欧文，前揭，页200。

3 福德，前揭，页154—155。

4 前揭，页155。

5 前揭，页158。

现实主义者和施特劳斯学派似乎犯了相同的错误。两者都致力于其明确表述的本体论前提无法支撑的规范性理想。支配这些本体论争论的主要是规范性承诺而非解释性承诺。不过，现实主义者和施特劳斯学派有关人性和政治的解释对道德克制和政治节制的理想都具有腐蚀性。关于人类的善和政治的善的判断充满争议，尽管属于伦理教学构想的一部分，对理性必然性的微妙回归把这些判断视为理所当然。因此，任何对理性的援引都带有武断任意的味道。

除了混淆批判性道德判断的根基外，现实主义者和施特劳斯学派还做出这样一种解释，即人性和政治需要的是政治精英主义和民主的衰弱。欧文认为，保障真正的必然性和建立抵御伪必然性的堡垒需要有"健全的政制"，如斯巴达或开俄斯、伯里克利式的"管理"或迪奥多图斯式的政治。根据修昔底德的说法，第二种政制是一种名义上的民主，第三种政制由于对欺骗的依赖削弱了理性议事民主的前景。正如现实主义者的解释，施特劳斯学派对迪奥多图斯和赫摩克拉特的崇拜伴有诸如此类的判断，理性的审慎很稀缺，少数精英有着近乎超人的克制，能够破解真正的必然性，驾驭民主的冲动。

激情再次与民主政制联系在一起。尽管这种关联停留在隐喻层面上，但施特劳斯学派对密提列涅辩论的解读也暗示两者有着一种更精确的关系。修昔底德描绘出一幅人性的画面，表明理性思考的不可能性和反民主欺骗的必要性。玛拉和萨克森豪斯将我们的注意力引向利己主义的激情如何给议事政治造成麻烦。从迪奥多图斯的演说辞中，玛拉得出结论说，激情损害了深思熟虑的理性实践和判断力。基于这一解读，迪奥多图斯认为"心理"力量是"健康的议事体制的最大障碍"。虽然迪奥多图斯的实践假设了另外一种情况，但他关于激情的理解对任何可教育性的概念形成阻碍。[1] 玛拉的迪奥多图斯看到，议事性理性面临两种牵涉到人性的威胁。第一种是人的激情，第二种是"助长对集体议事有毒害的竞争、嫉妒等因素的政治文化实践"。在实践中，公民大会加剧了与判断力相对立的自然激情。[2]

萨克森豪斯对修昔底德作品中民主政治的分析给予了人性同样令人自豪的位置。她看到，政治商议的特点是不确定性，因为政治商议必须依赖于不可靠、有偏见甚至欺骗性的言论。不过，关于民主言辞危险性的这一结论实际上取决于关于人性的本体论论断。关注自我利益、充满激情、受到权力意志不可言说的驱动，正是这种人性使得共同体政治行为如此成问题。萨克森豪斯注意到，成功的商议"需要具有对人性的某种意识"，特别是"对人性缺陷的敏感性"。尽管萨克森豪斯将逻各斯（logoi）的不确定性突出为至关重要的政治问题，但言辞的缺陷却源于"充满偏见和自私自利的个体"这一事实。[3] 修昔底德的"人性意识"伴随着另一种意识，即演说者"在自身利益的驱动下""并非一直盯住真理"。[4] 与玛拉一样，萨克森豪斯认为，关注自我利益、非理性的激情会威胁到政治理性和民主前景。现实主义和施特劳斯学派对人性的解释似乎使民主政治完全瘫痪。[5]

1　玛拉，前揭，2008，页101。

2　前揭，页116。

3　A. Saxonhouse, "Democratic Deliberation and the Historian's Trade: The Case of Thucydides", in B. Fontana, C. J. Nederman and G. Remer (eds.), *Talking Democracy: Historical Perspectives on Rhetoric and Democracy*, Pennsylvania State University Press, 2004, pp. 59 – 61.

4　前揭，页60。A. Saxonhouse, *Free Speech and Democracy in Ancient Athens*, Cambridge University Press, 2006, p. 150.

5　萨克森豪斯还阐明，为什么这种关于人性有问题的解释实际上使议事民主成为一种必要。如果议事的要点是筛查误导性言辞以便更接近具（**转下页**）

现实主义者和施特劳斯学派的本体论论断构成了根本性的道德政治挑战，包括对其自身规范性目的的颠覆，这使我们认识到一个重要的真理：本体论论述在实践中是虚构的小说；自然不会自我实现。当然，施特劳斯在很多场合都承认这一点。他们的解读揭示出政治权力如何通过言辞来调节自然的强迫。没人比施特劳斯说的话更令人信服：

> 没有政治演说辞能达到揭示真理的目的；每个政治演说辞都为特定的政治目的服务，力图通过劝诫或贬低、控告或开脱、赞扬或指责、输入或拒绝来达到这一目的。[1]

施特劳斯还可以通过诉诸本体论真理来加以补充。无论有意还是无意，施特劳斯对《战争史》演说辞的解释揭示出，诉诸强迫符合政治目的。欧文对彻底的现实主义的批判凸显出强迫的难以捉摸及其政治品质。欧文指出："严格来说，城邦几乎从没有遇到过强迫。"[2] 在描述修昔底德角色的奇怪活动时，欧文使用的文辞捕捉到这一真理，这些角色试图迫使他们的观众服从自然。伯里克利"告诫雅典人屈从于形势所迫"[3]。迪奥多图斯和赫摩克拉特被赋予的特点是"宣扬对必然性的默许"。[4] 迪奥多图斯关于强迫的长篇大论可能比使节们的演说辞更站得住脚，但并不乏味。

（接上页）有操作性的政治知识，那么，民主就能成为充满激情的、自私自利的人性的一个解决方案。我们可以得出结论说，人性缓解了不确定性的影响，这种不确定性危及民主政治，但也使民主政治成为必需。参见萨克森豪斯，前揭，1996 和 2004。

1　施特劳斯，前揭，1964，页 166。

2　欧文，前揭，页 202。

3　前揭，页 198。

4　前揭，页 200。

如果关于自然的主张是政治性、规范性的，且不可撤销，那么他们的援引则通常掩盖了这一事实。他们省略了自己的政治观点，排除掉争论和批评。至少在三个案例中，修昔底德的叙述诠释了本体论政治的危险性以及人类为其付出的高昂代价：雅典使节、赫摩克拉特和迪奥多图斯。玛拉对米洛斯的雅典使节的批判性解释揭示出，他们关于自然的主张是如何依赖于一种文化、政治的根基。[1] 他鼓励我们看清楚，本体论论断构成了对必须被服从的权力的运用，正如按照定义，这种权力会抵制批判性的审查。与之类似，赫摩克拉特和迪奥多图斯也提醒我们注意援引本体论的意识形态层面和危险。赫摩克拉特的本体论策略最为透明，他表明激情如何被政治缓解。赫摩克拉特声称，允许恐惧对想象的作用在一种情况下构成了理性（4.62‑3），而屈服于荣誉的冲动在另一种情况下也是适当的（7.21）。通过劝诫西西里人，让恐惧对他们产生影响，提醒他们抵抗进攻者是自然的命令，赫摩克拉特严格来说在人性问题上撒了谎。赫摩克拉特展示出的是，激情如何通过规劝、反思和深思熟虑得以缓和。进行过类似欺骗的迪奥多图斯让人们想到诉诸必然性和自然的危险。他勉强阻止了对密提列涅人的大屠杀，他的修辞政治包含着炸药，既能毁灭民主，未来也能消灭公认的敌人。[2]

　　修昔底德的角色诉诸本体论事实，对角色而言真实的东西对读者来说也是真实的，因为他们用《战争史》来支撑相同的

1　玛拉，前揭，2009，页112。

2　有关迪奥多图斯的重要解释包括 Euben（1990）、Ober（1998）、White（1985）、Lane（2005）。整本书中有各种演说辞和事件，两者之间的联系使我们关注修辞政治难以预料的长期后果。与本章关注的现实主义相关的还有两个值得注意的例子，伯里克利和尼西亚斯的修辞策略。两者都诉诸对权力的唯物主义的概念，以燃起或抑制集体性狂热。两者又都限制了破坏性的过度自信。

真理。福德认为，雅典人在斯巴达、米洛斯和卡马林纳的论断是，"发现行为'法则'的社会科学是有力的政治武器"，但这种武器会砍伤道德。基于同一理由，对于修昔底德的本体论解读也是有力的政治武器，福德自己的解读都勉强承认"雅典议题……代表着对国际政治一项真正的发现"。[1] 因为对人类和政治的永恒真理的诉求构成一种权力的技艺，扭曲了自身的道德、政治以及判断和行动的根基。无论明智还是不智，审慎还是轻率，人们都可以诉诸本体论。这就增加了虔敬政治的风险，削弱了负责任地使用权力所需要的批判性、理性和反思。

结论

本章力图表明，关于人性和政治本质的论断如何成为现实主义者和施特劳斯学派挪用（appropriation）修昔底德《战争史》的核心。这些本体论论证支撑着其规范性政治，但也以种种方式削弱了规范性政治。反过来，他们的政治规划经常推翻其支撑性的本体论前提。实际上，这种颠覆是有意而为之，因为现实主义者和施特劳斯学派对修昔底德的解读是其教育构想的一部分，旨在培育理性和判断力，同时缓和危险的政治激情。

本体论论断在政治探究和文本解释方面发挥着核心作用，但这一点被人们所忽视，需要进一步思考。当代政治思想家对修昔底德的解读表明，本体论以几种重要的方式发挥作用。首先，本体论做了大量的辩护工作。修昔底德的本体论通常被解读为对道德行为进行约束，其极端表现是为所有帝国或先发制人的政治免责。它也包容了削弱复仇政治基础的迪奥多图斯政治，尽管以否定其对强迫和超越的解释为代价。至关重要的

---

1 福德，前揭，页 152、155。

是，《战争史》表明，对自然的转向在提供正当理由的同时，又消除了正当理由。

第二，本体论限定了可能性（possible and probable）的边界，包括对适度政治抱负的判断。本体论界定了政治的范围和任务。对于现实主义者和施特劳斯学派来说，修昔底德对人性和无政府状态的解释限制了议事民主的前景，并使特权秩序和稳定的精英政治合法化。因此，本体论的论证会严重影响一个政治共同体的内部运作，即便是那些似乎根本不涉及国内政治的论证。只要珍视民主，严肃对待教育判断的任务，我们就应该对此密切关注，为了政治说服利用本体论真理是很坏的民主教学实践。修昔底德的作品不缺少说明修辞政治危害性的例子。其中有些例子表明，要培育判断力，对善进行反思，本体论策略是一个可怜的替代品。

最后，诉诸本体论的场景预设权力和自然的限度。对语境的关注表明，本体论论断作为权力行使的一部分来运作，试图构建而非揭示秩序和权威。在《战争史》中，现实、理性和利益是模糊的；实力不具有决定性；权威的根基不明确；自然没有产生清楚的毫无争议的秩序标准。自相矛盾的是，这一场景诉诸有关现实本质的论断。本体论的一项重要功能似乎是提供一张规范性的世界地图。这张地图的必需性指向一些需要本体论论证解决的问题。在对出访斯巴达的雅典使节的解读中，施特劳斯注意到，他们的演说辞被用来传达雅典的实力。[1] 诉诸言辞的需要证明物质实力的不确定性。使节自相矛盾地诉诸言辞表明，他们无法抵制把普遍的强迫作为一种实力来展示。在强调这一点时，施特劳斯学派绊倒在一个现实主义者所忽视的真理上，即在多数情况下，权力是难以捉摸的、非物质的，并

1　施特劳斯，前揭，1964，页172；欧文，前揭，页50。

且由人类主观性和争论来调停。如果物质实力和人性具有决定性，我们永远不需要在演说辞中诉诸这些因素。《战争史》大部分对本体论真理的援引都掩饰了任何未经调停的权力或自我实现的自然的虚构性。[1] 修昔底德的读者模仿他书中的角色，召唤自然以强使那些貌似自然的影响、思维方式和行为发生。

在解读的技艺或生活的技艺中，人们无疑不可能也不愿意完全绕开形而上学的、本体论的承诺。尽管如此，人们应该反思这些承诺的暂时性、政治性以及将其具体化的危险。如果《战争史》角色的本体论策略本身表明其对道德政治的危险性和破坏性，基于这些本体论见识进行政治推论，这样的修昔底德解读具有相同的危险性。《战争史》表明，本体论论断与政治、修辞密不可分，在特定语境中始终代表某些利益和对于善的设想。本体论策略有助于催生政治图景及其内在的主体性。如果每种观察的方式都有其看不到的东西，那么，每个本体论论断都是对世界的误读，都有可能成为自我实现的预言或者适得其反的自我挫败的政策。本体论论断遮住自己建构的政治和道德，从这个意义上讲，它们破坏了批判性反思和刻意的政治观点的根基。因此，它们暗示着将《战争史》视为这样一种文本的危险：关于人性和世界，修昔底德告诉了人们永恒的、无可争议的真理。

---

1 在对米洛斯对话颇有挑衅性的解读中，克莱恩恰恰提到这一点。雅典诉诸自然法是在行使意识形态的权力，因为这种"对权力的盘算实际上不是自然的，但只有参与者接受其为自然时才能推进"（G. Crane, *Thucydides and the Ancient Simplicity*: *The Limits of Political Realism*, University of California Press, 1998, p. 289）。米洛斯人没有给出其虚构角色的证据，必须因此而被处死。参见克莱恩，前揭，页289—292。

罗马共和国的衰落
——撒路斯特对修昔底德的解读

梅斯特（Klaus Meister）

本书的主题是修昔底德与政治秩序，本章重点关注其中一个方面，探讨罗马史家撒路斯特（公元前86—前35）在其三部史书（《朱古达战争》《喀提林阴谋》和《纪事》）中对修昔底德的解读。[1] 撒路斯特的著作主要分析国家内部的解体。公元前427年至前424年，科基拉爆发内乱，随后内战蔓延至整个希腊。修昔底德在描述这段历史时对这种解体做了阐述。受修昔底德启发，撒路斯特使用类似的模式来描述罗马共和国在

---

1 撒路斯特与修昔底德的关系，参见 Latte（1935），页 15 之后；Patzer（1981），页 102—120；Perrochat（1949）；Theiler（1956）；Syme（1975），页 50 之后、页 239 之后；Scanlon（1980）；Pöschl（1981），页 368—391；Büchner（1982），页 326 之后及（1983）；von Albrecht（1992），页 359；Schmal（2001），页 148—153；Canfora（2006）；Grethlein（2006）；Parker（2008）；Döpp（2011）。

公元前 146 年毁灭伽太基后自身的灭亡。

至于撒路斯特对修昔底德的模仿，古代的帕特库鲁斯（Velleius Paterculus，2. 36. 2）将撒路斯特称为"修昔底德的模仿者"。到了现代，帕策（Harald Patzer）称修昔底德是"撒路斯特的古典典范"；[1] 拉特（Kurt Latte）称撒路斯特为"罗马的修昔底德"。[2] 这些评论描述的不仅是撒路斯特著作的文风，正如梅尔（Andreas Mehl）所讲，更重要的是对修昔底德内容的倚重。[3] 从风格上来说，撒路斯特的拉丁文以修昔底德的语法、句法特点为模板。修昔底德的文风只有塔西陀可比，而塔西陀反过来模仿的是撒路斯特。撒路斯特诸多的希腊特点都是在呼应修昔底德。例如，短语"容易愤怒的"（"quae ira fieri amat"，《朱古达战争》34. 1）就是对修昔底德逐字逐句的翻译（8. 80. 3 和 8. 1. 4）。[4] 古代的文学批评曾经说过，撒路斯特的简洁文风是在模仿老加图和修昔底德。老塞内卡对此做了如下比较：

> 修昔底德的主要优点是简洁，但撒路斯特打败了他，并且是在自己的地盘上。希腊的警句非常短，但有些词可以删除，意义不会受到损害……从撒路斯特的警句中，只

---

1 H. Patzer, "Sallust und Thucydides", in Pöschl (ed.), *Sallust*, 1981, p. 108. ("Sallusts klassisches Vorbild")

2 K. Latte, *Sallust*, Leipzig and Berlin: Teubner, 1935, p. 18. ("der romische Thukydides")

3 A. Mehl, *Römische Geschichtsschreibung*: *Grundlagen und Entwicklungen*, *Eine Einführung*, Stuttgart: W. Kohlhammer, 2001, p. 82.

4 撒路斯特的译本选自 J. C. Rolfe 翻译的《喀提林阴谋 朱古达战争》（J. T. Ramsey 校对，剑桥：哈佛大学出版社，2013）、P. McGushin 翻译的《纪事》（二卷本，牛津：克拉伦登出版社，1992—1994）。修昔底德的译文选自 Jeremy Mynott 翻译的《伯罗奔尼撒人与雅典人的战争》（剑桥大学出版社，2013）。

要进行删减，就会损害含义。（《对话录》9.1.13）[1]

修昔底德的另一特点是对照体的句法结构与变体（variatio）的分离，以及使用名词表达的倾向。

就撒路斯特的著作内容及其忠实于修昔底德的表现，我先着重从各个方面分析撒路斯特的陈述，然后转向他的整个思想布局和论证结构。至于陈述的具体层面，撒路斯特在《朱古达战争》（60.4）中说，就像看现代体育赛事一样，观看战役的观众会移动自己的身体以反映当时的战况。这一段以修昔底德的描写（7.71.3）为基础。下述细节进一步揭示出撒路斯特对修昔底德的依赖。《喀提林阴谋》中有一段话，指挥官佩特列乌斯（Marcus Petreius）在与喀提林的最后一战前发表演说鼓舞士气：

> 他本人骑着马，叫着每个人的名字同他们讲话，激励他们并要求牢记，他们与没有武装的匪徒作战是为了保卫祖国、孩子、祭坛和炉火。[2]（59.5）

这段话的模板无疑是修昔底德对尼西亚斯的记叙，这位雅典军事领袖在与叙拉古人的决战前说：

> 他再次呼唤每个三层桨战舰舰长，称呼他们父姓、他

1　Cum sit praecipua in Thucydide virtus brevitas, hac eum Sallustius vicit, et in suis illum castris cecidit. Nam in sententia Graeca tam brevi habes quae salvo sensu detrahas ... at ex Sallustii sententia nihil demi sine detrimento sensu potest.

2　Ipse equo circumiens unum quemque nominans appellat, hortatur, rogat, ut meminerint se contra latrones inermis pro patria, pro liberis, pro aris atque focis suis certare.

们个人的名字，还有他们部落的名字……他继续说着人们在此危急时刻会说的话，使用传统的语言提及妻子、孩子和祖先的神明也不再感到尴尬。(7. 69. 2)

同样重要的是，两人在编年方面也有明显的一致性。《纪事》(2. 80 M) 提到某个日期："同年……初春。"(eodem anno ... principio veris) 这与修昔底德按季节纪年完全一致。古代语法学家已经注意到，撒路斯特就像他效法的榜样一样，区分"早春、仲春和晚春"(ver novum, adultum, praeceps, fr. inc. 38 M)。修昔底德甚至注意到几个农业节气，以便对事件做更精确的描述（例如，修昔底德 2. 19. 1、2. 79. 1、4. 1. 1、4. 2. 1、4. 6. 1、4. 84. 1)。同样，撒路斯特也有一段说（《纪事》3. 98M)："当时，田里的秋粮熟了。"(et tum matura in agris erant autumni frumenta)

从其采用的整体思想布局和论证结构来看，撒路斯特对修昔底德的模仿在其史书的信件、题外话（excursuses）和演说辞中最为明显。与修昔底德非常像的是，撒路斯特在文本中插入（虚构的）信件。公元前 75 年，庞培从西班牙致信罗马元老院，急切地请求增援（《纪事》2. 98 M)。这是模仿尼西亚斯公元前 414 年出于相同原因从西西里寄给雅典人的信（修昔底德，7. 10–15)。此外，两位史家都有题外话，以便对历史进程进行回顾和解释。例如，关于早期罗马（《喀提林阴谋》，段 6 之后）的段落就是在模仿修昔底德的"稽古"(1. 2–19)。在这两个案例中，对事件进展的勾勒都是从源头一直持续到当前。在修昔底德笔下，希腊政治权力的崛起在伯罗奔尼撒战争中步入巅峰。撒路斯特则强调罗马的道德灭亡在喀提林阴谋中达到顶点。多普（Siegmar Döpp）说得很对：

对于《喀提林阴谋》6 至 13 段来说，修昔底德肯定不是其内容的模板，但从两个角度来看，他确实是其历史论证结构的模板。其一，就像修昔底德的著作一样，对历史的概述是文本中单个事件的背景。另一方面，跟随希腊人的脚步，撒路斯特努力给予整体轮廓一个清楚的方向、一个可证明的目标，从而赋予一个有意修正的视角。[1]

这就引出撒路斯特对修昔底德最重要的模仿：关于罗马共和国政治道德衰亡的题外话。

在修昔底德看来（3.82.1），科基拉的内部冲突是麻烦和内战的开端，这些很快在整个希腊蔓延。在《喀提林阴谋》《朱古达战争》和《纪事》中，撒路斯特从修昔底德对内乱（stasis）的描述中借用了大量思想观念。这种平行视角基于这样一个事实：两位史家都经历过艰难的危机时代，并且都就此进行写作。修昔底德写的是伯罗奔尼撒战争，撒路斯特写的是罗马共和国的衰亡。在详细探讨撒路斯特对修昔底德的借用前，我们把撒路斯特提到的《战争史》原文分为三个部分：

---

1 S. Döpp, "Fasziniert von Thukydides: Zu zwei Rezeptionstypen bei Sallust", in A. Heil (ed.), *Noctes Sinenses: Festschrift für Fritz-Heiner Mutschler zum 65. Geburtstag*, Heidelberg: Winter, 2011, p. 191.

"So ist Thukydides gewiss nicht Vorbild für das Inhaltliche des Abschnitts Cat. 6 – 13. Wohl aber ist er Vorbild für die Anlage der historischen Argumentation, und dies in zweifacher Hinsicht: Zum einen dient der geschichtliche Überblick wie bei Thukydides als Folie für das Einzelgeschehen, das in der Schrift thematisiert wird. Zum anderen strebt Sallust dem Griechen in dem Bemühen nach, dem Abriss des Ganzen eine klare Ausrichtung auf ein Beweisziel zu geben, also in der entschiedenen Perspektivierung."

（1）内乱发展到非常残酷的程度，作为最早发生的内乱显得更为血腥。后来，整个希腊世界都动荡不安，因为各个地方的民主派和寡头派都在争斗，平民领袖引来雅典人，寡头派求助于斯巴达人。和平时期，他们没有请求干预的借口，也没有这样的愿望。但到战争时期，任何党派都能够结盟来伤害对手壮大自己，那些想更迭政权的人很容易找到求助异族人的机会。内乱期间，各城邦遭受了许多严重的苦难，只要人性不变，这些苦难就会发生且将会一直发生，尽管随着机运的变化而表现不同，时而较为残酷，时而较为温和。在和平或好的境遇中，城邦和个人性情较为温和，不会做那些虽不愿意但不得不做的事情。但战争是暴力的老师，剥夺了人们原可轻松获得的日常所需，使大部分人的性情随境遇而变化。各城邦接连发生内乱，后发生内乱的城邦听说其他地方发生的事情，结果在创造别出心裁的攻击和怪异的报复方面更为极端。（3.82.1－3）

（2）与行动相关的名词的常见含义发生改变，被赋予人们认为合适的意义。非理性的冒险现在被看作忠于党派的男子气概；审慎的拖延被看作徒有其表的懦弱；自制被视为缺乏男子气概的掩饰；周全考虑成了不作为；疯狂的莽撞成了男子气概的一部分；为了安全耍阴谋成为背叛自己党派的合理借口。暴虐者得信任，反对他的人则受怀疑；耍阴谋成功说明精明，而识破阴谋则表明他更强，两者都不想做的人被认为是在破坏自己的党派，害怕反对派。总之，受鼓励的是先行谋划作恶和煽动从未有过这种想法的人作恶。（3.82.4－5）

（3）所有这一切的根源是贪婪和野心激起的统治欲望，这又导致争夺权力的人更加狂热。各城邦的领袖强调己方有吸引力的口号："民众的政治平等"或"贵族制，节制的统治"，发言装着争取公益实际上努力在斗争中为赢得优势不择手段。他们大胆地采取可怕的行动，进而是更恶劣的报复。（3.82.8）

下面是撒路斯特在模仿修昔底德时给出的评论和解释：（1）修昔底德描绘了一幅内战期间道德迅速沉沦的黑暗画面；最重要的是，他认为，要对此负责的是人性。修昔底德深信"人性仍会如其所是"，仍会有其负面特性。这就是贪婪（pleonexia）、野心（philotimia）和恐惧（phobos）（参见1.75.3、1.76.2、2.65.7、3.82.8）。通过类比而非逐字逐句的翻译，撒路斯特接受了这一观念：

> 由于人性的缺陷，我们中间（在罗马）出现第一次争吵。人性躁动不安，没有节制，总是沉浸在对自由、荣耀或权力的争斗之中。（《纪事》1.7 M）[1]

斯坎伦（Thomas Scanlon）就此提出下述观点：

> 在撒路斯特模仿修昔底德的所有段落中，最引人注目同时最具争议的地方出现在《纪事》的绪言（1.7 M）中。人性的缺陷被描述为罗马人不和的源头，正如人性与修昔底德描述的希腊内乱苦难有直接的关联。两幅人性的肖像可能在细节上有差别，但撒路斯特对修昔底德的旁引（allusion）毋庸置疑。我们可以推测，其意义在于，对撒

---

1 Nobis primae dissensiones vitio humani ingenii evenere, quod inquies atque indmitum semper inter certamina libertatis aut gloriae aut dominationis agit.

路斯特来说，人性的严酷画面既是连接两位史家著作的共同线索，又是对两人祖国的可怕威胁。人性的严酷导致道德伦理的颠倒和语言的歪曲。这一人性观念以及内在于所有内乱的颠倒歪曲表明，修昔底德对撒路斯特的历史观念有着最直接、最原始的影响。[1]

关于（2），修昔底德谈到道德观和词语在科基拉内乱中的颠倒歪曲："与行动相关的名词的常见含义发生改变，被赋予人们认为合适的意义。"我们在许多地方都可以看到，撒路斯特效法了修昔底德的这一论断。（a）特别重要的一段是加图关于喀提林一派命运的演说辞，他严厉批评上一位发言者恺撒：

> 在这种情况下，有人竟提出仁慈和怜悯？可以肯定的是，我们的词语早就丧失了真正的含义。正是因为挥霍别人的财产被称为慷慨大方，而在做坏事方面胆大妄为被称为"勇敢"，共和国才处于危机之中。（《喀提林阴谋》52.11）[2]

（b）在《纪事》中，保民官玛刻尔（Licinius Macer）向民众发表长篇演说，他特别强调：

---

1 T. F. Scanlon, *The Influence of Thucydides on Sallust*, Heidelberg: Winter, 1980, pp. 218 f.

2 Hic mihi quisquam mansuetudinem et misericordiam nominat? Iam pridem equidem nos vera vocabula rerum amisimus: quia aliena bona largiri liberalitas, malarum rerum audacia fortitudo vocatur, eo res publica in extremo sita est.

我提醒你们注意这一事实；请求你们牢记在心；不要为迎合自己的懦弱而改变事物的名称，不要给奴役以和平的名号。(3.48.13 M)[1]

　　多普对这段话的评论是"与修昔底德 3.82 不同，'玩弄辞藻'在这里的思想形象是劝勉的要素"[2]。

　　关于（3），这一部分处理的是各党派的口号和实际目的。修昔底德强调，驱动内部冲突的实际上不是国家的整体利益，而是个人、党派导致国家毁灭的权力欲望。这一想法重新出现在撒路斯特笔下。

　　(a) 在公元前 70 年重建保民官的语境中，撒路斯特强调：

　　在庞培和克拉苏担任执政官那一年保民官的权力得到恢复后，因年龄和性格而血气方刚的年轻人取得了非常大的权力，开始通过公开批评元老院鼓动民众，然后通过施舍和承诺进一步煽动人们的激情，从而使自己引人注目和有影响力。与这些人对抗的贵族大多竭尽全力，表面上是代表元老院，实际上是为了壮大自己。简短地说句实话吧，从那以后，人们打着各种冠冕堂皇的幌子扰乱国家，有人说是在捍卫民众的权利，有人说是为维护元老院的威信。以为了公共利益为借口，实际上每个人都在为了向上爬而努力。这类人在斗争中既不能自我克制，也没有节制；两派在胜利时都残酷无情地对待对方。（《喀提林阴

139

341

1　Quod ego vos moneo quaesoque, ut animadvertatis neu nomina rerum ad ignaviam mutantes otium pro servitio appelletis.

2　Döpp, 2011, p. 193. "Im Unterschied zu Thukydides 3.82 ist die Denkfigur der Manipulation des Sprachgebrauchs hier Element der Paränese."

谋》38. 1 - 4)[1]

(b) 撒路斯特在《纪事》绪言中也做过类似的评论：

　　一旦解除对迦太基人的恐惧，人们进行政治仇杀的道
路就畅通无阻。暴乱、党争频发，最后爆发内战。在内战
期间，几个有权势的人凭借有影响力的职位获得大部分民
众的支持，试图通过伪装成元老院或民众的拥护者取得绝
对统治权。曾适用于公民的词汇"好"和"坏"，不是为
国家服务或伤害国家的衡量标准，因为所有人都同样败
坏。任何财大气粗、无法无天的个人都被看作"好人"，
因为他是现状的维护者。（《纪事》1. 12 M）[2]

　　(c) 最后，在《朱古达战争》中，撒路斯特关于党派政治有
一段著名的题外话。他强调，由于各派争吵不休，国家濒临崩溃。

1　Nam postquam Cn. Pompeio et M. Crasso consulibus tribunicia potestas
restituta est, homines adulescentes summam potestatem nacti, quibus aetas
animusque ferox erat, coepere senatum criminando plebem exagitare, dein
largiundo atque pollicitando magis incendere, ita ipsi clari potentesque fieri.
Contra eos summa ope nitebatur pleraque nobilitas senatus specie pro sua
magnitudine. Namque, uti paucis verum absolvam, post illa tempora
quicumque rem publicam agitavere, honestis nominibus, alii, sicuti populi
iura defenderent, pars, quo senatus auctoritas maxuma foret, bonum
publicum simulantes pro sua quisque potentia certabant. Neque illis modestia
neque modus, contentionis erat; utrique victoriam crudeliter exercebant.

2　Postquam remoto metu Punico simultates exercere vacuum fuit, plurimae
turbae, seditiones et ad postremum bella civilia orta sunt, dum pauci
potentes, quorum in gratiam plerique concesserant, sub honesto patrum aut
plebis nomine dominationem affectabant, bonique et mali appellati non ob
merita in rem publicam omnibus pariter corruptis, sed uti quisque
locupletissimus et iniuria validior, quia praesentia defendebat, pro bono
ducebatur.

公民分裂成为人民的一派和元老院的一派，这种体制和它们带来的一切灾难是在这之前几年在罗马产生的，而这正是和平与大量人类认为是最可宝贵的一切事物引起的必然结果。要知道，在迦太基被摧毁之前，罗马人民和元老院一道和平而稳健地治理着共和国。在公民中间没有任何争荣誉或争权力的纷争；对敌人的恐惧保存了国家的美好的道德风尚。但是当人民的内心摆脱了那种恐惧的时候，由繁荣幸福而造成的恶果，即放荡和横傲，自然而然地便产生出来。这样，在苦难时期他们曾经渴望过的和平，在他们取得它之后，却表明它比苦难本身更加残酷和心酸。因为贵族开始滥用他们的地位，人民则滥用他们的自由，他们每个人都为自己打劫、抢夺和抄掠。这样，社会便分裂成两派，而共和国就在这两派之间的争斗中被撕得粉碎。[1] (41)

只需比较最后一句话与修昔底德类似的表述，"夹在中间的公民受到两派的打压"。

在撒路斯特所有的表述手段中，演说辞最具"修昔底德"

---

1 Ceterum mos partium et factionum ac deinde omnium malarum artium paucis ante annis Romae ortus est otio atque abundantia earum rerum, quae prima mortales ducunt. Nam ante Carthaginem deletam populus et senatus Romanus placide modesteque inter se rem publicam tractabant, neque gloriae neque dominationis certamen inter civis erat: metus hostilis in bonis artibus civitatem retinebat. Sed ubi illa formido mentibus decessit, scilicet ea, quae res secundae amant, lascivia atque superbia incessere. Ita quod in aduersis rebus optauerant otium, postquam adepti sunt, asperius acerbiusque fuit. Namque coepere nobilitas dignitatem, populus libertatem in libidinem vertere, sibi quisque ducere trahere rapere. Ita omnia in duas partis abstracta sunt, res publica, quae media fuerat, dilacerate.

特色。斯坎伦对此评论说：

> 我们在分析风格时也注意到，撒路斯特和修昔底德的
> 演说辞承担着类似的功能，都试图阐明事件的普遍问题和
> 特定的历史细节，从而赋予演说辞以普遍意义，推进叙事
> 的深度。[1]

值得注意的是撒路斯特对修昔底德葬礼演说的采用。在演说辞
的开篇，伯里克利思考的问题是，人们经常对公开演说者提出
什么样的批评：

> 发言者很难找到适当的平衡，对真相的不同认识甚至
> 都无法达成一致。亲历事件的人或死者的朋友可能认为发
> 言没有表现出他想听到的或所知道的。而不了解情况的人
> 可能怀疑有夸张，听到超出自己能力的功绩时会忌妒。
> （2.35.2）

论及对史家的批评，撒路斯特采纳了这一观点：

> 此外，如果你记述了杰出人物的丰功伟绩，人们只有
> 在他们认为你所说的事情他们自己也容易做到的时候，才
> 愿意相信你。一旦超过这个限度，他们认为你的话即使不
> 荒谬，也是凭空捏造的。（《喀提林阴谋》3.2）[2]

---

1 Scanlon, 1980, p. 103.

2 Dehinc quia plerique, quae delicta reprehenderis, malevolentia et invidia dicta
putant, ubi de magna virtute atque gloria bonorum memores, quae sibi
quisque facilia factu putat, aequo animo accipit, supra ea veluti ficta pro falsis
ducit.

在葬礼演说的一段话中，伯里克利强调：

> 关于美德，我们与许多人截然不同。我们结交朋友不是为了得到好处而是给他人好处。(2.40.4)

撒路斯特将这一格言用到古罗马人身上（《喀提林阴谋》6.5）：

> 后来，当凭勇敢摆脱危险时，他们又去帮助盟军和朋友。因此，他们建立友好关系与其说是为了获取友谊不如说是为了给予友谊。[1]

此外，朱古达鼓舞士兵的演说是仿照佛米奥（Phormio）对雅典海军的演说（2.89.11）。两人都强调，对手以前被击败过，人们没有理由感到害怕。

修昔底德写的演说辞经常成对出现，也就是演说和回应（即反论），而撒路斯特的演说辞一般只是单次演讲。他只在《喀提林阴谋》中使用过一次反论，即关于喀提林党徒未来的命运，撒路斯特安排恺撒在加图（52）之后发言（51）。在泰勒（Willy Theiler）[2] 之后，坎弗拉（L. Canfora）近期也提出这样一种看法：

> 泰勒已经表明，这两篇演说辞是《喀提林阴谋》的核心，基于（有时是模仿）狄奥多罗斯（Diodorus Siculus）

---

1 Post ubi pericula virtute propulerant, sociis atque amicis auxilia portabant magisque dandis quam accipiundis beneficiis amicitias parabant.

2 W. Theiler, "Ein griechischer Historiker bei Sallust", in *Navicula Chilonensis*: *Studia philologica Felici Jacoby professori Chilonensi emerito octogenario oblata*, Leiden: Brill, 1956, pp. 144 - 155.

作品中尼克劳斯和菲利普的辩论（13.25－32）。两者情况类似：后者辩论的焦点是对雅典囚犯做宽大处理还是严厉处罚。修昔底德对雅典远征叙拉古的记叙不可逾越，但埃福罗斯（Ephorus）（狄奥多罗斯的消息来源）为之做了多余的装饰。[1]

这个假设有三个错误。第一，对尼克劳斯做出回应的不是菲利普，而是吉利浦斯（著名的斯巴达军事指挥官）。第二，关于这些成对的演说者，狄奥多罗斯的材料并非来自埃福罗斯，而是来自提迈乌斯（Timaeus）。[2] 第三，正如珀施尔（Viktor Pöschl）所说[3]，恺撒与加图的辩论模仿的不是狄奥多罗斯著作中的尼克劳斯与吉利浦斯，而是修昔底德著作中的密提列涅事件（3.37－48）中的克勒翁与迪奥多图斯。两者有重要的类似之处。第一，两者都有反论，即演说和回应。鉴于这是撒路斯特存世作品中唯一的反论，撒路斯特对修昔底德的效仿非常明显。第二，两者的出发点相似。在修昔底德的作品中，人们就业已臣服的密提列涅人的未来命运再次展开辩论，尽管雅典人已经做出处死他们的决定。在撒路斯特笔下，元老院又就喀提林党徒的未来命运举行辩论，尽管已经提出处死这些人的动议。第三，在两部作品中，选项要么是死刑（得到克

1 L. Canfora, "Thucydides in Rome and Late Antiquity", in Rengakos and Tsakmakis (eds.), *Brill's Companion to Thucydides*, Leiden, Boston and Tokyo: Brill, 2006, p. 737.

2 K. Meister, "Die sizilische Geschichte bei Diodor von den Anfängen bis zum Tod des Agathokles", Diss. Ludwigs Maximilians Universität, Munich, 1967, pp. 63 ff.; "Die sizilische Expedition der Athener bei Timaios", *Gymnasium 77*, 1970, pp. 508–517.

3 V. Pöschl (ed.), *Sallust*, 2nd edn, Darmstadt: Wissenschaftliche Buchgesellschaft, 1981, p. 388 with n. 15.

勒翁和加图的支持），要么是不那么严厉的处罚（迪奥多图斯和恺撒的恳求）。但"较温和"的处罚也相当严厉：迪奥多图斯（3.48）要求处决全部有罪的密提列涅人，恺撒（51.43）要求判处喀提林党徒终身监禁。第四，对手采用的语调明显不同。迪奥多图斯和恺撒主要以摆事实讲道理的方式争论，但克勒翁和加图的演说辞完全情绪化。

恺撒和迪奥多图斯的开篇在措辞上也有相似之处。迪奥多图斯强调：

> 相反，我认为，最妨碍深思熟虑的两大因素是急躁和冲动，后者常常与愚蠢相连，前者则是由于缺乏教养、头脑简单。（3.42.1）

恺撒则说：

> 各位元老，考虑困难问题的任何人都应当把憎恨和友情、愤怒和怜悯抛弃。如果有这些情绪干扰的话，人们就不容易把真理分辨出来，也从来没有一个人在不能控制自己情绪的情况下还能维护自己最重大的利益。（《喀提林阴谋》51.1）[1]

辩论者都指出惩罚会造成的政治后果。克勒翁认为，处死密提列涅人将阻止雅典其他盟友叛离。加图认为，处死喀提林党徒会使埃特鲁里亚（Etruria）的叛军失去勇气。迪奥多图斯预见

144

---

1 Omnis homines, patres conscripti, qui de rebus dubiis consultant, ab odio, amicitia, ira atque misericordia vacuos esse decet. Haud facile animus verum providet, ubi illa officiunt, neque quisquam omnium lubidini simul et usui paruit.

到，一旦执行死刑，叛离的盟友将抵抗到底。恺撒则警告说，这一先例将会给以后的政治斗争带来危险（《喀提林阴谋》51.25）。

但两者也有下述主要区别。第一，雅典处理的是外部紧急事件，即保持雅典对其盟友的控制。但罗马的情况是内部紧急事件，即共和国的存亡。第二，在修昔底德演说者的论证中，史例没有什么作用。但对撒路斯特来说，史例意义重大（例如《喀提林阴谋》51.37－42、52.30）。这主要是由于祖传习俗（mos maiorum）在罗马人中的强制力。第三，撒路斯特突出道德伦理方面的思索，但修昔底德没有。克勒翁谈论的主要是对叛逃者的复仇，迪奥多图斯则强调"什么对雅典有益"，这些都属于国家理性的问题。相反，恺撒的演说辞更重视道德层面。恺撒认为，处死喀提林党徒的刑罚"违背我们国家的最佳利益"（51.17）。这一决定存在问题，因为合法处决的先例往往导致任意处决，处死喀提林党徒今后会导致任意处决（51.27）。第四，关于死刑及其影响，修昔底德和撒路斯特存在明显的分歧。迪奥多图斯反驳死刑威慑效用的论证似乎具有相当的现代意味（3.45）。相反，恺撒则强调，死亡不是惩罚，而是对辛劳磨难的解脱（52.20）。第五，宗教在修昔底德作品中并不重要，但在撒路斯特那里非常重要。恺撒接受伊壁鸠鲁的启蒙立场，一切都在死亡中结束（51.20）。加图则反对这一观念，坚守传统的大众信仰：

> 恺撒刚才在这里用漂亮而讲究的语言谈论了生与死的问题。平民百姓说，坏人在冥界和好人不是走一条路，他们住在阴暗、荒凉、丑恶并且充满恐惧的地区。我相信，

145

恺撒认为人们有关冥界的这种说法是虚妄的。(52.13)[1]

第六，撒路斯特笔下的演说辞不像修昔底德的演说辞那么激进。修昔底德的演说辞包含对民主国家体制的一般批评。克勒翁认为，民主制从根本上没有能力统治他人。迪奥多图斯批评民众做决定不负责任，而思虑周全的政治家更有责任感（3.43.4－5）。与之不同，恺撒从道德的角度进行论证，用罗马政治体制来辩护（51.37－42）。

珀施尔对此总结说："对比修昔底德和撒路斯特作品中成对出现的演说辞，这对人们有实质性的帮助，便于理解希腊、罗马的特质及其国家和社会秩序。"[2] 加特纳（Thomas Gärtner）也指出撒路斯特对修昔底德的效仿。执政官科塔（Gaius Aurelius Cotta）的演说辞（《纪事》2.47 M）与伯里克利最后的演说辞（2.59－64）有着密切关联。[3] 在发表演说辞后不久，两位政治家都与世长辞。从这个意义上说，两者彼此契合。

此外，正如加特纳所说，两篇演说辞在动机上也相互呼应。对于民众的多变，伯里克利强调："我还是一样，立场没有变，变的是你们。"（2.61.2）考虑到不断变化的外部形势，科塔说："或逆境或顺境不断改变着我的实力，但没有改变我

146

---

1 Bene et composite C. Caesar paulo ante in hoc ordine de vita et morte disseruit, credo falsa existumans ea, quae de inferis memorantur: divorso itinere malos a bonis loca taetra, inculta, foeda atque formidulosa habere.

2 Pöschl, 1981, p. 397. "So kann der Vergleich der Redepaare bei Thukydides und Sallust einen wesentlichen Beitrag zur Erkenntnis der griechischen und der römischen Eigenart und der athenischen und römischen Staats- und Lebensordnung leisten."

3 T. Gartner, "Cotta bei Sallust und Perikles bei Thukydides-Eine übersehene Parallele", *Historia* 60, 2011, pp. 122－125.

的性格。"（《纪事》2. 47. 1 M）[1] 伯里克利提到雅典人有义务维护权威："你们还应维护你们的城邦从帝国获得的荣耀，你们都以此为骄傲。不要躲避帝国的劳苦，除非你们放弃其带来的荣耀。"（2. 63. 1 - 2）科塔也说过类似的话："帝国的权力会带来极大的焦虑和许多沉重的负担；当所有行省和王国、所有土地和海洋都被仇恨和战争所席卷时，避免战争寻求和平繁荣不过是一种徒劳。"（2. 47. 14 M）[2] 这里对修昔底德的模仿显而易见，尽管加特纳也正确地指出两篇演说辞的不同原则。[3]

关于撒路斯特对修昔底德的解读和使用，本文分析的结论是，撒路斯特的著作在形式和内容上紧密追随一种希腊范式，这在罗马散文中实属空前绝后。但这不是纯粹的卑躬屈膝式的效仿，而是一种适应。不管从前人处借用了什么，它都要考虑到历史处境的变化，承载自身的思想内涵。[4] 使撒路斯特成为修昔底德派的既有相似也有差异。对于撒路斯特对修昔底德的模仿，帕策评论说："修昔底德派并不等同于修昔底德，它包含一种理解修昔底德并将其模式应用于特定处境的独立方式。"[5] 谈及希腊罗马史学以及撒路斯特和修昔底德的关系、

---

147

1 Malae secundaeque res opes, non ingenium mihi mutabant.

2 Multa cura summo imperio inest, multi ingentes labores, quos nequiquam abnuitis et pacis opulentiam quaeritis, quom omnes provinciae, regna, maria terraeque aspera aut fessa bellis sint.

3 Gartner, 2011, p. 123. "Trotz solcher punktueller Bezugnahmen auf Thukydides ist die Cotta-Rede im einzelnen von einem gegenüber den letzten Äußerungen des Perikles wesentlich verschiedenen Charakter."

4 两位作者的区别，参见 Grethlein（"The Unthucydidean Voice of Sallust", *Transactions of the American Philological Association* 136，2006，pp. 299 - 327）。

5 Patzer, 1981, p. 110. "Thukydideer heißt nicht Thukydides; eine selbständige Weise, Thukydides zu verstehen und zu erfüllen, ist darin mitbeschlossen."

李维和希罗多德的关系时，昆体良说得没错：

> 但在历史上，面对希腊人，我们保持住了自身。我毫不犹豫地认为，撒路斯特与修昔底德旗鼓相当，希罗多德也不会痛恨人们将李维与之相提并论。（《论演说家的教育》10.1.101）[1]

1　At non historia cesserit Graecis nec opponere Thucydidi Sallustium verear, nec indignetur Herodotus aequari Titum Livium.

修昔底德是"政治家的实用手册"?

温特（Christian Wendt）

许多研究者常常把雅典作家修昔底德置于政治理论家之列，包括哲人、政治家、学者或其他行业的人。2006 年，奥伯（Josiah Ober）将修昔底德称为政治科学的发明者，给其著作贴上标签"政治体系用户的手册"[1]，还在之前的文章中称修昔底德为"理论家"（theoretikos）。[2] 在我看来，这是对修昔底德最为激进的解释，表达类似观点的学者还有芬利（H.

---

1 J. Ober, "Thucydides and the Invention of Political Science", in Rengakos and Tsakmakis (eds.), *Brill's Companion to Thucydides*, Leiden, Boston and Tokyo: Brill, 2006, p. 132.

2 J. Ober, "Thucydides Theoretikos/Thucydides Histor: Realist Theory and the Challenge of History", in D. McCann and B. S. Strauss (eds.), *War and Democracy: A Comparative Study of the Korean War and the Peloponnesian War*, Armonk, NY: M. E. Sharpe, 2001, pp. 273 – 306.

Finley)、埃尔布泽（Hartmut Erbse）或施瓦曾伯格（Georg Schwarzenberger）。[1] 他们的观点显然依赖于对修昔底德这一格言的敏锐解释。修昔底德将其记叙看作"垂诸久远的财富"（ktēma es aiei），旨在就人类社会的相互交往为后世的读者提供更为深刻、清晰的见识（1.22.4）。

我将要讨论的是，这一视角如何帮助我们提高对修昔底德文本的理解。在我的思考过程中，发挥指导作用的问题包括：

1. 这一文本不包含任何具体的忠告或建议，如何才能称其为实用手册？

2. 这一文本针对的是什么人，政治家还是"利用政治体系"的政客？

3. 如果我们假定，修昔底德的著作同波利比乌斯的一样都是实用主义史学的尝试，如此解读会有什么用处？换句话说，作者是否力求确立某种理论或政治建议？

这些问题在这里显然无法得到充分的解答，但可以阐明推进论证的关键问题。

作为实用手册的修昔底德

修昔底德绝不是一个好顾问。他想传达的见识大多藏得很深；[2] 反之，任何含义似乎一目了然的地方都与文本中的其他语句相互关联，这往往削弱我们希望得到的确定性。在试图勾勒作者多维度的思想建构时，这就是为什么大多数单一层面的解读徒劳无功，至少颇有争议的原因。这些解读没有揭示出任

---

1 Finley (1942), p. 50；Erbse (1969)；Schwarzenberger (1969), p. 121："关于国际关系的经典教科书"。

2 关于"默默传授"教导的修昔底德，参见施特劳斯（L. Strauss, "On Thucydides' War of the Peloponnesians and the Athenians", in *The City and Man*, University of Chicago Press, 1964, p. 153）。

何东西，只是就作品目的给出一个模模糊糊的想法。西塞罗为修昔底德概括的特点是"含混不清"[1]（更确切地说：使用含混不清的对话），这似乎相当贴切。因此，如果有政治领导人想向修昔底德学习，他肯定会错误地希望找到有用的指导方针，诸如如何处理具体的时局或如何面对真正的威胁和挑战。因此，修昔底德文本包含操作指南的说法会误人子弟。《战争史》不是实用手册，也从未被看作实用手册。

但在解释修昔底德明确表达的教诲时，哪个词能更好地捕捉到其实质呢？只有承认修昔底德在撰写其纪事时对读者的反应有某种想法，这个问题才能得到解答。这包含着这样一个事实，即修昔底德自己的评述是为了呈现一个更为一般性的视角。除了为后世提供真正的历史知识，用他自己的话说（1.22.4），修昔底德给那些寻求清晰确切认识过去的人提供有用处（ōphelima）的教诲，从而使其读者为未来做好准备。因为人的因素或人性（修昔底德具体议题所阐明的主要范畴）在实质上将保持不变（1.22.4）。

这一著作是否如奥伯所说，旨在"培育具有伯里克利能力的领袖"？[2] 如果我们认为修昔底德处理的是各种各样的国家或类似于国家的实体，这些国家或实体涉及不同的政治秩序和个人，那么，我们很难想象他会设想某一类领导者适合所有既定的国家或实体。修昔底德是否想教育某个雅典或斯巴达领袖、泛希腊政治家、科林斯寡头或开俄斯寡头呢？他是否想创造一个虚拟的、永恒的、完美的领导典范？作者更有可能想说给所有参与决策过程的人听。这一著作在 1.22.4 的题词是给

---

1 西塞罗《演说家》9.30："那些著名的演说辞包含着那么多晦暗、模糊的语句，让人难以理解。"

2 Ober (2006)，前揭，页 157。

"希望洞悉真相的人"，这表明修昔底德并未将其智慧限于承担具体职能的观众，而是希望它能服务于任何人，任何寻求清楚了解决定性因素之间的基本架构和相互联系的人。对于大多数人深刻理解所发生现象的能力，修昔底德相当悲观。有鉴于此，人们可以假设，修昔底德认为只有少数几个人能理解他的分析，但另一方面，这并不意味着他写作明确是为了政治家，即便其主要的兴趣点是国家决策的周密齐备（adequacy）。从这个角度来看，修昔底德为优秀的或能干的政治家提供了条件，因为他们往往是推动决策的人，有时甚至会是乾纲独断者。莱伯关于"语法"的比喻（语境略微不同）[1] 指向类似的方向，但仍容易过于鲜明地呈现修昔底德进行指导的形象，而我们从作品中得不出这样的印象。但是，如果修昔底德的史书能够为未来形势提供更有说服力的答案，这将会实现作者的意图，我们可以将这一案例研究称为关于政治语境中（尤其是国家间关系）正确决策原则的教科书。

政治家的职责和目的

修昔底德意识到，对卓越决策者的定义具有几个关键要素。这些要素与决策者必须面对的挑战密切相关。这意味着，他们不仅需要在特定形势下做出明智的反应，还必须要考虑到一个决定或方案可能产生的长期影响。所需的主要能力是具备谋划未来的必要见识。[2] 对于有能力的政治头脑（xunetos）来说，这种着眼长远的视角以及预判/预知/预思（pronoia/

1　R. N. Lebow, *The Tragic Vision of Politics*: *Ethics*, *Interests and Orders*, Cambridge University Press, 2003, p. 299. 他指的可能是 Laski 和 Schwarzenberger。

2　例如，在修昔底德 1.138 中，地米斯托克利是有能力立即采取必要措施的人，因为他最善于预测（eikastēs）未来，能够对特定形势做出有力判断。

prognōsis/promēthia)[1] 的能力是实现其目标的根基。因为在最终结果出现之前，任何决定都无法证明自己是正确的。实际上，这种洞察力不应只限于政治家，我们在现代学术研究中也能发现这种关联。[2]

但修昔底德并没有试图在这个问题上训练读者。他含蓄地承认，只有杰出的个人才有足够的天赋对未来的发展进行预测，提出有远见的政治战略。修昔底德对地米斯托克利（Themistocles）的性格刻画清楚表明，产生最伟大预测者的不是教育或思想影响，而是其内在的天赋和奉献精神（1. 138. 3）。在其著作中，一些个人的精明（xunetos）或其他精神力量[3] 似乎构成了充分使用预判能力的必要基础。但这还远远不够。有些人能娴熟地看到修昔底德的史书作为范式分析具有突出价值。这一著作针对的对象实际上是这些眼光独到的人，为他们提供有用的素材，使之能在面对实际处境时找到自己的答案，并向他们表明聪明正确的分析所具有的重要意义和限度。

一旦人们认为准确预判的任务至关重要，那么关键就是了

---

1 除地米斯托克利外，还有伯里克利（2. 65. 6）对预判的辩护（2. 62. 5）；佛米奥承诺竭尽全力（2. 89. 9）；赫摩克拉特对预判的分析（4. 62. 4）；盟友的决定缺少预见性（4. 108. 4）；尼西亚斯论述战略规划中的预判（6. 13. 1）；提萨佛涅斯遵循亚西比德的计划（8. 57. 2）。

2 Finley（1942），p. 50；Spahn（2011），p. 42："这些即是实干政治家的任务，而修昔底德首先为他们而写作。"

　　Morrison（2000）在页 119 说"政治家必须思考过去预测未来"，但在137 页又扩展到"修昔底德的读者、政治家、将军和公民"。Arnold（1835，页 22）此前表达过类似的思想："对政治家和公民的指导。"

3 例如阿奇达姆斯（1. 79. 2）；亚西比德（6. 15. 4，dianoia）；伯里克利（1. 139. 4，"在说话和做事方面最有能力"；2. 65. 8，"判断力"）；雅典人自己对地米斯托克利的评价（1. 74，"最精明的将领"）；塞拉麦涅斯（8. 68. 4）。

解这些合适的人运用他们的能力会有什么影响。这触及修昔底德著作中最为矛盾的一个术语。《战争史》（3.82）生动描绘了内乱和党争的可怕力量。正如我们所看到的那样，在 3.82 中，科基拉这个动荡的社会完全失调并放弃其过去遵循的标准。[1] 首先，各个派别不再把"城邦的福祉"作为其主要的定位点。在这里，我们可以看到，修昔底德描绘出共同体内任何政治行为的一个无可争辩、不证自明的目标：国家利益（xumphoron）。在这一语境中，这个词根本没有贬义：城邦的权宜之计就是必须努力得到价值高的东西。在修昔底德的一些段落中，主人公宣称他们的动机是利益。[2] 如果思考这些段落，我们只会发现这些人对权宜之计有着各自的解释。即使我们得出结论说他们在大多数情况下是错误的，唯一可能的推论依然不是修昔底德本人会反对这样的论证，而是他的主人公没有对特定情境做出良好的判断，误判自己的论证，不恰当地使用利益一词或遵循错误的分析路径。[3] 这个问题不关乎道德。即便对作者来说与正义（dikaion）毫无关联，[4] 国家利益仍是修昔底德高度重视的一般性类别。这就是为什么那些掌权者理论上必然会以一种对城邦有利的方式做出决定，或敦促人们做

1　语言失去其原有的含义，这是混乱和错位的标志。这一著名的主张生动地表现出科基拉的这一现象。这在 3.84 有明确的总结，但这一章节颇为可疑，可能是后来篡人。

2　例如，雅典人（3.40，3.44）；科林斯人（1.42）；科基拉人（1.35）；西西里人（4.60）；米洛斯人（5.98）；斯巴达人（4.55）；波斯人（8.46）。

3　如 Lebow 所述，"修昔底德反对狭隘的利益建构"（2003，页 126）。关于错误解读自我利益的动机，参见伊索克拉底《论和平》7；另见 V. I. Anastasiadis（*Interest and Self-Interest in Ancient Athens*，Hildesheim：Olms, 2013）。

4　一个令人惊人的例子是 3.82.8；还有克勒翁在演说辞中对正义一词的歪曲（3.40）。

出决定。[1]

因此，一般来说，好的决策者应该具备修昔底德间接要求的两个主要特质。第一，预判（pronoia）所必需的精神力量和能力。第二，对公益或城邦利益这一重大价值的奉献精神。但问题是，对于读过修昔底德并且有可能以其预期的方式理解他的人来说，他们如何能充分阐明：对于所面对的挑战而言，什么是真正的权宜之计？如果不是建议，修昔底德还能给未来的读者提供什么样的"垂诸久远的财富"？

修昔底德的效用

如上所述，摆在我们面前的不是一本手册，而是一个思想展示，包含着修昔底德所认为的具有历史相关性的所有参数。这就是为什么只有那些愿意思考修昔底德全部论证的人才能发挥《战争史》的效用。根据单个段落或具体评论进行推理只会产生孤立的论断，进而导致误导的普遍化。[2] 对于聚精会神于修昔底德最著名段落的许多作家来说，这似乎是一个问题。例如，米洛斯对话（5.84–116）、葬礼演说（2.35–46）或1.23中所谓最真实的原因（alēthestatē prophasis），这些段落往往被解释为"权力转移理论"（power transition theory）的第一次出场。[3] 读者不得不考虑到这些著名段落及其出现的语境。换句

---

1 迪奥多图斯支持这一主张的论证非常矛盾，因为他自己都承认，人们喜欢被谎言和错误的指控所引诱，参见3.42–43。关于这一点，参见 Manuwald（1979）和 Orwin（1994），他们不同程度上将这一演说辞解读为一种提示性的尝试，不是通过论证本身而是通过（出于更好的目的）运用论证的方式来影响人们。对于这里所接受的视角，问题的答案似乎不那么重要。

2 Thauer（2011），页198。对于这一程序的批评，参见 Lebow（2007），页164；Welch（2003）；Wesel（2003）。

3 相关的例证参见 Kauppi（1996），页143："修昔底德单一命题启发了现实主义者对权力不平衡增长的兴趣。其结果就是所谓的'权力转移理论'。"

话说，我们可以认为有些格言近乎修昔底德自己的立场，但作品的布局与这几个格言同样重要。这就是为什么我不同意莫里森（Morrison）在分析米洛斯对话时提出的主张，即"读者最终的任务是检验从《战争史》得出的教训，并将之应用于新的语境中"[1]。这听起来好像我们能从特定的修昔底德事例中提取确定性，以便在后面的语境中对这些确定性重新编排。但这种方法似乎并不令人信服，因为它没给史书中一直出现的紧张、模糊留出空间。[2] 我们不能想当然地认为，修昔底德的作品存在一个单一、可靠、真实的真理，然后在这一真理的基础上做进一步的论证。这就是为什么只有对整个文本及其内在逻辑进行分析才能使我们获得某些想法。然后，我们才可以乐观地把这些想法看作修昔底德的教诲。[3]

由于修昔底德整部作品没有明显的政治理论，人们不得不承认，读者能提出的唯一合理主张是其有助于以修昔底德赞同的方式对形势做出解释。这意味着，作者的计划是确立标准，以令人满意的方式深思熟虑并做出决定；也就是说，重点关注对后果的正确谋划，为共同体制定成功的、有利可图的战略。还有，修昔底德并没有直接宣传具体的治理模式或战略。[4] 例如，有一些学者声称，修昔底德支持所谓的雅典帝国主义[5]；而另一些学者认为，修昔底德是在为节制或防御

---

1 Morrison（2000），前揭，页145。

2 关于这一点，最有影响力的解读是Connor（1984）。他认为，模糊性属于作者观念的一部分（页15）；正如Lebow所指出的，对修昔底德的结构主义解读受到了这一观点的影响（2003，页63）。

3 Connor（1984），前揭，页15。

4 有些学者试图阐明修昔底德偏爱某种"政制"或国家体系，事实证明，这些尝试毫无结果；参见Ober（1998）页52和Raaflaub（2006）。相反的观点参见本书W. Will的文章，这些虚拟的模范有可能得到作者的认可。

5 Schwartz（1919），页139—142；Vogt（1956），页256："由于内在的必然性，城邦使联盟变为霸权统治。在修昔底德看来，这是证明强者（转下页）

思维进行辩护。[1] 对我来说，双方都没有讲到点子上，因为修昔底德并不依附于某种动机，也不认为一种动机比另一种动机更明智或更高贵。他赞同决策背后存在一些驱动因素，指出这些决策程序直接的或长远的后果。这就是为什么即便那些愿意向修昔底德学习的、有天分的读者也倾向于接受这位史家提供的因果关系。[2]（这当然是这本书教育价值的一个前提。）他们得到的教训只在于运用这些方法，并遵循修昔底德设定为定义决定因素的前提。下面，我将重点关注对修昔底德战略思考至关重要的两个前提。

首先是历史在修昔底德《战争史》中的地位。[3] 在修昔底德眼中，对所有需要了解人类行为本质的人来说，对过去的分析和解释是一个必要条件。他们通过分析解释过去来构建必要的类比，用于判断未来的挑战和发展前景。重构过去的精确性（akribeia）只不过是获取洞察力的一个工具，使思想家能够做出更有可能变成事实的预测。对于置身重大形势中寻求权宜之计的人来说，对历史材料的了解和批判性解释都是必不可少的任务。这就是为什么历史的重要性对修昔底德论证的核心具有如此大的决定性。[4]

159

（接上页）统治的一个自然过程的范例。" de Romilly (1963)；Andrewes 的态度更为谨慎，参见 Gomme、Andrewes 和 Dover 撰写的《修昔底德历史笺注》(1945—1981)，卷 4，页 183。

1 Strasburger (1958)，页 40；施特劳斯 (1964)，页 153："一个好的政权是一个致力于节制的节制政权"；Woodhead (1970)，页 43—47；Gehrke (2006)；Stockhammer (2009)，页 104—108。

2 Bluhm (1962)；Rood (1998)，页 205—210；对于读者群的要求，参见 Connor (1984)，页 13。

3 令人惊讶的是，修昔底德本人没有使用任何诸如 historia/historiē（希罗多德，1.1；2.118）一类的术语。Peter Spahn 在"无政府状态与秩序之间"学术会议上提醒我们注意这一点；参见 Ober (2006)，页 131。

4 Spahn (2011)，页 42，重点略有不同："在政治中，人们的根本（转下页）

其次，修昔底德表明，相依互惠的存在是所有政策至关重要的因素。恒定不变的人性（to anthrōpinon；hē anthrōpeia phusis）[1] 是假定一部史书的见识对后人有用的核心前提，因为人类的动机和争斗不会随时光流逝发生戏剧性的变化。[2] 修昔底德的记叙旨在表明，在一个特定的相互作用的政治实体中，决策、行动和被动所产生的后果。在这一框架中，人性的高等级（superordinate）概念体现在史家可以分析的具体行动或对史实的**省略**中。问题在于，所呈现的见识是否可以普遍化为某种永恒的、应用于任何政治体系的教训；语境论是否规定只有具备相同或相似决定因素的体系或挑战才能足够接近承载作者对形势实质性分析的素材。[3] 换句话说，这一文本在多大程度上适合作为类比的素材？

一般来说，它要求读者接受这样的规定，只能通过反证（ex negativo）来做每一步推论。这包括如下解释，作品中所表现的各种政治、战略方法都被判断为错误和灾难，其结果是人类最大的运动（kinēsis）。此外，从"垂诸久远的财富"这一概念中[4]，读者可以推断出修昔底德相信政治学习的可能性和必要性。[5] 他也确实推动了事情可能会变好的感觉：即便人类的境况不会改变，政治也不得不找到更好的方法来应对。

（接上页）看法由时代所决定，需要速度、对现在的分析和对未来的预测。在修昔底德看来，政治教育的实施不是通过纯理论，而是通过一种基于理论的史学。"

1　两个著名的例子是 1. 22. 4 和 3. 82. 2。

2　这是 1. 22. 4 中主要的假设。

3　关于这个问题，参见 Neville Morley 的文章"Contextualism and Universalism in Thucydidean Thought"。

4　Bleckmann（1998），页 318；作为大浩劫的战争。

5　经常以相当粗暴的方式，正如修昔底德在 3. 82. 2 中所说，战争是暴力的教师（biaios didaskalos）。

因此，对修昔底德而言，理想的读者应该具备一种品格，倾向于追随老师，坚守其教诲和具体的分析，以便自己做出明智的推断。这些人必须专注于修昔底德所强调的那些方面。对于史书所提供的历史、政治方面的见识来说，这些方面具有决定性作用。这部著作的教育价值应该超越其特定的主题。作者有可能故意剔除具体的结论或发现，以免削弱其著作的教育价值。理论上说，修昔底德期望，通过他的论证演示，那些有天赋并参与历史进程的人能成为更好的分析者，具备更好的预测技能。这些技能将帮助他们评估、影响政治事态的发展。修昔底德甚至会认为，有一个人的头脑超过地米斯托克利或伯里克利，是唯一能正确分析过去和现在的人，即雅典人修昔底德。

如果不愿将这部著作称为"政治家的实用手册"，我们也许会同意，修昔底德希望决策者们能做更为审慎的谋划和商议，希望他们处理政治问题时更具政治家的风采。[1] 修昔底德想展现那些根本性的视角，提出正确的问题而非提供正确的答案。

教训？

但是，国家或决策机构如何能学到切实的教训，从而能更好地理解如何做出更审慎、更明智的决策？就此而言，无法预测的问题浮出水面。这是修昔底德著作中非常重要的主题，他强调说，即便是像伯里克利这样的最好的预测者，也从未期望能设想出所有可能出现的事态发展。[2] 按照斯塔尔（Hans-

---

1 类似于 Macleod 的说法"政治家般的远见"（"Form and Meaning in the Melian Dialogue", *Historia*, 23, 1974, p. 391）。

2 在赫摩克拉特在革拉所发表的演说辞中，这种不确定性是一个重要方面，参见 4. 62. 4。伯里克利自己承认 1. 140. 1 中的问题。普拉提亚人在 3. 59. 1 对此提出恳求。

Peter Stahl）的说法，我们可以得出结论，修昔底德想教导读者明白，他们不应寄希望于控制未来，因为此类尝试将会变成不可能完成的任务。这就是为什么修昔底德不是因果推论意义上（a priori）的"未来政治家的实用手册"。[1] 我想说的是，对于这样一个简单的结果，修昔底德的论证演示有点过于复杂和细致。相反，能干的决策者必须要考虑到这种情况，基于最大的可能性找到近似的解决方案。对某种周全的政治分析和战略以及与之相伴的各种军事政治选项来说，未来的不确定性远非其中的一个决定因素。[2] 要想对当下的利弊及其长远影响做出有远见的考量，人们必须要考虑到所有这些因素，以便以复杂的方式界定效用（xumphoron）一词，并清楚了解决策的机运、风险和可能进行的修正。

这个层面不牵涉任何道德论证或哲学论证，但这并不意味着修昔底德完全忽略了两者。[3] 修昔底德会在次一级的层面重视道德论证或哲学论证。没人会因忽略道德问题而被误解，但如果不明白道德或正义有时也是权宜之计，他就肯定会被误解。情况如此是因为有一个内在的前提，积极的一方在未来的时局中是可靠因素，鉴于他们选择的行动方式由某类价值所决定。一个突出的例子就是伯拉西达（Brasidas），他把道德形象作为权宜之计来使用。[4] 还有就是米洛斯人试图告诉雅典人的内容（5.90和5.98）。不幸的是，在这一语境中，他们无法把自己塑造成令人信服的教师，容易高估自己的重要意义

1　Stahl（2002），页68。

2　赫摩克拉特在4.63.1告诉我们这一点。

3　关于施特劳斯对修昔底德道德观的解释，参见本书 Liisi Keedus 的文章；关于整个主题，参见 Low（2007）；有关修昔底德的论述，参见 Low（2011）；Orwin 的著作（1994）影响力很大；Podoksik（2005）。

4　4.81.3：伯拉西达表明自己在各个方面都是一个好人。

(relevance)。

　　许多解释没充分突出的一个方面是，修昔底德并不追随任何界定明确的政党、意识形态或"政治制度"。[1] 此外，没有任何冲突方被描绘为真正的胜利者或占优势的一方，叙拉古除外。[2] 依照我的理解，修昔底德在政治上既不倾向于节制，也不倾向于扩张。他不想把战争或和平本身界定为某种价值或理念。修昔底德的雄心是表明对抗的双方在何种程度上未能很好地分析其处境并找到解决方案。这部著作是关于法律、秩序衰败的一幅高强度全景图。[3] 通过将这些破坏性力量作为写作的必要因素，修昔底德表明，人们迫切需要关于秩序的有效原则。[4] 最值得注意的是，在一个多极世界中，任何一方都无法将其意志强加给整个体系。修昔底德的方法并不依赖于道德观念或道德说教，衰败的进程不是他的主要关注点。在我看来，修昔底德对一个体系的**功能**更感兴趣，他认为这个体系处于无序状态并正朝着彻底解体发展。当修昔底德描述这一灾难性的过程时，唯一有利的选项（xumphoron tais polesin）似乎是尽可能避免犯下导致（修昔底德亲眼见证的）毁灭性战争的错误。

　　在这一语境下，秩序是一个模糊的类别。把现存的原则或体制视为纯粹的外表的人往往加速这些原则或体制的腐败。对修昔底德来说，所有希腊的主要党派都在循序渐进地这样做。结果，他们对这一体系的力量和效率进行了一次有效的耐力测

1　见 Leppin（2011），页 113。

2　作为胜利方，斯巴达人似乎不值得与 7. 87 中的叙利亚人相提并论。人们可以想象，斯巴达人的胜利将是希腊历史上最伟大、最辉煌的行动。但修昔底德认为，雅典人在叙拉古的战败比斯巴达人最终赢得这场最伟大的战争更重要。

3　Wendt（2011），页 224；Lebow（2007），页 172。

4　这与本书中 Ernst Baltrusch 的论证很接近。

试。事实证明，这一体系没有强大到顶住对其重要意义的攻击或明确否定。另一方面，修昔底德表明这些对抗的派别是糟糕的分析者，他们没有能力去领悟支配自己所处世界的重要原则和核心要素，因而也没有能力预见破坏体系稳定的长远后果。[1]

从中得出的结论是，只有基于对自身结构条件的正确分析，才有可能为了城邦利益进行政治斗争。结果，任何政治决策的定位都必须是构建、维持一个健全的公认的秩序。因为事实证明，相反的事态发展都是灾难。任何具体实在的城邦都必然依赖于秩序（在内部以及所谓的国际关系领域）。这是修昔底德的基本教诲，即使是"最不精深的教诲"。否认这一点导致了希腊的灭亡，对于不了解这种必然性的人来说，未来同样如此。这一讯息针对的不仅是政治家，还有所有能够领悟的读者。尽管如此，通过描述其杰出前辈的失败案例，修昔底德为在国家中起决定作用的栋梁设定了标准。[2] 因此，修昔底德本人是一位暴力的教师[3]，他的教诲能帮助的不是那些寻找实用性答案的人，而是愿意接纳一个更为根本的视角的人。

我对"垂诸久远的财富"的解释已经表明，不同学科对修昔底德有着不同的处理方法。我们需要进行更多的对话，从而激发出更为精深的研究。此外，具有政治家头脑的学者可以从阅读学习修昔底德中获益良多。政治科学必须在这方面大力滋补古典主义者，反之亦然。

164

1　对于这一问题，参见 Lebow 的出色分析（2003），尤其是页 40—41、64、96、293—297。

2　这甚至包括智识能力被修昔底德赞同、钦佩的那些人。例如，地米斯托克利在 1.89 之后的段落中欺骗斯巴达人，并为冲突做好准备。伯里克利的能力让人印象深刻、非常信服，足以使其主导雅典的决策机构。他一个人凌驾于平等主义体系之上，参见 2.65。

3　这里再次指向 3.82.2。

169

参考文献

Ahrensdorf, P. (1997) "Thucydides' Realist Critique of Realism," *Polity* 30, pp. 231 – 265.

Ahrensdorf, P. (2000) "The Fear of Death and the Longing for Immortality: Hobbes and Thucydides on Human Nature and the Problem of Anarchy," *American Political Science Review* 94. 3, pp. 579 – 593.

Von Albrecht, M. (1992) *Geschichte der römischen Literatur: Von Andronicus bis Boethius*, vol. I (Bern: Francke).

Anastasiadis, V. I. (2013) *Interest and Self-Interest in Ancient Athens* (Hildesheim: Olms).

Andrewes, A. (1962) "The Mytilene Debate: Thucydides 3. 36 – 49," *Phoenix* 16, pp. 64 – 85.

Arnold, T. (ed.) (1835) *The History of the Peloponnesian War by Thucydides*, vol. III (Oxford, UK: Clarendon Press).

Baltrusch, E. (1994) *Symmachie und Spondai: Untersuchungen zum griechischen Völkerrecht der archaischen und klassischen Zeit* (8. – 5. *Jahrhundert V. Chr*) (Berlin: De Gruyter).

Baltrusch, E. (2011) " 'Der passendste aller Feinde'? Sparta bei Thukydides," in Baltrusch and Wendt (eds.), *Ein Besitz für immer? Geschichte, Polis und Völkerrecht bei Thukydides* (Baden-Baden: Nomos), pp. 135 - 149.

Baltrusch, E. and C. Wendt (eds.) (2011) *Ein Besitz für immer? Geschichte, Polis und Völkerrecht bei Thukydides* (Baden-Baden: Nomos).

Berger, J. and M. Zelditch (eds.) (1998) *Status, Power, and Legitimacy: Strategies & Theories* (New Brunswick: Transaction).

Bleckmann, B. (1998) *Athens Weg in die Niederlage: Die letzten Jahre des Peloponnesischen Kriegs* (Stuttgart: Teubner).

Bloedow, E. F. (1981) " The Speeches of Archidamus and Sthenelaidas at Sparta," *Historia* 30, pp. 129 - 143.

Bloedow, E. F. (1983) "Archidamus the 'Intelligent' Spartan," *Klio* 65, pp. 27 - 49.

Bluhm, W. T. (1962) "Causal Theory in Thucydides' *Peloponnesian War*," *Political Science* 10. 1, pp. 15 - 35.

Bruell, C. (1974) "Thucydides' View of Athenian Imperialism," *The American Political Science Review* 68. 1, pp. 11 - 17.

Büchner, K. (1982) *Sallust*, 2nd edn (Heidelberg: Winter).

Büchner, K. (1983) "Vera vocabula rerum amisimus: Thukydides und Sallust über den Verfall der Wertbegriffe," in H. Zehnacker and G. Hentz (eds.), *Hommages à R. Schilling* (Paris: Société d'édition les Belles Lettres), pp. 253 - 262.

Canfora, L. (2006) "Thucydides in Rome and Late Antiquity," in Rengakos and Tsakmakis (eds.), *Brill's Companion to Thucydides* (Leiden, Boston and Tokyo: Brill), pp. 721 - 753.

Cartledge, P. and P. Debnar (2006) "Sparta and the Spartans in Thucydides," in Rengakos and Tsakmakis (eds.), *Brill's Companion to Thucydides* (Leiden, Boston and Tokyo: Brill), pp. 559 - 587.

Coby, P. (1991) "Enlightened Self-Interest in the Peloponnesian War: Thucydidean Speakers on the Right of the Stronger and Inter-State Peace," *Canadian journal of Political Science* 24. 1, pp. 67 - 90.

Connor, W. R. (1984) *Thucydides* (Princeton, NJ: Princeton University Press).

170

Crane, G. (1998) *Thucydides and the Ancient Simplicity: The Limits of Political Realism* (Berkeley, CA: University of California Press).

de Romilly, J. (1963) *Thucydides and Athenian Imperialism*, trans. P. Thody (Oxford, UK: Blackwell).

Döpp, S. (2011) "Fasziniert von Thukydides: Zu zwei Rezeptionstypen bei Sallust," in A. Heil (ed.), *Noctes Sinenses: Festschrift für Fritz-Heiner Mutschler zum 65. Geburtstag* (Heidelberg: Winter), pp. 189 – 195.

Doyle, M. (1997) *Ways of War and Peace: Realism, Liberalism, and Socialism* (New York: W. W. Norton & Company).

Durkheim, E. (1984) *The Division of Labor in Society*, trans. W. D. Halls (New York: Macmillan).

Durkheim, E. (2001) *Elementary Forms of the Religious Life*, trans. C. Cosman (Oxford, UK: Oxford University Press).

Ebener, D. (1955/6) "Kleon und Diodotos. Zum Aufbau und zur Gedankenführung eines Redepaares bei Thukydides (Thuk. III 37 – 48)," *Wiss. Zeitschrift der Martin Luther UniV. Halle-Wittenberg* 5, pp. 1085 – 1160.

Erbse, H. (1969) "Die politische Lehre des Thukydides," *Gymnasium* 76, pp. 393 – 416.

Euben, J. P. (1990) *The Tragedy of Political Theory: The Road Not Taken* (Princeton, NJ: Princeton University Press).

Finley, J. H. (1942) *Thucydides* (Cambridge, MA: Harvard University Press).

Forde, S. (1995) "International Realism and the Science of Politics: Thucydides, Machiavelli, and Neorealism," *International Studies Quarterly* 39. 2, pp. 141 – 160.

Gadamer, H. -G. and L. Strauss (1978) "Correspondence Concerning Wahrheit and Methode," *Independent journal of Philosophy* 2, pp. 5 – 12.

Gärtner, T. (2011) "Cotta bei Sallust und Perikles bei Thukydides- Eine übersehene Parallele," *Historia* 60, pp. 122 – 125.

Gehrke, H. -J. (2006) "Thukydides-Politik zwischen Realismus und Ethik," in O. Höffe (ed.), *Vernunft oder Macht? Zum Verhältnis von Philosophie und Politik* (Tübingen: Francke), pp. 29 – 40.

Gilpin, R. (1988) "The Theory of Hegemonic War," in R. I. Rotberg and T. K. Rabb (eds.), *The Origin and Prevention of Major Wars* (Cambridge, UK: Cambridge University Press), pp. 15 – 37.

Gilson, D. and C. Perot (2011) "It's the Inequality Stupid," *Mother Jones*, March/April.

Goffman, E. (1959) *Presentation of Self in Everyday Life* (New York: Doubleday).

Gomme, A. W, A. Andrewes, and K. J. Dover (1945 – 1981) *A Historical Commentary on Thucydides*, 5 vols (Oxford, UK: Clarendon Press).

Grethlein, J. (2006) "The Unthucydidean Voice of Sallust," *Transactions of the American Philological Association* 136, pp. 299 – 327.

Gribble, D. (2006) "Individuals in Thucydides," in Rengakos and Tsakmakis (eds.), *Brill's Companion to Thucydides* (Leiden, Boston and Tokyo: Brill), pp. 439 – 468.

Gunnell, J. (1993) *The Descent of Political Theory: The Genealogy of an American Vocation* (Chicago, IL: University of Chicago Press).

Harloe, K. and N. Morley (eds.) (2012) *Thucydides and the Modern World: Reception, Reinterpretation and Influence from the Renaissance to the Present* (Cambridge: Cambridge University Press).

Hegel, G. W. F. (1991) *Elements of the Philosophy of Right*, ed. A. H. Wood, trans. H. B. Nisbet (Cambridge, UK: Cambridge University Press).

Herman, G. (1987) *Ritualised Friendship and the Greek City* (Cambridge, UK: Cambridge University Press).

Hobbes, T. (1996) *Leviathan*, ed. R. Tuck (Cambridge, UK: Cambridge University Press).

Hornblower, S. (1991 – 2008) *A Commentary on Thucydides*, 3 vols (Oxford, UK: Oxford University Press).

Howgego, C. J. (1995) *Ancient History from Coins* (New York: Routledge).

Jaeger, W. (1934) *Paideia: Die Formung des griechischen Menschen*, vol. I (Berlin: De Gruyter).

Johnson, C. , T. J. Dowd, and C. L. Ridgeway (2006) "Legitimacy as a Social Process," *Annual Reviews of Sociology* 35 (August), pp. 53 – 78.

Kagan, D. (1975) "The Speeches in Thucydides and the Mytilene Debate", *Yale Classical Studies* 24, pp. 71 – 94.

Kakridis, J. T. (1961) *Der thukydideische Epitaphios: Ein stilistischer Kommentar* (Munich: Beck).

Kaufman, S. , R. Little, and W. Wohlforth (2007) *Balance of Power in World History* (New York: Palgrave-Macmillan).

Kauppi, M. V. (1996) "Thucydides: Character and Capabilities," in B. Frankel (ed.), *Roots of Realism* (London, UK: Frank Cass), pp. 142 – 168.

Kohl, W. (1977) *Die Redetrias vor der sizilischen Expedition* (Thukydides 6, 9 – 23) (Meisenheim: Hain).

Konstan, D. (2006) *Emotions of the Ancient Greeks: Studies in Aristotle and Classical Literature* (Toronto: University of Toronto Press).

Lane, J. (2005) "Thucydides Beyond the Cold War: The Recurrence of Relevance in the Classical Historians," *Poroi* 4. 2, pp. 52 – 90.

Latte, K. (1935) *Sallust* (Leipzig and Berlin: Teubner).

Lebow, R. N. (2003) *The Tragic Vision of Politics: Ethics, Interests and Orders* (Cambridge, UK: Cambridge University Press).

Lebow, R. N. (2007) "Thucydides and Deterrence," *Security Studies* 16. 2, pp. 163 – 188.

Lebow, R. N. (2008) *A Cultural Theory of International Relations* (Cambridge, UK: Cambridge University Press).

Lebow, R. N. (2010) *Forbidden Fruit: Counterfactuals and International Relations* (Princeton, NJ: Princeton University Press).

Lebow, R. N. (2014) *Constructing Cause in International Relations* (Cambridge, UK: Cambridge University Press).

Lehmann, G. A. (2008) *Perikles: Staatsmann und Stratege im klassischen Athen* (Munich: Beck).

Lenin, V. I. (1917) *State and Revolution* (Moscow: Progress Publishers).

Leppin, H. (1999) *Thucydides und die Verfassung der Polis: Ein Beitrag zur politischen Ideengeschichte des 5. Jahrhunderts V. Chr.* (Berlin: Akademie Verlag).

Leppin, H. (2011) "Sprachen der politischen Verfassung bei Thukydides," in Baltrusch and Wendt (eds.), *Ein Besitz für immer? Geschichte, Polis und Völkerrecht bei Thukydides* (Baden-Baden: Nomos), pp. 109 – 121.

Low, P. (2007) *Interstate Relations in Classical Greece: Morality and Power* (Cambridge, UK: Cambridge University Press).

Low, P. (2011) "Die Moral zwischenstaatlicher Politik im klassischen Griechenland: Thukydides und sein Kontext," in Baltrusch and Wendt (eds.), *Ein Besitz für immer? Geschichte, Polis und Völkerrecht bei Thukydides* (Baden-Baden: Nomos), pp. 43 – 62.

Macleod, C. W. M. (1974) "Form and Meaning in the Melian Dialogue," *Historia* 23, pp. 385 – 400.

Mann, C. (2007) *Die Demagogen und das Volk: Zur politischen Kommunikation im Athen des 5. Jahrhunderts V. Chr.* (Berlin: Akademie Verlag).

Manuwald, B. (1979) "Der Trug des Diodotos (Zu Thukydides 3, 42 – 48)," *Hermes* 107, pp. 407 – 422.

Mara, G. (2008) *The Civic Conversations of Thucydides and Plato: Classical Political Philosophy and the Limits of Democracy* (Albany, NY: State University of New York Press).

Mara, G. (2009) "Thucydides and Political Thought," in S. Salkever (ed.), *The Cambridge Companion to Ancient Greek Political Thought* (Cambridge, UK: Cambridge University Press), pp. 96 – 125.

Mauss, M. (1990) *The Gift: The Form and Reason for Exchange in Archaic Societies*, trans. W. D. Halls (New York: Norton).

Mehl, A. (2001) *Römische Geschichtsschreibung: Grundlagen und Entwicklungen. Eine Einführung* (Stuttgart: W. Kohlhammer).

Meier, M. (2006) "Probleme der Thukydides-Interpretation und das Perikles-Bild des Historikers," *Tyche* 21, pp. 131 – 167.

Meister, K. (1967) "Die sizilische Geschichte bei Diodor von den Anfängen bis zum Tod des Agathokles" (Diss. Ludwigs-Maximilians-Universität Munich).

Meister, K. (1970) "Die sizilische Expedition der Athener bei Timaios," *Gymnasium* 77, pp. 508 - 517.

Meister, K. (1997) *Einführung in die Interpretation historischer Quellen, Schwerpunkt Antike, vol. I: Griechenland* (Paderborn: Schöningh).

Meister, K. (2011) "Das Recht des Stärkeren bei Thukydides," in Baltrusch and Wendt (eds.), *Ein Besitz für immer? Geschichte, Polis und Völkerrecht bei Thukydides* (Baden-Baden: Nomos), pp. 249 - 267.

Montesquieu, Charles-Louis de (1989) *The Spirit of the Laws*, trans. A. M. Cohler, B. C. Miller, and H. S. Stone (Cambridge, UK: Cambridge University Press).

Morrison, J. V. (2000) "Historical Lessons in the Melian Episode," *Transactions of the American Philological Association* 130, pp. 119 - 148.

Ober, J. (1998) *Political Dissent in Democratic Athens: Intellectual Critics of Popular Rule* (Princeton, NJ: Princeton University Press).

Ober, J. (2001) "Thucydides Theoretikos/Thucydides Histor: Realist Theory and the Challenge of History," in D. McCann and B. S. Strauss (eds.), *War and Democracy: A Comparative Study of the Korean War and the Peloponnesian War* (Armonk, NY: M. E. Sharpe), pp. 273 - 306.

Ober, J. (2006) "Thucydides and the Invention of Political Science," in Rengakos and Tsakmakis (eds.), *Brill's Companion to Thucydides* (Leiden, Boston and Tokyo: Brill), pp. 131 - 159.

Ollier, F. (1933 - 1943) *Le mirage spartiate: Études sur l'idéalisation de Sparte dans l'antiquité grecque de l'origine jusqu'aux Cyniques*, 2 vols (Paris: De Boccard).

Orwin, C. (1994) *The Humanity of Thucydides* (Princeton, NJ: Princeton University Press).

Palmer, M. (1992) *Love of Glory and the Common Good* (Lanham, MD: Rowman & Littlefield).

Parker, V. (2008) "Between Thucydides and Tacitus: The Position of Sallust in the History of Ancient Historiography," *Antike und Abendland* 54, pp. 77 - 104.

Patzer, H. (1937) *Das Problem der Geschichtsschreibung des Thucydides und die thukydideische Frage* (Berlin: Junker und Dünnhaupt).

Patzer, H. (1981) "Sallust und Thucydides," in Pöschl (ed.), pp. 102-120.

Perrochat, P. (1949) *Les modèles Grecs de Salluste* (Paris: Les Belles lettres).

Pippin, R. (1997) "Being, Time and Politics: The Strauss-Kojéve Debate," in *Idealism as Modernism: Hegelian Variations* (Cambridge, UK: Cambridge University Press), pp. 233-262.

Podoksik, E. (2005) "Justice, Power and Athenian Imperialism: An Ideological Moment in Thucydides' History," *History of Political Thought* 26, pp. 21-42.

Pöschl, V. (ed.) (1981) *Sallust*, 2nd edn (Darmstadt: Wissenschaftliche Buchgesellschaft).

Pouncey, P. R. (1969) "Thucydides and Pericles" (PhD Columbia University, New York).

Price, J. (2001) *Thucydides and Internal War* (Cambridge, UK: Cambridge University Press).

Raaflaub, K. A. (1996) "Equalities and Inequalities in Athenian Democracy," in J. Ober and C. Hedrick (eds.), *Dēmokratia: A Conversation on Democracies, Ancient and Modern* (Princeton, NJ: Princeton University Press), pp. 139-174.

Raaflaub, K. A. (2006) "Thucydides on Democracy and Oligarchy," in Rengakos and Tsakmakis (eds.), *Brill's Companion to Thucydides* (Leiden, Boston and Tokyo: Brill), pp. 189-222.

Reeve, C. D. C. (1999) "Thucydides on Human Nature," *Political Theory* 27.4, pp. 435-446.

Rengakos, A. and A. Tsakmakis (eds.) (2006) *Brill's Companion to Thucydides* (Leiden, Boston and Tokyo: Brill).

Riley, J. (2000) "Freedom and Empire: The Politics of Athenian Imperialism," in L. Gustafson (ed.), *Thucydides' Theory of International Relations: A Lasting Possession* (Louisiana, LA: Louisiana State University Press), pp. 117-150.

Rood, T. (1998) *Thucydides: Narrative and Explanation* (Oxford, UK: Oxford University Press).

Sahlins, M. (1972) *Stone Age Economics* (Chicago, IL: Aldine-Atherton).

Saxonhouse, A. (1978) "Nature 86 Convention in Thucydides' History," *Polity* 10. 4, pp. 461 – 487.

Saxonhouse, A. (1996) *Athenian Democracy: Modern Mythmakers and Ancient Theorists* (Notre Dame: University of Notre Dame Press).

Saxonhouse, A. (2004) "Democratic Deliberation and the Historian's Trade: The Case of Thucydides," in B. Fontana, C. J. Nederman and G. Remer (eds.), *Talking Democracy: Historical Perspectives on Rhetoric and Democracy* (University Park, PA: Pennsylvania State University Press), pp. 57 – 85.

Saxonhouse, A. (2006) *Free Speech and Democracy in Ancient Athens* (Cambridge, UK: Cambridge University Press).

Scanlon, T. F. (1980) *The Influence of Thucydides on Sallust* (Heidelberg: Winter).

Schattschneider, E. E. (1960) *The Semisovereign People: A Realist's View of Democracy in America* (New York: Holt, Rinehart and Winston).

Schmal, S. (2001) *Sallust* (Hildesheim: Olms).

Schubert, C. (2009) "Perikles' defensiver Kriegsplan: Eine thukydideische Erfindung?" *Historia* 58, pp. 373 – 394.

Schumpeter, J. A. (1951) *Imperialism and Social Classes*, trans. H. Norden (New York: Kelley).

Schwartz, E. (1919) *Das Geschichtswerk des Thucydides* (Bonn: Cohen).

Schwarzenberger, G. (1969) "The Study of International Relations," in E. -O. Czempiel (ed.), *Die Lehre von den Internationalen Beziehungen* (Darmstadt: Wissenschaftliche Buchgesellschaft), pp. 108 – 131.

Shanske, D. (2012) "Thucydides and Lawfulness," in G. Rechenauer and V. Pothou (eds.), *Thucydides: A Violent Teacher? History and Its Representations* (Göttingen: V&R Unipress), pp. 199 – 212.

Sheets, G. A. (1994) "Conceptualizing International Law in Thucydides," *American journal of Philology* 115, pp. 51 – 73.

Sonnabend, H. (2004) *Thukydides* (Hildesheim: Olms).

Spahn, P. (2005) " 'Dem Namen nach eine Demokratie' — was aber 'in Wirklichkeit'? (Zu Thuk. 2. 65. 9)," in T. Schmitt, W. Schmitz, and A. Winterling (eds.), *Gegenwärtige Antike — antike Gegenwarten. Kolloquium zum 60. Geburtstag von Rolf Rilinger* (Munich: Oldenbourg), pp. 85 – 104.

Spahn, P. (2011) "Thukydides-Politische Theorie oder Politische Geschichte?" in Baltrusch and Wendt (eds.), *Ein Besitz für immer? Geschichte, Polis und Völkerrecht bei Thukydides* (Baden-Baden: Nomos), pp. 21 – 42.

Stahl, H.-P. (2002) " Literarisches Detail und historischer Krisenpunkt im Geschichtswerk des Thukydides: Die Sizilische Expedition," *Rheinisches Museum* 145, pp. 68 – 107.

Stein-Hölkeskamp, E. (2000) "Perikles, Kleon und Alkibiades als Redner: Eine zentrale Rolle der athenischen Demokratie im Wandel," in C. Neumeister and W. Raeck (eds.), *Rede und Redner: Bewertung und Darstellung in den antiken Kulturen* (Möhnesee: Bibliopolis), pp. 79 – 93.

Stockhammer, N. (2009) *Das Prinzip Macht: Die rationalität politischer Macht bei Thucydides, Machiavelli und Michel Foucault* (Baden-Baden: Nomos).

Strasburger, H. (1958) "Thukydides und die politische Selbstdarstellung der Athener," *Hermes* 86, pp. 17 – 40.

Strauss, L. (1936) *The Political Philosophy of Hobbes: Its Basis and Genesis* (Oxford, UK: Clarendon Press).

Strauss, L. (1941) "Review of C. E. Vaughan: *Studies in the History of Political Philosophy before and after Rousseau*," *Social Research* 8. 1, pp. 390 – 393.

Strauss, L. (1946a) "On a New Interpretation of Plato's Political Philosophy," *Social Research* 13. 1, pp. 328 – 336.

Strauss, L. (1946b) "Review of L. Olschki, Machiavelli the Scientist," *Social Research* 13. 1, pp. 121 – 124.

Strauss, L. (1949) *On Tyranny: An Interpretation of Xenophon's Hiero* (New York: Political Science Classics).

Strauss, L. (1950) "Review of J. W. Gough, *John Locke's Political Philosophy*," *American Political Science Review* 44. 3, pp. 767 – 770.

Strauss, L. (1951/2) "On Collingwood's Philosophy of History," *Review of Metaphysics* 5. 4, pp. 595 - 586.

Strauss, L. (1952) *Persecution and the Art of Writing* (Glencoe, IL: The Free Press).

Strauss, L. (1956) "Kurt Riezler, 1882 - 1955," *Social Research* 23. 1, pp. 3 - 34.

Strauss, L. (1959) "Political Philosophy and History," in *What Is Political Philosophy? And Other Essays* (Glencoe, IL: The Free Press), pp. 56 - 77.

Strauss, L. (1964) "On Thucydides' War of the Peloponnesians and the Athenians," in *The City and Man* (Chicago, IL: University of Chicago Press), pp. 139 - 240.

Strauss, L. (1965) Spinoza's Critique of Religion (Chicago, IL: University of Chicago Press).

Strauss, L. (1974) "Preliminary Observations on the Gods in Thucydides Work," *Interpretation: Journal of Political Philosophy* 4. 1, pp. 89 - 104.

Strauss, L. (1978) "Letter to Helmut Kuhn," *The Independent Journal of Philosophy* 2, pp. 23 - 24.

Strauss, L. (1989) "Thucydides: The Meaning of Political History," in T. L. Pangle (ed.), *The Rebirth of Classical Political Rationalism* (Chicago, IL: University of Chicago Press), pp. 72 - 102.

Strauss, L. (2007) "What Can We Learn from Political Theory?" *The Review of Politics* 69. 4, pp. 515 - 529.

Syme, R. (1975) *Sallust* (Darmstadt: Wissenschaftliche Buchgesellschaft). [Originally published in English as *Sallust*. (Berkeley, CA: University of California Press, 1964)]

Tarcov, N. (1983) "Philosophy and History: Tradition and Interpretation in the Work of Leo Strauss," *Polity* 16, pp. 5 - 29.

Thauer, C. R. (2011) "Thukydides und antikes Völkerrecht aus Sicht der Internationalen Beziehungen. Ein Perspektivwechsel", in E. Baltrusch and C. Wendt (eds.) *Ein Besitz für immer? Geschichte, Polis und Völkerrecht bei Thukydides* (Baden-Baden: Nomos), pp. 195 - 214.

Theiler, W. (1956) "Ein griechischer Historiker bei Sallust", in *Navicula Chilonensis: Studia philologica Felici Jacoby professori*

Chilonensi emerito octogenario oblata (Leiden: Brill), pp. 144 – 155.

Turasiewicz, R. (1995) "Pericles' Funeral Oration in Thucydides and Its Interpretation," *Eos* 83, pp. 33 – 41.

Tyler, T. R. (2006) "Psychological Perspectives on Legitimacy and Legitimation," *Annual Review of Psychology* 57 (January), pp. 375 – 400.

Ullrich, F. W. (1846) *Beiträge zur Erklärung des Thucydides* (Hamburg: Meissner).

Vogt, J. (1956) "Das Bild des Perikles bei Thukydides," *Historische Zeitschrift* 182, pp. 249 – 266.

von Albrecht, M. (1992) *Geschichte der römischen Literatur: Von Andronicus bis Boethius*, vol. I (Bern: Francke).

Vössing, K. (2005) "Objektivität oder Subjektivität, Sinn oder Überlegung? Zu Thukydides' *gnōmē* im 'Methodenkapitel' (1, 22, 1)," *Historia* 54, pp. 210 – 215.

Wassermann, F. M. (1953) "The Speeches of King Archidamus in Thucydides," *Classical Journal* 48, pp. 193 – 200.

Wassermann, F. M. (1956) "Post-Periclean Democracy in Action: The Mytilenean Debate (Thuc. III 37 – 48)," *Transactions and Proceedings of the American Philological Association* 87, pp. 27 – 41.

Weber, G. (ed. and transl.) (2010) *Pseudo-Xenophon: Die Verfassung der Athener* (Darmstadt: Wisschenschaftliche Buchgesellschaft).

Weber, Max (1994) *Political Writings*, ed. P. Lassman (Cambridge, UK: Cambridge University Press).

Welch, D. A. (2003) "Why International Relations Theorists Should Stop Reading Thucydides," *Review of International Studies* 29. 3, pp. 301 – 319.

Wendt, C. (2011) "Eine Völkerrechtsgeschichte ohne Thukydides?" in Baltrusch and Wendt (eds.), *Ein Besitz für immer? Geschichte, Polis und Völkerrecht bei Thukydides* (Baden-Baden: Nomos), pp. 215 – 228.

Wesel, R. (2003) "Topos und Legende — Thukydides' Beitrag zur Theorie der internationalen Beziehungen," in D. Fricker and J. Meyer (eds.), *Sicherheit in einer neuen Weltära: Festschrift für Erhard Forndran zum 65. Geburtstag* (Frankfurt: Peter Lang), pp.

145 - 160.

Westlake, H. D. (1968) *Individuals in Thucydides* (Cambridge, UK: Cambridge University Press).

White, J. B. (1985) *When Words Lose Their Meaning: Constitution and Reconstitution of Language, Character, and Community* (Chicago, IL: University of Chicago Press).

White, S. K. (2000) *Sustaining Affirmation: The Strength of Weak Ontology in Political Theory* (Princeton, NJ: Princeton University Press).

Wiemer, H. -U. (2008) "Thukydides und die griechische Sicht der Vergangenheit," in K. -P. Adam (ed.), *Historiographie in der Antike* (Berlin: De Gruyter), pp. 49 - 88.

Will, W. (2003) *Thukydides und Perikles: Der Historiker und sein Held* (Bonn: Habelt).

Will, W. (2006) "Die Philonikia der Athener: Thukydides 7. 27 - 30," in V. Lica (ed.), *Philia: Festschrift für Gerhard Wirth zum 80. Geburtstag am 9. Dezember 2006 von seinen Schülern, Freunden und Kollegen dargebracht* (Galati: Academica), pp. 61 - 70.

Will, W. (2006) *Der Untergang von Melos: Machtpolitik im Urteil des Thucydides und einiger Zeitgenossen* (Bonn: Habelt).

Will, W. (2009) "Thukydides Misolakon," in M. Rathmann (ed.), *Studien zur antiken Geschichtsschreibung* (Bonn: Habelt), pp. 13 - 24.

Woodhead, A. G. (1970) *Thucydides on the Nature of Power* (Cambridge, MA: Harvard University Press).

Young, G. (1986) "Mao Zedong and the Class Struggle in Socialist Society," *Australian Journal of Chinese Affairs* 16 (July), pp. 41 - 80.

索　引

典籍索引